大学文化建设：

社会主义核心价值体系教育的新路径

Construction of University Culture:

A New Route for the Education of Socialist Core Value System

蔡中宏 麻艳香 著

人民出版社

责任编辑:王　森
封面设计:石笑梦
版式设计:胡欣欣

图书在版编目(CIP)数据

大学文化建设:社会主义核心价值体系教育的新路径/蔡中宏,
麻艳香 著. —北京:人民出版社,2022.10
ISBN 978-7-01-024907-0

Ⅰ.①大…　Ⅱ.①蔡…②麻…　Ⅲ.①高等学校-校园文化-建设-研究-中国
Ⅳ.①G647

中国版本图书馆 CIP 数据核字(2022)第 132430 号

大学文化建设:社会主义核心价值体系教育的新路径

DAXUE WENHUA JIANSHE SHEHUIZHUYI HEXIN JIAZHI TIXI JIAOYU DE XINLUJING

蔡中宏　麻艳香　著

人民出版社 出版发行
(100706　北京市东城区隆福寺街 99 号)

北京九州迅驰传媒文化有限公司印刷　新华书店经销

2022 年 10 月第 1 版　2022 年 10 月北京第 1 次印刷
开本:710 毫米×1000 毫米 1/16　印张:16.5
字数:227 千字

ISBN 978-7-01-024907-0　定价:65.00 元

邮购地址 100706　北京市东城区隆福寺街 99 号
人民东方图书销售中心　电话 (010)65250042　65289539

目　录

序

文化是国家和民族之魂，价值观是文化的核心和灵魂，文化自信之核心和灵魂是价值观自信。这已经日益成为人们的共识。社会主义核心价值体系和核心价值观，是思想政治教育的核心内容。如何坚持以社会主义核心价值观引领文化建设，如何把社会主义核心价值观同大学文化紧密结合，是一个值得研究的重大课题。兰州交通大学蔡中宏教授及其团队所完成的国家社科基金项目《大学文化建设：社会主义核心价值体系教育的新路径》，在此方面作了富有创新意义的探索。

本书研究视角独特，研究内容新颖，研究视野开阔。作者选择以文化作为研究分析问题的基本视点，深入探讨了文化、人和教育之间的内在关系，突出文化育人功能的发挥。全书紧紧围绕高校立德树人的根本任务，以人才培养为中心环节，着重研究大学文化建设问题，把大学文化建设作为落实社会主义核心价值体系教育的新路径，既切合高校教育教学和人才培养的实际，又有利于增强思想政治教育的实效性，从而使高校大学生的社会主义核心价值体系教育落到实处。本书从多学科的视野、用多学科的理论和方法研究问题，深入探索了高校大学生社会主义核心价值体系教育的文化路径，有利于培育大学生坚定的文化自信。学校是国民教育的主阵地和主渠道，也是社会主义核心价值体系建设最重要的阵地。高校加强大学生社会主义核心价值体系教育,是大学文化建设的根本使命。同时,文化建设也是社会主义核心价值体系教育的有效路径。大学是传承和创造先进文化的中心,是国家的文化高地,也是意识形态建设的重要阵地。在文化传承创新中培养人,是大学教育的本质功能和根本任务。大学文化对于社会文化具有重要的辐射、引领作用,具有不可替代的基础性、标志性意义。本书主题明确,内容丰富,理论联系实际,具有较高的学术理论价值和实际应用价值。

本书还具有以下鲜明特色:一是坚持问题导向。作者把大学生社会主义核心价值体系教育问题,聚焦于如何用大学文化滋养涵育大学生的核心价值观,并置于"文化——人——价值观——教育"的关系框架内予以深入探究。二是注重理论创新。作者强调,文化是教育之根,教育以育人为本。教育是人类文化传承创新的实践活动,其实质是在文化与人的互动中培养人。核心价值观,是人生的"总开关"。文化之核是人的价值观,文化自信之核是价值观自信。三是明确目标导向。全书围绕培养德智体美劳全面发展的社会主义建设者和接班人的目标,阐明坚定文化自信和价值观自信至关重要。用大学文化滋养涵育大学生的价值观,必须坚持马克思主义,牢固树立共产主义远大理想和中国特色社会主义共同理想,用社会主义核心价值体系引导大学生全面发展。四是突出路径探索。大学是立德树人和社会主义核心价值体系建设的重要阵地。培养担当民族复兴重任的时代新人,是大学文化育人的使命任务。大学文化建设是社会主义核心价值体系教育的新路径,应着力探索通过大学校园文化滋养涵育社会主义核心价值体系和核心价值观的实践路径。

新时代大学生必将担当实现中华民族伟大复兴的使命和责任。在大学生价值观形成的关键时期,大学文化"润物无声"的滋养尤为重要。为此,高校要根据立德树人根本任务,坚持以社会主义核心价值观引领大学文化建设,发挥大学文化育人育心的功能,增强大学生的文化自信和价值观自信,使社会主义核心价值体系内化于心、外化于行,让社会主义核心价值观能够自觉践行,从而回答解决好“为谁培养人、培养什么人、怎样培养人”的教育根本问题，这对于培养担当民族复兴重任的时代新人，具有重要的理论价值和现实意义。本书的问世，将对我们研究在大学文化建设中如何发挥好价值观教育引导的功能具有积极的启发意义。

是为序。

中国人民大学明德书院院长、

马克思主义学院和哲学院教授　郝立新

2022年9月1日于中国人民大学

导　论

一、研究背景和意义

21 世纪以来，在经济全球化进程加快、科学技术日新月异、综合国力竞争日趋激烈、各种思想文化相互激荡的大背景下，在经济体制深刻变革、社会结构深刻变动、利益格局深刻调整、思想观念深刻变化的新形势下，我国社会主义核心价值体系建设显得尤为重要和紧迫。

自党的十六届六中全会提出社会主义核心价值体系的科学命题以来，我国学术理论界对社会主义核心价值体系的探讨持续升温、方兴未艾。特别是党的十八大明确要积极培育和践行社会主义核心价值观以来，学术界进一步深化了社会主义核心价值体系建设的理论研究与实践探索。目前，我国社会主义核心价值体系建设的研究，已成为哲学社会科学研究领域的重大理论和现实课题，也成为引领高校开展大学文化建设和思想政治教育工作研究的重大课题。

文化是民族的血脉、人民的精神家园，是党和国家的精神旗帜，也是社会主义核心价值体系不可或缺的重要内容。深入探究基于大学文化建设的社会主义核心价值体系教育的有效路径问题，对于我国推进文化强国战略、培育和践行社会主义核心价值观、落实高校立德树人的根本任务，具有重要理论价值和实践意义。

(一)推进文化强国建设战略的需要

在当今世界政治多极化、经济全球化、文化多元化和社会信息化的宏观背景下,我国高等教育改革发展进程加快,实现了高等教育大众化的目标,大学生的数量达到了历史上前所未有的规模。同时,高校面临的挑战和问题也越来越多,大学"培养什么人、如何培养人和为谁培养人"的根本问题更加凸显。大学是我国以人才培养为中心的专门文化教育机构,文化的功能在于引导人、塑造人、熏陶人、鼓舞人,说到底就是培养人。因此,大学不仅要通过文化的传承创新,把受教育者培养成为全面发展的人才,而且要发挥大学文化对社会文化的引领、辐射、示范和推动作用,从而更好地为国家的经济社会发展服务。

改革开放40多年来,尤其是党的十六大以来,党和国家一直高度重视文化建设,并且把文化建设纳入中国特色社会主义事业"五位一体"的总体布局之中。2004年,中共中央、国务院颁布的《关于进一步加强和改进大学生思想政治教育的意见》明确指出,"校园文化具有重要的育人功能"。2011年,胡锦涛同志在庆祝清华大学建校100周年大会上的讲话中强调,"要积极发挥文化育人作用"①。党的十七届六中全会专门研究了文化建设问题,通过了《中共中央关于深化文化体制改革推动社会主义文化大发展大繁荣若干重大问题的决定》,把社会主义文化建设提高到了新的战略高度。值得一提的是,2012年,党的十八大报告明确提出要扎实推进社会主义文化强国建设的战略目标。党的十八大报告指出,要加强社会主义核心价值体系建设。广泛开展理想信念教育,深入开展爱国主义、集体主义、社会主义教育,倡导富强、民主、文明、和谐,倡导自由、平等、公正、法治,倡导爱国、敬业、诚信、友善,积极培育和践行社会主义核心价值观。全面提高公民道德素质。弘扬中华传统美德,培育知荣辱、讲正气、作奉献、促和谐的良好风尚。注重人文关怀和心理疏导,广泛

---

① 胡锦涛:《在庆祝清华大学建校100周年大会上的讲话》,人民出版社2011年版,第9页。

开展志愿服务，推动学雷锋活动、学习宣传道德模范常态化。丰富人民精神文化生活。建设优秀传统文化传承体系，弘扬中华优秀传统文化。推广和规范使用国家通用语言文字。普及科学知识，提高全民科学素养。增强文化整体实力和竞争力。促进文化和科技融合，发展新型文化业态，扩大文化领域对外开放，积极吸收借鉴国外优秀文化成果。① 党的十八大报告还特别强调要把立德树人作为教育的根本任务。这些目标任务对大学教育、大学文化和大学生的思想政治教育工作如何适应我国文化强国建设提出了新的更高要求。

党的十八大以来，以习近平同志为核心的党中央高度重视文化建设和社会主义核心价值体系建设。2016 年 5 月，习近平总书记在哲学社会科学工作座谈会上的讲话中强调："我们说要坚定中国特色社会主义道路自信、理论自信、制度自信，说到底是要坚定文化自信。文化自信是更基本、更深沉、更持久的力量。"②文化自信被明确阐释为"三个自信"的力量之源。建成文化强国，提升国家文化软实力，必须涵养文化自信，增强文化自觉，实现文化自强。高校作为国家培养优秀人才的重要基地，也是优秀文化传承的重要载体和文化创新的重要源泉。大学阶段是大学生成长成才的重要阶段，也是培养大学生良好品格和行为习惯的关键时期。大学教育，尤其是大学文化对大学生的思想观念、价值取向、道德情操以及行为方式的影响是深刻而持久的。建设创新型国家，就需要培养创新型人才。为此，高校必须加强大学文化建设，积极探寻大学生思想政治教育工作的有效途径，更好地引导大学生树立正确的世界观、人生观、价值观，努力把大学生培养成社会主义事业合格建设者和可靠接班人。当前，高校如何将大学文化建设与思想政治教育有机结合起来，担负起涵养文化自信和文化自觉的教育使命，以大学文化建设推进大学生思想政治教育工作，使之形成强大的育人合力，实现以文化人、以文育人，从而增强大学

① 参见胡锦涛：《坚定不移沿着中国特色社会主义道路前进 为全面建成小康社会而奋斗——在中国共产党第十八次全国代表大会上的报告》，人民出版社 2012 年版。

② 《习近平谈治国理政》第二卷，外文出版社 2017 年版，第 339 页。

生思想政治教育的实效性,这是一个亟待解决的现实课题。

(二)加强核心价值体系建设的需要

社会主义核心价值体系是中国特色社会主义事业的精神动力和精神滋养,对于当代中国的发展具有极其重要的战略意义和现实意义。

党的十六届六中全会通过的《中共中央关于构建社会主义和谐社会若干重大问题的决定》提出:“建设社会主义核心价值体系,形成全民族奋发向上的精神力量和团结和睦的精神纽带。马克思主义指导思想,中国特色社会主义共同理想,以爱国主义为核心的民族精神和以改革创新为核心的时代精神,社会主义荣辱观,构成社会主义核心价值体系的基本内容。”①这是我们党首次明确提出社会主义核心价值体系的科学命题,并且要求在全民中要形成价值共识和坚定信仰。

党的十七大报告进一步强调:“建设社会主义核心价值体系,增强社会主义意识形态的吸引力和凝聚力。”②社会主义核心价值体系是中国共产党在新的历史条件下,总结新的发展成果和实践经验取得的马克思主义中国化最新理论成果。

党的十八大报告对社会主义核心价值体系建设提出了新部署和新要求,进一步强调“社会主义核心价值体系是兴国之魂,决定着中国特色社会主义发展方向。要深入开展社会主义核心价值体系学习教育,用社会主义核心价值体系引领社会思潮、凝聚社会共识”,并提出倡导24个字的社会主义核心价值观,即“倡导富强、民主、文明、和谐,倡导自由、平等、公正、法治,倡导爱国、敬业、诚信、友善,积极培育和践行社会主义核心价值观”。③ 这从国家、社

---

① 《中共中央关于构建社会主义和谐社会若干重大问题的决定》,人民出版社2006年版,第22页。

② 《胡锦涛文选》第二卷,人民出版社2016年版,第639页。

③ 《胡锦涛文选》第三卷,人民出版社2016年版,第638页。

会、个人三个层面深刻揭示了社会主义核心价值体系的核心内涵，使社会主义核心价值体系更加凝练概括、更具有可操作性。

2013年5月4日，习近平总书记在与各界优秀青年代表座谈时指出，青年最富有朝气、最富有梦想，青年兴则国家兴，青年强则国家强。青年一代有理想、有担当，国家就有前途，民族就有希望。中国梦是我们的，更是青年一代的。2013年10月21日，习近平总书记在欧美同学会成立100周年庆祝大会上的讲话中指出："'致天下之治者在人才。'人才是衡量一个国家综合国力的重要指标。没有一支宏大的高素质人才队伍，全面建成小康社会的奋斗目标和中华民族伟大复兴的中国梦就难以顺利实现。"①2014年2月24日，习近平总书记在主持十八届中央政治局第十三次集体学习时强调："把培育和弘扬社会主义核心价值观作为凝魂聚气、强基固本的基础工程，继承和发扬中华优秀传统文化和传统美德，广泛开展社会主义核心价值观宣传教育，积极引导人们讲道德、尊道德、守道德，追求高尚的道德理想，不断夯实中国特色社会主义的思想道德基础。"②

价值观是文化的内核。党和国家非常重视社会主义核心价值体系建设和社会主义核心价值观教育。高校作为我国思想文化建设的高地和意识形态建设的阵地，必须以社会主义核心价值体系引领大学文化建设。大学文化建设与人才培养之间有着密切的关系。通过文化建设，大学能够自觉地承担起涵养文化自信和文化自觉的教育使命，更好地发挥文化传承、创新、发展和文化的育人功能。

（三）高校落实立德树人根本任务的需要

党的十八大报告强调，"全面贯彻党的教育方针，坚持教育为社会主义现

① 《习近平关于科技创新论述摘编》，中央文献出版社2016年版，第112页。

② 《习近平谈治国理政》第一卷，外文出版社2018年版，第163页。

代化建设服务、为人民服务,把立德树人作为教育的根本任务”①。教育是民族振兴和社会进步的基石,肩负着培养德智体美劳全面发展的社会主义建设者和接班人的使命和任务。高等教育是国民教育的重要组成部分和最高层次,高校是人才汇聚和人才培养的基地,也是社会主义意识形态建设和精神文明建设的重要阵地。大学生是祖国未来的建设者和接班人,他们的政治思想、道德素质如何,直接关系到国家的前途和命运。因此,坚持用社会主义核心价值体系的基本内容武装大学生的头脑,并在实践中身体力行,使他们具有良好的思想政治素质和道德素质,真正成为又红又专、德才兼备、全面发展的社会主义事业合格建设者和可靠接班人,这是高校思想政治教育工作的重大使命和根本任务。

对当代大学生进行社会主义核心价值体系教育,培育和践行社会主义核心价值观,既是高校担负立德树人根本任务的体现,也是大学生思想政治教育的重要内容。加强大学文化建设,发挥大学文化的传承创新和育人功能,创新大学生思想政治教育,是提高大学生社会主义核心价值体系教育实效性的重要举措。

我国正处于社会主义建设的重要转型期,随着改革开放的纵深推进和体制结构的深刻调整,意识形态领域的冲突和矛盾日益突出。目前,我国大学生价值观的主流是好的、积极向上的、值得肯定的,但是在多元文化思潮和不良价值观念的渗透下,大学生中也存在着一些理想信念模糊、价值取向扭曲、诚信观念淡薄等不可忽视的问题。要积极应对此类问题,高校只有坚持用马克思列宁主义、毛泽东思想、中国特色社会主义理论体系、习近平新时代中国特色社会主义思想武装大学生头脑,用中国特色社会主义共同理想和共产主义最高理想来凝聚大学生,用以爱国主义为核心的民族精神和以改革创新为核心的时代精神激励大学生,才能增强大学生对社会主义核心价值体系的认同

① 《胡锦涛文选》第三卷,人民出版社 2016 年版,第 641 页。

感，从而自觉追求和践行社会主义核心价值观。为此，高校必须坚守立德树人的根本任务，不断推进大学生思想政治教育改革与创新，努力提高大学生的思想政治素质，帮助他们树立正确的世界观、人生观和价值观，培养他们对中国特色社会主义的道路自信、理论自信、制度自信和文化自信，使他们成为中国特色社会主义事业的合格建设者和接班人。

总之，大学文化建设，是高等教育发展的需要，也是人才培养的需要，更是社会主义核心价值体系建设的需要，它关系到高校能否坚持社会主义办学方向、能否培养合格的社会主义建设者和接班人的重大问题。为此，加强大学文化建设，探索把大学文化建设作为社会主义核心价值体系教育的新路径，对于解决“培养什么人、为谁培养人以及怎样培养人”的根本问题，具有重要理论价值和现实意义。

二、研究现状综述

近年来，关于社会主义核心价值体系和社会主义核心价值观的研究，已经成为我国思想理论界和学术界持续关注和研究的重点、热点问题，对相关问题的研究也取得了一系列丰硕成果。特别是党的十八大以来，国内学术界对培育和践行社会主义核心价值观的问题有了更深入的探讨，从而有力地深化了社会主义核心价值体系建设的研究，并形成了新的理论生长点和研究的着力点，同时，部分研究成果也为本书的深入研究提供了有价值的参考。现将相关的研究及其成果作简要梳理如下。

（一）中华优秀传统文化资源的深度挖掘和有效运用

任何一个社会核心价值观的生成、认知、认同及践行，都需要与本民族的历史文化传统相契合，抛弃本民族的历史文化传统，便是割断了自己的精神命脉，只能是无源之水、无本之木。我国大多数学者关于社会主义核心价值观与中华优秀传统文化的研究，主要聚焦于对二者关系的辨识和对中华优秀传统文化的价值资源的深度挖掘和有效运用,主要探索如何运用中华优秀传统文化中的价值理念和教化经验来涵育社会主义核心价值观。

1. 社会主义核心价值观与中华优秀传统文化的关系辨识

关于社会主义核心价值观与中华优秀传统文化的关系问题,学术界已在宏观层面达成共识:一方面,中华优秀传统文化作为中华民族的精神命脉,是社会主义核心价值观的重要思想来源,也是培育社会主义核心价值观的深厚土壤;另一方面,社会主义核心价值观是对中华优秀传统文化的继承发展和创新超越,在当代弘扬中华优秀传统文化、培育社会主义核心价值观,应坚持创造性转化、创新性发展的原则和思路,激活中华优秀传统价值理念的时代价值。

与此同时,大多数学者强调,重视中华优秀传统文化的根基作用并不意味着走文化复古主义的道路,而是必须坚持马克思主义的指导地位,从建设中国特色社会主义伟大事业的实践出发,对中华传统文化进行科学辨识。也有学者认为,对中华传统文化进行批判继承,关键是要对意识形态层面的传统文化进行科学辨识,注意其所体现的阶级性。①

2. 中华优秀传统文化价值资源的挖掘和运用

梳理和萃取中华优秀传统文化中具有普遍意义和恒久魅力的价值理念,是继承弘扬中华优秀传统文化、涵育社会主义核心价值观的重要内容。吴潜涛认为:"挖掘提炼中华优秀传统文化,有针对性地实现其现代性转化、创造性转换和创新性发展,是继承和弘扬中华优秀传统文化的着力点和关键环节。"②也有学者对传统价值理念进行了深入探讨和全面梳理,如陈来将中国传统价值理念的特色概括为"责任先于自由""义务先于权利""群体高于个人""和谐高于冲突",并且强调了社会主义核心价值观与传统美德的关系,认

① 参见魏佳:《论社会主义核心价值观与中国传统文化的关系》,《思想理论教育导刊》2015年第12期。

② 吴潜涛:《推动优秀传统文化的现代性转化》,《人民日报》2015年7月15日。

为培育和践行社会主义核心价值观要以对中华美德体系的传承和实践为落脚点。①

在传承发展中华优秀传统文化已成为社会各界共识的时代背景下,对传统文化本身进行深入具体的理解和挖掘,是发挥中华优秀传统文化涵育社会主义核心价值观功能的基础。林国标对传统文化进行了知识型、价值型、制度型及风俗型的分类,并分析了这四种类型的传统文化对涵育社会主义核心价值观的不同作用,认为价值型传统文化作为传统价值观念体系,是我们传承与探讨的关键。② 这一分类是对理解和挖掘中华传统文化的价值资源的有益探索,为如何运用中华传统文化涵育社会主义核心价值观提供了可以借鉴的思路。

(二)培育和践行社会主义核心价值观的机制和路径

社会主义核心价值观既是理论问题,更是实践问题。它源自实践,最终也要回归实践。价值观自信是培育和践行社会主义核心价值观过程中凸显出来的理论与实践问题。价值观自信,是培育和践行社会主义核心价值观的重要前提;同时,社会主义核心价值观的培育和践行又会进一步增强价值观自信。社会主义核心价值观的培育和践行是一项重大战略工程,也是一项复杂系统工程。社会主义核心价值观的落细、落小、落实,迫切需要构建长效机制和有效路径。

1. 培育和践行社会主义核心价值观的长效机制和有效路径

构建培育和践行社会主义核心价值观的长效机制和有效路径,是确保社会主义核心价值观融入现实生活、发挥作用的关键,因此也成为理论研究的重点。

---

① 参见陈来:《中华文明的核心价值:国学流变与传统价值观》,生活 · 读书 · 新知三联书店 2015 年版。

② 参见林国标:《传统文化的四种类型及对社会主义核心价值观的不同影响》,《湖湘论坛》2015 年第 2 期。

在社会主义核心价值观培育机制、路径整体构建方面,程京武认为,应从循序渐进地构建共识—共鸣—共行的认同机制、个体—群体—共同体的濡化机制、微观—宏观—系统观的协同机制三个方面,全面推动社会主义核心价值观培育机制与路径的构建。① 曾令辉则提出,可以从经典文本、社会思潮、社会实践和个体认同等维度来构建社会主义核心价值观培育和践行的长效机制。②

2."以文化人"的文化路径成为研究的重点和热点问题

"以文化人"为培育和践行社会主义核心价值观提供了一个良好视角,也提供了重要载体与有效途径。佘双好认为,"以文化人"的基本内涵包括两个方面:一是用文化的成果来教化培育人;二是以文化的方式来教化培育人。③ 高山、张若飞提出,以文化传承滋养人,以文化平台锻炼人,以文化氛围熏陶人,以此来增强社会主义核心价值观的内生力、传播力和感染力。④ 李向成提出,应推进"以文化人"的主体建设,落实"以文化人"的载体建设。⑤ 秦在东通过对文化特性与功能等的探讨,提出了"以文化人"的复杂性和层次性问题,认为"以文化人"的层次性问题的根本点就是如何发挥社会各种力量的作用来提升"以文化人"的实效性。⑥

3.大学教育成为社会主义核心价值观培育路径研究的重点

有学者认为,高校培育社会主义核心价值观的长效机制应以融入为关键,

---

① 参见程京武:《循序渐进构建社会主义核心价值观践行机制》,《光明日报》2015 年 5 月 24 日。

② 参见曾令辉:《论构建培育和践行社会主义核心价值观长效机制的切入点与维度》,《思想教育研究》2015 年第 12 期。

③ 参见佘双好:《以文化人与社会主义核心价值观践行培育的方法研究》,《思想教育研究》2015 年第 12 期。

④ 参见高山、张若飞:《以文化人:社会主义核心价值观培育践行的着力点》,《思想教育研究》2015 年第 12 期。

⑤ 参见李向成:《用"以文化人"推进大学生核心价值观宣传教育的实践路径探析》,《思想教育研究》2015 年第 11 期。

⑥ 参见秦在东:《以文化人的层次性与复杂性》,《思想教育研究》2015 年第 11 期。

推动社会主义核心价值观融入高校的教育教学、实践活动、校园文化建设、制度建设及研究宣传等方面。① 社会主义核心价值观贯穿高校思想政治理论课教学全过程成为融入研究的重点课题。陈锡喜在宏观层面提出“三个结合”，即把理论思维能力的培养与价值评价能力的培养结合起来，把社会主义核心价值观的培育和践行与“三个自信”的确立结合起来，把社会主义核心价值观的培育和践行与为中国梦的奋斗结合起来。② 周琪围绕如何融入问题，从更为具体的层面提出了社会主义核心价值观融入课程教材、教学话语及教学模式的思路。③

总之，学术理论界已取得的研究成果，为建设社会主义核心价值体系、培育和践行社会主义核心价值观研究的深化奠定了良好的基础。但就社会主义核心价值体系教育研究的总体而言，对于高校教育中大学文化建设的价值理念、涵育路径等问题还需要作更系统的探讨，对于大学生培育和践行社会主义核心价值观的落实问题还需要作更深入的探索。因此，本书研究的问题是重要的，也是必要的。

三、研究的基本内容观点和重点难点

文化是民族的血脉，是人民的精神家园。文化自信是更基本、更深沉、更持久的力量。社会主义核心价值体系是兴国之魂。核心价值观是一个国家文化软实力的精髓所在，一个国家的影响力与其核心价值观密切相关。对于发展中国家而言，只有立足本国国情，面向世界和人类历史未来发展，确立起具有强大感召力的价值观念，才能在世界历史发展中真正实现民族的复兴。由

---

① 参见王帅：《以五个“融入”为重点加强高校培育和践行社会主义核心价值观长效机制建设》，《思想理论教育导刊》2015 年第 1 期。

② 参见陈锡喜：《关于社会主义核心价值观教育贯穿高校思想政治理论课全过程的思考》，《思想理论教育》2015 年第 6 期。

③ 参见周琪：《社会主义核心价值观融入高校思想政治理论课的三个转向及实现》，《思想教育研究》2015 年第 12 期。

此可见,中华民族伟大复兴不仅仅是经济的发展,而且应该是社会制度和社会文明的发展,这其中主要是中国文化尤其是核心价值观的建立和弘扬。

当前,国际上思想文化不断交流交融交锋,国内社会意识更加多元多样多变,这对全国人民,特别是大学生的思想观念、价值取向和行为方式都产生着深刻影响。高校是我国人才培养和意识形态建设的重要阵地,大学生正处在人生价值观形成和确立的关键时期,如何对大学生进行社会主义核心价值体系教育,培育和践行社会主义核心价值观显得尤为重要和紧迫。社会主义核心价值体系和核心价值观,是中国特色社会主义事业的前进方向和动力之源。研究大学文化建设,对于社会主义核心价值体系建设,对于当代中国发展具有重大而深远的意义。

(一)主要内容和基本观点

教育是人类文化传承创新的一种实践活动,其实质是文化与人之间的双向互动。文化是教育之根,教育以育人为本。培养人是大学文化和大学教育共同的根本使命与任务。核心价值体系是文化的核心和灵魂,高校必须坚持把培育和践行社会主义核心价值观作为引领广大青年学生健康成长的核心内容。因此,大学文化建设是大学生社会主义核心价值体系教育的新路径。

1. 主要内容

社会主义核心价值体系是兴国之魂,也是当代中国文化之魂。当代中国文化之体就是体现社会主义先进文化的各种载体和形式。立德树人是高校思想政治工作的根本任务,加强大学文化建设,用社会主义核心价值体系教育引导当代大学生,培育和践行社会主义核心价值观,是历史和时代赋予大学文化的教育使命和社会责任。为此,本书以"大学文化建设:社会主义核心价值体系教育的新路径"为主题,以大学文化为研究对象,并以大学文化建设为切入点和着力点,全面深入地探索社会主义核心价值体系教育的文化路径。

高校对大学生的教育主要是通过课程来实现的。课程由两部分组成:一部分是“显性课程”;另一部分是“隐性课程”。如果说显性课程是学校教育中有计划、有组织地实施的正式课程或官方课程的话,那么,隐性课程则是大学生在学习环境中所学到的非预期或非计划的知识经验、价值观念、道德规范和处事态度等。

大学文化是最重要的隐性课程。它是以大学为载体,在长期的办学过程中,师生员工所共生、共享、传递的价值取向、生活方式和行为方式,其核心是大学精神。它具有渗透性与广泛性,表现在一所大学的各个方面、各个角落,体现在每座建筑物、每位师生员工的身上,对师生有重要的教化作用,是潜移默化的、润物无声的。可见,大学育人效果在很大程度上取决于大学文化。

大学文化建设的着眼点,首先应该放在社会主义核心价值体系教育上。大学文化建设,培根固本的工作就是社会主义核心价值体系建设。大学应该成为社会主义核心价值体系的研究、传播和建设中心,要让社会主义核心价值体系在大学落地生根、开花结果。大学文化建设的着力点,应该体现在立德树人上,亦即“以文化人、育人为本”上。文化不仅是有形的,体现在各种文化形态中,而且是无形的,体现在人的心灵和行为中。思想和行为上有文化的人,才是文化发展繁荣的根本。因此,大学不仅要为发展文化事业和文化产业培养各种专门人才,而且要让每个受过高等教育的大学生,都成为具有人文关怀和家国情怀的人,都成为兼具真理力量和人格健全的人。大学生在大学经过心灵的净化,走出校门,再去影响别人,这就是文化的血脉,也是大学文化的永恒价值和功能所在。

2. 基本观点

学校是国民教育的主渠道和主阵地。社会主义核心价值体系教育是大学文化建设的根本使命,大学文化建设是社会主义核心价值体系教育的有效路径和重要载体,用社会主义核心价值体系引领大学文化建设。在文化传承创新中培养人,是大学教育的本质功能和根本任务。大学文化对于社会文化具有重要的辐射、引领作用,具有不可替代的基础性、标志性意义。加强大学文化建设,用社会主义核心价值体系教育当代大学生,是建设社会主义文化强国的重要内容,也是大学文化的根本使命和任务。

通过大学文化建设,实现大学生对社会主义核心价值观的认知、认同。首先需要加强高校思想政治理论课教学建设,要充分发挥思想政治理论课的主渠道、主阵地作用。同时,还要在各门哲学社会科学课程中广泛宣传社会主义核心价值体系的内容,充分发挥各门课程的育人功能。特别是要把社会主义核心价值体系教育融入大学校园文化建设之中,通过广泛开展丰富多彩、积极向上的学术、科技、体育、艺术和娱乐活动,把德育与智育、体育、美育有机结合起来,寓社会主义核心价值体系教育于文化活动之中,努力建设体现社会主义核心价值体系要求、具有时代特征和学校特色的大学文化,以发挥大学文化的育人作用。

(二)重点和难点问题

大学文化建设如何有效地服务于立德树人。一是高校如何把社会主义核心价值体系融入大学精神文化、物质文化、制度文化、行为文化的大学文化活动之中,用社会主义核心价值体系引领和规范师生的思想与行为,使社会主义核心价值体系铸牢在师生精神灵魂的深处。二是高校如何增强大学校园文化的熏陶力度,达成思想共识,创造文明风尚,营造培育和践行社会主义核心价值体系的校园文化氛围,着力在文化建设中彰显社会主义核心价值体系的魅力,诠释社会主义核心价值体系的深刻内涵,发挥大学文化“润物细无声”的功能和教育效果。

(三)解决的主要问题

探寻大学文化的社会主义核心价值体系教育路径,增强大学生社会主义核心价值体系教育的实效性,增强大学生培育和践行社会主义核心价值观的自觉性。大学文化建设,必须坚持以文化造就人为根、以文化培育人为本、以文化塑造人为核,将社会主义核心价值体系建设与自身独具特色的大学文化紧密结合。一是要以促进大学生健康成长与全面发展为中心,以思想政治理论课为平台,结合大学生身心特点落实核心价值体系教育。在教育理念上尊重主体性,在教育形式上提高趣味性,在教育方法上注重互动性,在教育内容上增强实用性,以社会主义核心价值体系教育促进大学生健康成长和全面发展,以大学生的成人成才推进社会主义核心价值体系建设。二是要着力加强大学文化建设,为大学生培育和践行社会主义核心价值观营造良好的文化环境与氛围。

四、研究思路、框架与创新点

本书把握时代发展脉搏和国家发展战略,通过对大学文化建设和社会主义核心价值体系教育的有效路径研究,深入探讨大学生社会主义核心价值体系教育的关键问题,着重探讨大学生社会主义核心价值体系教育的文化路径,凸显其理论价值和现实意义。

(一)基本思路

本书紧紧围绕高校立德树人的根本使命和任务,对文化与教育、大学文化与大学教育、大学文化建设与高校思想政治教育及其与社会主义核心价值体系的关系以及价值基本理论等作了较深入的梳理和研究。在此基础上,探讨了大学文化建设为何是社会主义核心价值体系和社会主义核心价值观教育的新路径,并进一步探索了作为新路径的大学文化在社会主义核心价值体系和社会主义核心价值观教育中,如何发挥作用。从总体上讲,要把社会主义核心价值体系教育和培育践行社会主义核心价值观,融入大学教育和高校思想政治教育以及大学文化建设的全过程,并建立保障核心价值观培育践行的外部机制。通过大学文化建设,构建起大学生社会主义核心价值体系教育的有效路径,让大学文化担负起涵养大学生文化自信的教育使命,落实立德树人的根本任务,为大学生社会主义核心价值体系教育、社会主义核心价值观的培育和践行,提供理论依据和实践借鉴。

大学文化建设,要坚持以社会主义核心价值体系为引领,探索符合当代大学生思想特点和成长规律的教育有效路径、方式方法。让社会主义核心价值体系充分融入和体现在大学的课堂教学中,体现到学校日常生活中,使社会主义核心价值体系进教材、进课堂、进头脑,真正地内化于心、外化于行。为此,必须把立德树人作为教育的根本任务,牢固树立"以人为本、德育为先"的教育理念,坚持全员育人、全过程育人、全方位育人,使广大教师坚持育人为本、为人师表,不仅要教好书,更要育好人,自觉用良好的师德风范和良好的道德行为影响和教育学生。通过大学文化建设,探索加强高校思想政治教育工作的途径和方法。要按照贴近实际、贴近生活、贴近学生的原则,用学生熟悉的语言、身边的事例、喜闻乐见的形式,深入持久地开展宣传教育,使社会主义核心价值体系深入头脑、扎根人心,真正为大学生所理解、所接受、所认同。引导学生树立正确的价值追求,坚定理想信念,培育高尚情操,自觉把个人理想融入中国特色社会主义共同理想之中。

(二)基本框架

本书围绕"大学文化建设是社会主义核心价值体系教育的新路径"这一主题,从"基本理论""内在关系""路径选择"三个方面展开研究,通过层层递进、逐步深入的逻辑,明确回答和解决了研究对象所涉及的主要问题,主体部分内容由五章构成。

1. 基本理论研究

该部分着重界定和阐释本研究所涉及的基本概念和基本结论,详细厘清了文化及其内涵、教育及其内涵、大学文化及其内涵、大学教育及其内涵、大学文化建设及其内涵、社会主义核心价值体系及其内涵、社会主义核心价值观及其内涵、高校思想政治教育及其功能等概念和内容,并完整梳理了价值的基本理论,总结了社会主义核心价值体系引领高校思想政治教育的经验等。该部分是本书立论的基础,为后续研究提供了坚实的学理依据和理论支撑。

2. 内在关系探讨

该部分探讨和阐明了本研究所需要说明的几对关系,阐明了文化与教育、大学文化与大学教育、大学文化与先进文化、先进文化与社会主义核心价值体系、社会主义核心价值体系与社会主义核心价值观、大学文化与社会主义核心价值体系及核心价值观、大学文化建设与高校思想政治教育等之间的关系和内在联系。通过内在关系的探讨,主要是通过思想政治教育这个中介,把大学文化建设与社会主义核心价值体系教育紧密联系起来。大学文化建设和社会主义核心价值体系教育的交汇点在于思想政治教育,二者正是通过思想政治教育这个纽带联系起来的。

3. 新的路径选择

该部分是本书研究的逻辑归宿和落脚点。大学文化建设和高校思想政治教育相连相通,都是社会主义核心价值体系与核心价值观教育的重要载体,其中,前者是新载体,后者是传统载体。本部分探讨大学文化建设为什么是社会主义核心价值体系教育的新路径,着重探索社会主义核心价值体系和核心价值观教育融入大学文化建设的具体理路和机制。

结语部分主要阐明,大学文化建设要担当起涵养文化自信和文化自觉的教育使命。强调文化自信与文化自觉的重要性,更加凸显了大学文化建设的核心价值意蕴和未来发展趋向。

(三)创新点

本书坚持以马克思主义的科学世界观和方法论为指导,突出问题导向和问题意识,注重理论联系实际和解决现实问题,积极探寻大学落实社会主义核心价值体系教育的文化路径。创新之处主要有三点:一是研究视角比较独特,选择以文化作为研究问题的基本视角。二是研究内容比较新颖,坚持以人才培养为中心,突出高校立德树人的根本任务,注重大学文化的研究,把大学文化建设作为落实社会主义核心价值教育的新路径,既切合高校教育教学和人才培养的实际,又有利于增强教育的实效性。三是研究视野比较开阔,从多学科的视野、采用多学科的理论和方法研究问题,具有综合创新意义。

第一章　大学文化与大学教育

大学作为我国优秀文化传承发展的重要阵地和思想文化创新的重要源泉，在推动文化强国建设中肩负着重要的使命和责任。当下，大学如何成为有高度的文化自觉和坚守崇高理想的文化组织，成为有文化、有精神、有灵魂的大学成为人们广泛关注的问题。因此，研究大学文化建设与大学教育及其与社会主义核心价值体系教育问题，对于充分发挥大学文化传承、文化创新、文化引领功能和建设中国特色社会主义文化强国都具有重要的意义。

第一节　文化与教育的关系

厘清文化与教育的关系，是我们打开理解大学文化与大学教育关系的钥匙。文化与教育，虽然内涵各有侧重，但二者关系极其紧密，不可割裂。文化是一种强大的教育力量，教育是文化传递的重要手段。

一、文化的内涵及其演变

文化是民族的血脉、人民的精神家园，对于民族凝聚力、创造力的形成和综合国力的提升具有重要作用。文化的传承和演变是一个非常复杂的过程。

(一)文化的内涵及其人本规定性

1. 文化的概念及其内涵

文化是一个有着广泛内涵的概念,据说学术界对文化的定义有200多种。有人说,文化是一种生活样态;有人说,文化是人类创造的物质和精神成果的总和;还有人认为文化专指精神成果。梁漱溟说:"你且看文化是什么东西呢？不过是那一民族的生活的样式罢了。"[①]又说:"文化,就是吾人生活依靠的一切。"[②]他的观点和钱穆的观点很相似。钱穆在《文化与生活》中说,文化必由人类生活开始,没有人生,就没有文化。文化即是人类生活之大整体,汇集起人类生活之全体即是文化。[③] 他在《中国历史研究法》一书中又说:"文化是全部历史之整体","换言之,文化即是人生。此所谓人生,非指各人之分别人生,乃指大群体之全人生,即由大群体所共同集合而成的人生,包括人生之各方面、各部门,无论物质的、精神的均在内,此始为大群体人生的总全体"。[④] 这就是说,一个人群的全部生活和他们所创造的一切财富都是文化。但是,他在《中国文化史导论》一书中又把文化与文明分开来说。他说:"大体文明文化,皆指人类群体生活而言。文明论在外,属物质方面。文化论在内,属精神方面。故文明可以向外传播与接受,文化则必由其群体内部精神积累而产生。"他还说:"文化可以产出文明来,文明却不一定能产出文化来。"[⑤]他这里说的文化又只是指精神成果了。可以看出,梁漱溟、钱穆的说法也有不一致的地方。钱穆认为文化是人生的全部,而梁漱溟则认为文化是人生依靠的

---

① 梁漱溟:《东西文化及其哲学》,载刘梦溪主编:《中国现代学术经典·梁漱溟卷》,河北教育出版社1996年版,第33页。

② 梁漱溟:《中国文化之要义》,载刘梦溪主编:《中国现代学术经典·梁漱溟卷》,河北教育出版社1996年版,第237页。

③ 参见钱穆:《文化与生活》,(台湾)乐天出版社1963年版。

④ 参见钱穆:《中国历史研究法》,生活·读书·新知三联书店2001年版。

⑤ 钱穆:《中国文化史导论》,商务印书馆1994年版,第5页。

一切,其中也小有差别。台湾地区学者赵雅博则认为,文化之本质要义,乃是改变自然与改变自己的原始状态,而予以新的状况。更恰切地说,乃是将在自然中或自己中所潜藏的作用或能力发挥出来,也就是人使用自己的能力——理智意志感官,来使潜存于自己或自然中的潜能成为现实,其目的是在于使人自己得到与自己原始状态的不同的改变,使自己成为比原始状态更好的情况。① 这种改变可以理解为物质和精神两个方面。以上这些界说从不同的角度来理解文化这个复杂的概念,都是有道理的。虽然他们的提法不同,但有一点是相同的,即都是指人类的活动及其结果。

学术界对文化的构成有多种分类。一是二分法:精神文化与物质文化,或者分为观念与实体、外显与内隐。二是三分法:物质、精神和制度,或者分为物质、观念和关系。物质文化是指人们在从事以物质生活资料为目的的实践活动过程中所创造的文化,是征服自然界所创造的文化成果;关系文化是指人类在创造过程中所接触和构成的各种社会关系,如生产关系、贸易关系、公私关系、国际关系、民族关系、政权关系等;观念文化是指长期形成的社会文化心理、历史文化传统、民族文化性格、哲学思想、观念理论、文化理想和文学艺术、宗教信仰、道德规范等。三是四分法:物态文化层、制度文化层、行为文化层、心态文化层。②

张岱年、程宜山两位先生给文化下过这样一个定义:"文化是人类在处理人与世界关系所采取的精神活动与实践活动的方式及其所创造出来的物质和精神成果的总和,是活动方式与活动结果的辩证统一。"③他们对文化的构成采取三分法,"在我们看来,文化主要包含三个层次。第一层是思想、意识、观念等等。思想意识中最重要的有两个方面:一是价值观念,一是思维方式。第二层是实物,即表现文化的实物,它既包括像哲学家的著作、文艺家的文学艺

① 参见赵雅博:《中国文化与现代化》,(台北)黎明文化事业公司1992年版。

② 参见张岱年、方克立:《中国文化概论》,北京师范大学出版社1994年版,第5—6页。

③ 张岱年、程宜山:《中国文化与文化论争》,中国人民大学出版社1990年版,第3—4页。

术作品一类的'物',也包括科学技术物化形态的'物',即人工改造过的物质。第三层是制度、风俗,是思想观点凝结而成的条例、规矩等。"①庞朴先生也把文化分为三个层次:物的层次(物质的层次)、心的层次(或叫心理的层次)、中间层次(心与物相结合的层次),但是其解释却有所不同。庞朴以看电影为例子,把放电影的硬件部分称为文化的"物的层次";电影宣传的思想、主题以及电影院的管理制度称为文化结构的第二个层次,即"心物结合的层次";看电影的人的审美情趣、审美观点、价值判断等归之为文化结构的第三个层次,即"心的层次"。② 四分法是把风俗、习惯等从制度文化中分出来,称为"行为文化"。从文化的质素来分,还有高雅文化与通俗文化之分。笔者认为,不论文化包含哪些内容,对文化的构成如何划分,有一点是特别需要关注的,即文化的人文精神。文化是人创造的,同时文化又创造着人,人是在一定的文化环境中成长的。因此,要特别重视文化的人文精神,失去人文精神的创造成果,不能称为文化。文化是有优劣之分的,需要择优和吸收。

《辞海》解释"文化":"从广义来说,指人类社会实践过程所创造的物质财富和精神财富的总和;从狭义来说,指社会的意识形态,以及与之相适应的制度和组织机构。"思想观念最集中地体现文化,是狭义的文化。因此,我们下面所谈到的文化主要是指思想观念层面的文化,也涉及部分制度文化,因为思想观念文化与教育的关系最为密切。不是说物态文化、制度文化不重要,没有影响到教育的发展,而是相对而言,思想观念文化对教育的影响最深刻、最长远,所以需要着重加以研究。总而言之,文化何谓? 文而化之;文化何为? 以文化人。这就是文化的本质性内涵和实质性意蕴。

2. 文化的人本规定性

文化是人类特有的能力和性格,即使用符号的能力所促成的事件:观念、信仰、语言、工具、风俗、情感和制度,而人类的行为正是人类机体与文化刺激

① 张岱年、程宜山:《中国文化与文化论争》,中国人民大学出版社 1990 年版,第 4 页。

② 参见庞朴:《文化的民族性与时代性》,中国和平出版社 1988 年版。

物的乘积。[①] 说人是文化的动物,并非把人与其生活于其中的文化相混同,而是反映人既创造文化又为文化所制约的这一区别于其他动物的特征。人之所以为人,就在于他习得了文化。

由此可见,文化具有人本规定性。文化的人本规定性,是文化最为本质的规定性,文化的其他各种特性都源于这一人本规定性,其内涵十分丰富:首先,从发生学的角度来看,人产生的根本途径就是超越本能或生物学的自然,建立一种自己特有的生存体系,建立自己的"第二自然",这就是文化。在这意义上,文化就是人化。其次,文化作为人自己建立起来的"第二自然",包含着人与动物相区别的最根本的规定性,即超越性与创造性,也就是自由的维度。最后,文化所代表的人对自然的超越的维度,或者自由和创造性的维度,是人这个特殊的类的生存基础。

(二)文化的演变及其发展环节

文化的传承、演变和发展是一个非常复杂的过程。

1. 文化的传承演变

关于文化传承和演变的理论主要有三种:进化、播化和涵化。[②]

(1)文化传承演变的代表性理论

文化的进化,是指文化的发展是逐步积累、不断发展的,由简单到复杂,由低级到高级,是一个渐变的过程。这种理论强调了文化传承演变的时间形式,是文化发展的普遍的、历史的原则。

文化的播化,是指文化是通过人类的交往联系——贸易、战争、迁徙等活动传播和发展起来的。这种理论强调了文化传承演变的空间形式,也是文化发展的区域原则。

---

① 参见[美]怀特:《文化科学——人和文明的研究》,曹锦清等译,浙江人民出版社1988年版,第17页。

② 参见顾明远:《中国教育的文化基础》,山西教育出版社2004年版。

文化的涵化,是指一种文化不是孤立地发展的,而是在与外来文化接触中,通过冲突、融合,双方都会有所变化,出现一种交叉渗透的局面,最后经过有意识和无意识的选择、调整,产生出一种新的文化。这也是文化发展的普遍性规律。

(2)文化传承演变的代表性学派

由于对文化的传承演变的认识差异,因而形成了各种不同的学派。

进化学派,是以英国的爱德华·泰勒、美国的路易斯·摩尔根为代表,强调人类本质的一致性和由此而产生的文化发展的一致性,又称"单线进化论"(古典进化论)。20 世纪 50 年代又出现"新进化论",即"多线进化论",这一学派不承认人类各种文化发展的一致性和普遍规律的存在。

播化学派,是以德国的弗里德里希·拉第尔和弗里兹·格雷布内为代表,主张"文化圈理论",把文化圈作为一个实体看待,并认为这个实体是以其发源地为中心,再扩散到世界广大地区。这一学派过分强调了文化的空间转移。

社会学派,是以法国的埃米尔·涂尔干和马歇尔·莫斯为代表,认为人类文化产生的根源是社会和社会环境。文化就是社会的集体观念,因此要用社会学的实证方法来研究。

历史学派,是以美国的弗朗兹·博厄斯为代表,强调对文化进行"历史的动态研究",主张"文化独立论",认为每种文化都有其生物的、地理的、历史的、经济的影响。它们都是决定因素,但并不是唯一因素,人类文化的发展是非规律性的。

"文化相对论",又称"价值理论",认为各民族文化在价值上是平等的,没有一个对一切社会都适用的绝对的评价标准。

功能学派,英国的布罗尼斯拉夫、马林诺斯基等视文化为一个完整的总体,由各部分组成,各部分有自己的特殊作用,都为了完成自己的功能。

此外,还有心理学派(弗洛伊德)、结构主义学派等。这些学派都各执一词,其实各种文化的传承演变都要经过进化、播化和涵化的过程,这是普遍规律。至于各种具体文化的演变过程又各不相同,各自有自己发展的道路和特殊性,这是毋庸置疑的。这些理论不同程度地影响到人们对教育及其与文化关系的认识。

2. 文化的发展环节

文化的发展过程尽管十分复杂,但总是离不开“传递、选择、发现、创造”这四个最基本的环节。①

传递就是将已有的文化产品在时间上和空间上加以延伸与扩散,以期在将来保存其文化,同时在不同的地域扩大其影响。其中,时间上的纵向传递是形成民族文化传统的最直接的因素;横向传递则促进了各民族、各地域的文化交流,使民族文化更加丰富多彩。传递本身并非创造,但传递过程也不是机械地移动。传递的内容必然会受到传递主体和环境的影响,或增加些什么,或失掉些什么。传递还可作这样的区分:主文化的主体主动向外传递;客文化的主体把它传带到客文化地区去。例如,中国古代的四大发明和制陶、养蚕等技术传播到欧洲,有些是中国人(主文化的主体)自己传过去的,有些是欧洲人(客文化的主体)带过去的。不论哪种传递方式,文化的传递总是和文化的选择紧密联系在一起的。

选择是指文化的主体根据时代的要求和自己的需要在传递已有文化或吸收异质文化时强调或者增加一些东西,贬斥或者舍弃一些东西。传递与选择是分不开的,传递过程中必然会有选择。如儒家学说经过董仲舒的选择、朱熹的诠释,已与原始儒学有很大的不同。今天我们说弘扬中华民族的优秀传统文化,实际上也是对民族传统文化的一个选择过程,所谓“去其糟粕,取其精华”,把优秀的部分发扬光大。文化的选择总是受到一定时期政治经济的制约。除了物质层面的文化产品以外,制度、观念等属于上层建筑的文化形态,必然要受到经济基础的制约。一定时期的统治阶级也总要选择有利于巩固其

① 参见顾明远:《中国教育的文化基础》,山西教育出版社 2004 年版。

统治的制度和观念,适应其需要的就被保留下来甚至发扬光大,不适合的就被淘汰。董仲舒的独尊儒术就是一种文化选择;乾隆编纂《四库全书》,也是一种文化筛选。物质文化也有一个选择问题。不同时代,由于生产力的发展,人们对物质的需求会产生不同的要求,对原有的物质产品就有一个选择和淘汰的过程。文化选择的内容有两种:一种是对自己文化的选择,这就是批判地继承和发展;一种是对异质文化的选择,这就是引进和融化。选择的方式也有两种:一种是自上而下的,由统治阶级明令禁止或倡导弘扬;另一种是自下而上的,先在民间流行,最终被全社会所接受。可见,没有选择就没有文化的传播和发展。

发现是指挖掘和利用已经存在的但未曾受到注意的文化。发现分为两种:一种是在时间意义上的,指对过去的文化进行发掘和利用。例如,我国汉代古文学派就是因为在孔子故居的夹壁墙里发现了大量的春秋战国时期的文献资料而兴起的;考古发掘也是对文化的发现;还有今天的各种研究,如敦煌学、红学等,都是在做文化的发现工作。通过这种发现可以使民族文化更加大放异彩,同时促进文化的进一步发展。欧洲的文艺复兴也是通过对古希腊文化的发掘而兴起的,最终形成欧洲资产阶级的思想文化传统。发现的另一种含义是在空间意义上的,指对异质文化的发现和吸收。这里又可以分为两种情况:一种是积极的主动的;一种是消极的被迫的。前者如佛教东传,被中国文化所吸纳;后者如清末的西学东渐。文化发现总有一个过程,而且它总是和文化的选择联系在一起。

创造是指建立前所未有的新质文化的过程,是文化发展的最高形式。它包括具有起始意义的创造,或者叫原创;在一定文化基础上的再创造,或者叫改造。无论是原创还是再创造,都离不开原来的文化基础。因为创造的主体总是生活在一定的文化环境中,不能离开原有的文化基础,在文化的真空中创造出一种新文化来。列宁曾经在十月革命后批判"无产阶级文化派"企图否认无产阶级在创建社会主义文化时必须利用过去的文化遗产。他说:"马克思主义这一革命无产阶级的思想体系赢得了世界历史性的意义，是因为它并没有抛弃资产阶级时代最宝贵的成就，相反却吸收和改造了两千多年来人类思想和文化发展中一切有价值的东西。”①

就中国而言，中华文化的创造和奠基时期是先秦时代。根据考古学的材料证明，我国早在约公元前7000年至公元前2300年前就创造出高水平的物质文明，并形成了较为丰富的文化思想；至周代逐步建立了宗法制度和礼制，这种制度在我国维持了几千年。到了春秋战国，诸子蜂起，学派林立，百家争鸣，中华文化进入了辉煌的创造时期，中华文化由此而确定了其基本走向。从中华文化的发展可以看出，一个民族文化的形成必须首先经过创造性的劳动。当然，不仅在文化的奠基时期需要创造，在民族文化的进一步发展过程中，仍然需要创造，即在一定文化基础上的再创造。中华民族是一个多民族的大家庭，中华文化就是在不断吸收、融合各民族文化的优秀内容的过程中发展起来的。例如，中国的民乐就是集各民族的乐器而成。革命文化和社会主义先进文化是在党和人民伟大斗争中孕育的。特别是改革开放以来，在邓小平理论、“三个代表”重要思想、科学发展观、习近平新时代中国特色社会主义思想的指引下，中国特色社会主义先进文化得到繁荣和发展，更加灿烂夺目。总之，创造始终是民族文化发展最重要的一个环节。

如果说，传递和选择大体上是属于保存文化的环节，那么发现和创造则应属于生产文化的环节。因此，文化的发展离不开传递、选择、发现、创造这四个基本环节，但它们并不是按顺序进行的，而是交叉前行的。

二、教育的内涵及其本质

教育作为人类文化传承创新的实践活动，它是人类文化传承的基本手段和文化创新的主要途径。可见，教育自身是以培养人为中心的文化活动，教育

① 《列宁选集》第4卷，人民出版社1995年版，第299页。

与文化的关系最为密切。

(一)教育的内涵

从词源和词义上看,在我国"教育"二字连用成词,最初见于《孟子·尽心上》"得天下英才而教育之,三乐也"一句中。在其他一些古籍里,曾经是把"教育"二字分开来解释和使用的,含义亦有不同。按《说文解字》:"教,上所施,下所效也;育,养子使作善也。"《礼记·学记》:"教也者,长善而救其失者也。"我国儒家经典之一《中庸》上说:"天命之谓性,率性之谓道,修道之谓教。"《荀子·修身》说:"以善先人者谓之教。"①在西方语言中,"教育"一词,英文为"education",法文为"éducation",德文为"erziehung",均由拉丁文语"educare"而来,而"educare"则又出自动词"educere",这个动词是由前缀字母"e"和"ducere"两部分组成。前缀字母"e"在拉丁文中的含义是"出","ducere"为"引",合起来是"引出"的意思。② 这就是说,教育要用引导的方法来发展人(学生)的身心。美国百科全书"教育"条中写道:"从最广泛的意义来说,教育就是个人获得知识或见解的过程,就是个人的观点或技艺得到提高的过程。"③

国外教育家从论述"教育是什么"来阐明他们对教育的理解。譬如,捷克教育家夸美纽斯认为,教育在于发展健全的人,只有受过一种合适的教育之后,才能成为一个人。英国哲学家洛克说,人类之所以千差万别,便是由于教育之故。法国启蒙思想家、教育家卢梭认为,植物是由栽培而成长,人由于教育而成为人。他还说,我们生而软弱,因而需要力量;生而无能,因而需要他人帮助;生而无知,因而需要理性。所有我们生而缺乏的东西、所有我们赖以成为人的东西都是教育的赐予。德国哲学家、教育家康德说,人只有靠教育才能

① 参见胡德海:《教育学原理》,甘肃教育出版社 1998 年版。

② 参见陈桂生:《教育原理》(第 2 版),华东师范大学出版社 2000 年版。

③ 转引自叶澜:《教育概论》,人民教育出版社 1991 年版,第 6—7 页。

成为人，人完全是教育的结果。瑞士教育家裴斯泰洛齐认为，教育是人类一切知能和才性的自然的、循序的、和谐的发展。美国实用主义教育家杜威说，教育即生活，教育即生长。教育乃是社会生活延续的工具。他还说，教育是经验不断的改组或改造。这改组使经验的意义增加，也使控制后来经验的能力增加。苏联教育家克鲁普斯卡娅认为，所谓教育，就是指有计划地感化新一代，以便培养出一定类型的人。苏联教育家加里宁则认为，教育是对于受教育者心理上所施行的一种确定的、有目的的和有系统的感化作用，以便在受教育者的身心上，养成教育者所希望的品质。

人们对“教育”的理解，有广义和狭义之分。

广义的教育是一个外延很大的概念，它涵盖了教育的“自在”和“自为”两个历史发展阶段，从时间上必须包括自古及今的一切阶段的教育，在空间上还要把所有领域的教育包容进来，主要包括学校教育、家庭教育、社会教育等。国内有关广义教育的含义最具代表性的观点有四种：第一种，教育是培养人的一种社会现象，是传递生产经验和社会生活经验的必要手段（《中国大百科全书·教育》）；第二种，教育泛指影响人们知识技能、身心健康、思想品德的形成与发展的各种活动（《教育大辞典》）；第三种，教育是泛指一切增进人们知识、技能、身体健康以及形成或改变人们思想意识的活动（南京师范大学教育系编《教育学》）；第四种，教育是一种社会活动，它区别于其他社会事物的本质属性就是人的培养（潘懋元主编《高等教育学》）。另外，叶澜先生认为教育有动词和名词之分，动词的教育表示教育活动进入行为状态，名词的教育存在广义和狭义之别。如果教育的外延太广，将无法把教育与其他社会活动区分开来。因此，她认为可以给教育下这样的定义：“教育是有意识的以影响人的身心发展为直接目标的社会活动。”①

对狭义教育的认识，大家的观点较为一致，主要是指学校教育。《中国大

① 叶澜：《教育概论》，人民教育出版社1991年版，第8页。

百科全书·教育》认为狭义的教育是“教育者根据一定社会(阶级)的要求,有目的、有计划、有组织地对受教育者的身心施加影响,把他们培养成为一定社会(或阶级)所需要的人的活动”。叶澜先生认为狭义的教育“是由专职人员和专门机构承担的有目的、有系统、有组织的,以影响入学者的身心发展为直接目标的社会活动。”“今天我们认识教育的本质问题,一个重要的前提是必须明确认识到教育是一个外延很大的概念、必须从单纯的学校教育中摆脱出来。”①学校教育只是人类教育的一种形式、一个方面。事实上,在任何社会、人类历史的任何阶段都同时存在着非正规的教育形式,它们在培养当时社会所需的人才方面,同样起着重要作用,因而仅仅以学校教育来看待和认识教育是不能全面反映教育的全貌的。从人类教育现象来看,教育存在教育活动、教育事业或称教育制度、教育思想三种形态,其中教育活动是人类社会最初出现并且始终存在的最基本的教育形态,教育事业是人类一种层次较高的教育形态,是一种自为状态,学校教育的出现标志着教育事业的诞生,教育思想是教育活动和教育思想的理论形式。教育在本质上是人类文化的传承手段和工具。因此,对教育现象的考察不能只局限在学校教育和教育活动上,还应该研究教育事业和教育思想。

综上所述,由于研究者的视角和出发点不同,人们对教育的看法存在差别,对教育的理解和表述也不尽相同,但目前对教育的认识基本上达成了共识:教育是人类文化传承的基本手段和工具,教育是培养人的活动,教育是人类的社会实践活动、一种社会公益事业。因此,探讨教育的视野不能局限在学校教育,而应该是广义的教育,其存在形态包括教育活动、教育事业和教育思想三种不同的形式。本研究认同胡德海先生的教育本质观和教育思想,把文化和人作为基本分析视点来探讨教育本质问题。

---

① 胡德海:《教育学原理》,甘肃教育出版社 1998 年版,第 261 页。

（二）教育的本质

教育从根本上说是一种培养人的社会实践活动，也是一项面向未来的社会事业。不论是人类的教育活动，还是教育事业，都是以人为目的、以人为对象、以人为主体的。说到底，教育的本质所要回答的就是"教育是什么"这样一个问题，本质是事物内在的规定性，教育的本质也就是教育内在的规定性。①

由于教育的对象是有生命的人，人是教育的主体，所以教育的本质必然涉及人的本质。马克思主义关于人的本质学说使我们认识到个体与社会总是在矛盾的对立统一中向前发展的，"人的本质并不是单个人所固有的抽象物，实际上，它是一切社会关系的总和"②。人的本质的根本属性不是抽象的理性，也不是自然性，而是社会性。社会性是相对于个性而言的。所以，教育活动的基本矛盾是作为"个体"的人的个性发展与社会发展的要求之间的矛盾，教育活动的核心和基本要求是"使个体社会化"。

在教育活动中，文化的传承和创新起着基本和关键的作用，教育正是通过文化的传承和创新使个体社会化的，它是文化与人的双向互动，其本质功能和基本使命在于赋予人以文化和精神生命，促进人的全面发展。教育具有促进社会发展和促进个体发展的双重功能。其中，作为"个体"的人的解放、发展和完善是教育活动的根本出发点；"使个体社会化"是教育活动的核心和基本要求，目标是在个性得到充分发展的基础上使作为"个体"的人实现社会化，成为社会所要求的尽可能完善的人；在文化内化的基础上，实现文化的传承和创新，既是教育使个体社会化的基础，也是教育在人类社会发展中应当承担的历史使命。作为"个体"的人是学习和成才的主体，学校教育是为"个体"的人学习、成长和成才服务的，应当努力把作为"个体"的人造就成为富有主体性

---

① 参见刘智运、胡德海：《对教育本质的再认识》，《北京大学教育评论》2004 年第 4 期。

② 《马克思恩格斯全集》第 3 卷，人民出版社 1960 年版，第 7 页。

和创造性的人。

“教育以人为出发点”表明了教育要从人之为人的最根本点出发。而人之为人的最根本点就是自由。正如马克思所指出的:“自由的有意识的活动恰恰就是人的类特性。”①“自由是全部精神存在的类的本质。”②教育以人为出发点,也就是教育以自由为出发点。教育的属人性,意味着教育的精神性。真正的教育乃是人之精神建构,是对人的精神的延伸和拓展,要关注人的心灵、人的精神、人的理想,把其作为教育的绝对使命和真正内涵,而并非只是知识和认识的堆积,这样才能生发出心灵健全、灵魂丰富的人。

因此,“文化是教育之根”③,教育是文化与人双向建构的实践活动,教育以人为本,教育的本质就是通过传承文化使个体社会化的活动,并促进社会的发展和个体的全面发展,这是我们对教育本质内涵和基本职能的基本认识。

三、文化与教育共生共进

文化与教育的关系是极其密切的,文化是一种强大的教育力量,教育是文化传递的重要手段。叶澜先生认为,“教育与文化关系的性质不同于教育与物质生产、教育与政治的关系,它们之间不是决定与被决定的关系,而是部分包含,互相作用,并互为目的和手段的交融关系。从社会总系统的结构来看,它们都受社会物质生产与政治决定,处于同一层次上。……因此,这两者的关系最为直接和密切”④。

(一)文化与教育的共生性

文化与教育是同源共生、共生共进的关系。文化给教育以社会价值和存

---

① [德]马克思:《1844年经济学哲学手稿》,人民出版社2018年版,第57页。

② 《马克思恩格斯全集》第1卷,人民出版社1956年版,第67页。

③ 麻艳香、蔡中宏:《在互动中发展的教育与文化——教育与文化的关系研究》,《科学·经济·社会》2010年第1期。

④ 叶澜:《教育概论》,人民教育出版社1991年版,第176页。

在意义，教育给文化以生存依据和生机活力。

1. 文化是本质性的，教育是文化的形式、一定文化的表现

(1)教育是文化的表现形式，是文化中的一个重要组成部分。文化人类学和社会学流派都认为，文化是一种社会交流的社会传递，通过特定的途径，被社会成员的人共同获得。这种获得共同文化的特定途径，其实就是使文化得以交流和传递的教育。就教育而言，可分为两个紧密相连的组成部分：教育活动和教育理论。两者实际上分属文化的不同层面。教育活动隶属文化的制度层面，而教育理论则隶属文化的精神层面。在教育活动中，学校教育本身就是“制度化教育”的代名词，其制度色彩自不待言，就是非正规、非正式教育也并非是杂乱无章的、零散的，“制度化”的成分在其中仍占重要地位。从教育理论的角度来讲，教育又是文化的精神层面这一大家庭中的一员。它所产生的思想观念是人类知识宝库的一部分；它所形成的价值规范是人类价值判断体系的一分子；它所需的技能、技巧是人类艺术百花园中的一枝；它于文化的精神层面，实是生于斯，长于斯，又丰富于斯。

(2)文化传统制约着教育活动的过程，不同教育反映着不同文化背景，体现着迥异的文化传统。文化传统是一个民族各种思想规范、观念形态的总体特征。它大体可以区分为四个组成部分：价值体系、知识经验、思维方式、语言符号。这四个方面相依不离，相分不杂，构成文化传统的基本内容。它们融汇于教育活动过程之中，制约着教育的方方面面。正如美国教育人类学家斯宾格勒所说的：“一定社会特有的文化传统渗透于社会生活的各个方面，强烈地制约着教育过程的进行和人们养育子女的方式。”①在文化传统运行的过程中，会逐渐形成与此系统相契合的价值判断体系，它对教育的发展轨迹和文化起着调控、制约作用。文化传统各组成部分的协调、配合，造就了不同的教育体系，而“教育体系又是每个民族的民族意识、文化与传统的最高体系”，它

① G.D.Spindler, *Education and Cultural Process: Toward an Anthropology of Education*, Rinehart and Winston, 1974.

“负有传递传统价值的职责”,“重复地把上一代从祖先那里继承下来的知识传给下一代”。① 因而,有多少种不同的文化就有多少种不同的教育也就不奇怪了。

(3)文化的流变制约着教育发展的历程。文化并非只是静态地固守其传统,它在历史长河中屡有变迁,教育也随之嬗变更迭。在人类社会发展的最初阶段,原始的文化形态完全可以用口耳相传的教育方式传至下一代。在这里,原始的、自然形态的教育方式与文化积累之间并不存在不相适应的矛盾。历史发展到奴隶制社会,知识已趋于理性化,并形成一定的系统性和综合性,人类认识上出现了新的飞跃。传授这种知识,要求施教者和受教育者付出更多的劳动,进行更多的专门训练,因而不能仅仅通过生产和生活中运用简单的示范和模仿,必须要创新专门的传授工具、专门的传授场所以及专门的途径,当然更需要专门的施教人员。在这种情况下,教育逐步成为专门的社会实践活动,学校成了专门施教的场所。在当今世界,文化现代化,建构新的文化观——这一现代化中或许是最富有渗透性的一面正在深入人心。与此相应,教育的现代化也扬起了风帆,现代化的国家正在使自己的一套教育制度适应其具体的要求,将各种类型的教育活动整合至一个共同的制度框架,不断加强教育活动之间的统一性和相互联系。

2. 教育作为文化的形式,会反作用于文化,使其体现文化意义

(1)保存文化、维持文化生存是教育的基本职能。保存文化的唯一方式就是传授这种文化。因为教育活动传递着文化中最重要的习惯、传统和经验,它持续于文化发展的始终,无时无处不包含着三项基本内容:一是为生存所必需的活动提供训练,如言语和手工操作;二是使社会成员接受为一定社会秩序和社会目的所必需的规则和仪式;三是促使每个受教育者接受最基本的价值

① 联合国教科文组织国际教育发展委员会编著:《学会生存——教育世界的今天和明天》,教育科学出版社 1996 年版,第 2 页。

观念。[①] 教育活动向年轻一代传递的这些内容,构成了文化的基本内核,保证了文化的延续和相对稳定。教育对文化的保存和维持,主要是通过选择、整理和传递文化来实现的。教育文化的传递,这是一些人类学家给教育所下的一个典型的定义。许多人类学家认为:学校主要是充当文化机构,向下一代传递一系列复杂的态度、价值观、行为和期望,从而使下一代继承了作为一种不断发展现象的文化。教育通过发挥其传递的功能,使文化得到了再生和继承,并使自身成为文化的工具和材料,也因此成为文化存在的原因。

(2)教育可以传播外来文化,孕育和创造新文化,促进文化变迁。那么,文化何以变迁呢?人类学家观察文化及其变迁方式,倾向于从两个基本过程着眼,一个过程是新文化因素的产生,也就是文化创造、文化更新问题;另一个过程是新因素从一个群体到另一个群体的传播。

传播在文化变迁中占有举足轻重的地位,它是指文化从一个社会传到另一个社会、从一个区域传到另一个区域的流动现象。文化传播离不开一定的传播关系、传播媒介和传播方式。教育利用其得天独厚的条件,为文化传播打开了方便之门:第一,教育可以对传播内容加以选择整理;第二,教育过程中可随时接受反馈,修正传播内容、渠道,避免所传文化的失真;第三,传播者大多是"闻道在先"的,值得信赖,易于为受传者接受;第四,传者与受传者即教育者与受教育者可建立起稳定、亲密的联系;第五,可利用远距离教育、班级授课等组织形式,大范围地进行文化传播。

创新是文化变迁的另一重要维度。从一定意义上讲,教育过程就是创造文化的过程。教育在传递、传播文化的过程中,从来就不是简单地复制文化,它或因社会变革、受教育者不同的身心状况以及教育者自身价值观的差异,赋予已有文化以新的文化意义;或因融合、汇综本土文化与外来文化,使原有文化发生性质、功能等方面的变化,衍生出新的文化要素。教育的文化创新功能

① 参见郭凤鸣:《迷失与抉择——民族教育中的文化选择》,《前沿》2010年第24期。

还表现在它所培养的人才上。教育特别是学校教育作为培养人的创造精神、创造才能的主要力量,可以在一定程度上激发人机体内的各种潜能,促使其成为创造性人才,从而为文化创造提供原动力。

当然,在文化变迁的整个过程中,由于教育发挥的作用不同,既可以成为文化变迁的“序幕”,也有可能阻碍变迁;既可因兼容并包促进文化间的融合,也可因故步自封阻碍文化接触;既会因为培养创造性人才而增进文化变迁的活力,也会因为对受教育者创造精神的培养而干涸文化创新的源泉;既可将新文化因素扩散于群体而为人们普遍接受,也可仅将其局限于少数“精英”而束之“高阁”;既可将外来文化的技术、精神、规范等汇集于一体,带来文化上的整体变革,也可因只传授其中的技术成分而带来“文化滞后”现象。

(3)教育可以整合、控制文化,使文化结为一体,增强文化自身的凝聚力。无论何种文化,从整体上来讲,都是在一定程度上整合为一的。正如本尼迪克特所指出的:“一种文化就像是一个人,是思想和行为的一个或多或少贯一的模式。”①文化达到整合的原因主要有两个:一是一定的社会政治、经济的发展,要求有相应的文化,使得文化围绕社会的政治、经济一步一步地协调起来,在各方面出现一种越来越和谐的外形;二是年轻一代在教育等活动中获得本民族已有的价值观念、思想情感、知识经验,与周围的人共享一种文化,并因而获得认同感,以同样的社会文化目的结成群体。

如果教育离开了文化整体性这一背景,就无法理解。因此,学校的基本功能是引导学生文化定向,并使文化结合为一个整体。教育的文化整合、控制功能是保持文化的延续和稳定。而教育对文化是“促其行”,还是“故其步”,是受多种因素制约的。一般来讲,教育因为其性质所限,自觉或不自觉地注重文化的整合、控制方面的作用。当然,在不同的历史时期,其表现不尽相同,对此不能一概而论。

---

① [美]露丝·本尼迪克特:《文化模式》,王炜等译,生活·读书·新知三联书店 1988 年版,第 48 页。

（二）文化对教育的制约及其特点

教育作为一种传承、创造文化的人类实践活动，它在促进文化变迁与发展的同时，也受到文化的强烈制约与影响。从一定意义上讲，教育正是在解决自身与文化的矛盾过程中，促进自身发展和文化发展的。

1. 文化对教育制约的全面性

文化无处不在、无孔不入的特性，使其不仅深藏于教育者和受教育者的文化心理结构中，影响从事教育活动的人的行为，而且对教育的方方面面都产生影响。

（1）文化对教育价值观的影响。文化对教育最直接的影响表现在教育价值观中，因为教育价值观实质上是文化传统在教育领域的反映。教育价值观是人对教育价值的认识，是教育价值在人的意识中的反映，它体现的是教育的属性与人的需要之间的关系。不同时期的人对教育有着不同的需要，因此，不同时期有着不同的教育价值观；同一时期不同的国家、不同的人对教育也有着不同的需要，所以，同一时期不同的国家、不同的人也有着不同的教育价值观。人们认为，尽管教育的价值观千差万别，但是总的来说主要表现为两种，即以个人为中心的教育价值观和以国家社会为中心的教育价值观。当然，随着文化的开放与交流，科学技术的迅猛发展，各民族文化传统在相互交融、发生变化，两种教育价值观相应出现了一定程度的相互借鉴、相互渗透趋势。特别是在第二次世界大战之后，教育在促进社会发展中发挥越来越重要的作用，英、美等西方国家也高度重视教育的社会价值。同时，像中国、日本等东方国家也意识到教育要更好地为国家和社会发展服务，必须重视学生的个性培养。

（2）文化对学校教育内容的影响。文化对学校教育内容的影响主要表现在两方面：一是文化（知识形态）是学校教学内容的直接来源；二是文化（文化传统）制约着教学内容的选择。不同时代的文化知识形态是不同的，学校不可能跨越文化知识时代去选择教学内容，它客观上限制着学校教学内容选择的可能性。但是,在相同的文化时代,由于各民族国家文化传统上的差异,教学内容相应出现较大差异。即使在同一国家,随着文化传统的变革,学校的教学内容也相应地发生变化。

(3)文化对教育管理体制的影响。关于文化对教育管理体制的制约与影响,著名的比较教育学家康德尔在《英美教育与民族性比较》一文中,对教育和学校管理制度与民族性的相关性作了分析。

2. 文化对教育制约的独立性

(1)文化具有相对独立性。文化的相对独立性有两方面的含义:一是指文化在社会系统中,尤其是在与经济、政治的关系中表现出相对独立性;一是指对人类实践主体来说它具有相对独立性。文化的相对独立性集中体现在文化传统中。文化传统是一个民族的文化在长期的历史发展过程中形成的一种文化心理模式或类型,是一种肇始于过去、融透于现在、并直达未来的一种意识趋势。相对于经济、政治的变化来说,文化传统常常表现出很强的"惰性",在有限的历史长度内,我们一般很难觉察到其变化。因而,它往往被当成是某种相对不变的东西。因此,我们说文化一般是反映社会的经济、政治的要求的,但它具有相对的独立性。文化对经济、政治的发展还有巨大的反作用,其独特性使得文化能够独立地对教育产生影响。

(2)文化的相对独立性决定了文化可以独立地制约和影响教育。文化作为一种目标、一种体现人的发展程度的标志,它要恒常地影响人类的教育活动,并且往往要超越社会现实的经济、政治发展水平来直接制约、影响教育活动。"文化即教育,教育即文化",因为文化与教育在最高层次是统一的,都追求人的终极的发展目标。二者在最高层次上的统一具有重要意义。一方面,它表明了文化的相对独立性,即它具有超越社会现实,不受某一具体历史时期经济、政治限制的超越能力。另一方面,它要深刻地体现在具体的教育活动中,特别是集中体现于教育培养目标上。教育培养目标一般都包括德、智、体、美等内容,主要是根据现实社会的需要提出的。但其中某些内容,如德育和美育中涉及的人的精神价值、理想追求、人格等方面的内容，一般都带有理想的性质，起一种价值导向作用，并不是单纯地用当前的经济、政治的需要所能说明得了的。它实质上是一定的社会文化积淀或发展的要求的体现，从而使教育目标体现出既立足现实，又面向未来的特性，并且常常成为人们判断教育成败得失的价值尺度或衡量标准。马克思和恩格斯之所以要对资本主义原始积累时期的教育提出批判，原因也在于它使得人片面发展。当今的科学技术教育之所以被认为是不完整的教育，也在于它在某种程度上忽视了人的个性发展和精神追求。

3. 文化对教育制约的潜在性

文化具有中介性，主要表现为两种：一是从经济基础与上层建筑的关系来说，文化（文化心理结构）表现为中介；二是从人的主体活动与外部世界的关系来说，文化（主要是价值意识）表现出中介性。文化作为中介对分析教育制约因素具有重要意义。

（1）文化作为经济、政治与教育之间的中介，表明了文化与教育之间有着更为紧密的关系，这种关系是潜在的、深层次的，更为本质的关系。同时，教育对外部世界的作用，最直接的是对文化的作用，然后才是对政治、经济的作用。这就是我们说教育与文化的关系是最基本的关系、教育的基本功能是其文化功能的主要原因。

（2）文化作为政治、经济与教育之间的重要中介因素，表明了政治制度和生产力发展水平与教育之间存在一种间接关系（当然，我们不能排除两者之间也存在直接关系）。政治制度与生产力发展水平对教育的制约，往往要通过这一中介予以“折射”或传达；教育对政治制度和生产力的作用，往往也要通过教育的文化功能——文化化人，促进人的发展表现出来。

文化的中介性和相对独立性，决定了教育与经济、政治的关系并非是一种简单的线性因果关系，它使得教育可能超前或落后于社会的经济、政治发展水平，并且经济、政治对教育的决定作用往往要通过文化这一中介予以“折射”。

当然,我们并不是否认经济、政治对教育的重要性。它除了表现为教育的最终决定因素外,也可能表现为经济、政治对教育的直接制约作用。如经济发展水平可以直接制约和影响教育的规模和发展速度,政治制度可以直接影响教育的社会性质和发展方向等。

(三)教育对文化的能动性及其体现

教育作为文化系统中的子系统,对文化的变迁与发展起着重要的作用。

1.教育对文化的选择与批判

文化选择是文化变迁和文化发展过程中所产生的一种重要的文化现象,就文化系统自身而言,它表现为对某种文化的自动撷取或排斥。文化选择体现了较强的人的主观能动性,是一种有意识的人类活动。正因为如此,我们说教育是具有文化选择功能的。由于教育是一种有别于其他人类实践活动的实践活动方式,它以培养人作为根本的目的,因而教育的文化选择具有它自身的特点,主要表现为:教育所选择的文化,一般是社会主流文化;教育的文化选择过程,往往表现为文化的系统化、条理化、规范化的过程;教育选择文化,主要是为了提高个体的文化选择能力。教育选择文化,首先要对文化进行价值判断。进行文化价值判断的标准是由文化传统(特别是传统的教育价值观)和人与社会发展的需要决定的。从根本上说,教育进行这些文化价值判断的标准来自两个方面:一是看它是否有利于满足社会发展和人的发展要求,促进社会和人的发展;二是看它是否有利于促进教育自身的健康发展。这两方面的标准其实也是密切联系的,即看它是否有利于培养社会所需要的全面发展的人。人的自由而全面的发展,是各级各类教育所追求的最高目标,因而也是各级各类教育判断文化、选择文化的最终标准。

那么,教育的文化选择的总结果对整个社会的文化选择有何作用呢?其中很重要的一个方面,就是对社会文化的批判。也就是说,如果把教育看作是一个整体,它对社会文化来说,具有文化批判功能。所谓文化批判,就是教育按照其最高的价值目标和理想，对社会现实的文化状况进行分析，并作出肯定性和否定性评价，引导社会文化向健康方面发展。教育的文化批判功能，涉及两个基本问题：一是教育进行文化批判的最高价值目标和理想是什么；二是教育本身是受社会现实文化制约与影响的，它如何能在受其制约中批判社会现实文化，对社会现实文化起引导作用。教育进行文化批判的最高价值目标和理想，是人的自由而全面的发展。人的自由而全面的发展，作为一种价值目标，起到了价值感召作用。在它的呼唤下，教育具备了超越社会现实的品性和特质，但这还不够。教育传承文化、适应文化，最后创造文化才实现了对现实文化的超越。这种超越，是与教育作用于人密切相关的。教育用人类创造的一切优秀文化成果来培养人、塑造人，丰富了人的内涵，促进了人的发展，形成了人的新追求、新目标、新理想，它要求突破现实文化对人的限制，这才是教育能在适应中超越的根本原因所在。

2. 教育对文化的传承与传播

（1）教育对文化的传承。无论是从历史发展的角度，还是从教育自身的结构来看，教育客观上是作为文化传承的工具而存在的。最原始的教育就是长者在社会生活中把该社会群体所拥有的文化（各种风俗礼仪、禁忌规范、生产知识）通过口传手授的方式传给年轻一代。到了阶级社会，由于文化内容更为丰富和社会分工不断发展，出现了制度化的教育体系，学校成了专门的传承文化的机构，承担起文化传承的重要职责。尽管学校传承的文化不是文化的全部，但它的内容处于较高层次，并且具有很强的目的性、组织性和选择性，因而对文化传承所起作用最大、最集中、最专门。随着学习型社会的到来，人类的教育活动不仅仅局限于学校，社会的诸多机构都相继承担起教育的职责，教育活动成为一种大众化的活动。人们从各种渠道了解、吸收、掌握人类的文化成果，文化的传承因教育形式的扩展而具有普遍性。

就教育最简单的构成来看，教育者实际上是一种人格化了的文化，所谓的教育资料便是一系列符号化了的人类文化，而受教育者则可看成是文化的接纳者或保存者。教育活动的开展,就是教育者将人类所创造的文化成果传递给受教育者的过程,从文化的代际传递来看,它构成了文化传承的最基本形式。

教育是实现文化承传的重要机制,教育对文化的传承实际上包含着两个密切相关的过程。首先是教育把外在的客体文化转化为主体文化的过程,即把寓于物质载体和语言文字等精神载体所蕴含的文化内化到以人的脑细胞为代表的生命体上来,一方面激活了文化,另一方面形成人创造新文化的能力。这就是斯普兰格所说的,把"客观文化"安置在个人心灵中,使其成为"主观文化"。① 其次是把主体文化不断外化为客体文化的过程,即教育通过提供具体的情景、条件等,采用循序渐进等方式逐步地把主体所"激活"的文化及所形成的创造能力导引出来。正是这种不断的"内化——外化"过程,形成了文化呼吸运动。社会文化也正是在这种文化呼吸运动中得到世代传承。

(2)教育对文化的传播。文化的传承是指文化在时间上的延续,文化传播则是指文化在空间的流动,即所谓"文化扩散"。文化传播对于文化的保存、文化的创造具有重大意义。文化的传播可通过多种途径,如经济领域的商贸往来,军事领域的战争,宗教领域的传教活动,教育领域的留学生派遣、学术交流,体育领域的竞技比赛,文艺领域的访问演出,等等。但只有教育对文化的传播最为集中和专门,所起作用也最为根本。因此,有不少教育人类学家称教育就是文化传播过程,教育活动就是文化传播活动。教育之所以对文化传播至关重要,之所以对文化的传播最为集中和专门,根本的原因就在于教育与其他文化传播的途径与手段相比,具有不同的特点与传播功能:教育提供文化传播的前提与动力;教育传播的文化往往是深层次的文化,对促进文化变迁和发展有着重要的作用;教育主要通过培养人才实现对文化的传播。

3. 教育对文化的适应与创新

(1)教育对文化的适应。适应现有文化的功能,从某种意义上讲,是教育

① 参见鲁洁主编:《教育社会学》,人民教育出版社 1990 年版。

文化功能的核心，因为文化传递、文化选择的最终结果便是为了不断地适应新的文化，而文化创造只有在适应文化的基础上才能进行创造。教育的信条应该是“要认识清楚你所处的一个时代之最高的文化形式，而充分发展之，使自己做个能够顺应时代与适合地方的文化进展之一个人”①。

教育对社会文化发展的适应，既是一种目标，也是一个过程。这种目标与过程相统一的适应，是发展过程中的动态适应，而不是僵化的机械的适应。就目标意义的适应来说，它是社会文化发展所要求的，也是教育所力求达到的，并且在达到阶段性的适应目标后又在新的基础上产生不适应；就作为过程意义的适应来说，在某一历史时期，教育往往表现出一定的“时间差”，即教育与社会文化的发展保持着一定的距离。

教育适应现有文化，实际上就是指适应文化的民族性与时代性。在文化开放的现时代，任何一个国家的文化都同时兼有时代性和民族性的特点和内容，它是时代文化和民族文化的复合体。文化的时代性表征的是人类文化在特定历史时期的共同性，同时也表征着不同历史时期的差异性，即不同的时代具有不同的文化类型；文化的民族性表明在人类文化的同一时代，各民族文化具有本民族的特点，即同一时代文化的民族差异性。因此，教育对文化的适应便是对文化的民族性与时代性的适应，也就是既反映文化的民族性的要求，又反映时代性的要求。

（2）教育对文化的创造。谈到教育的文化创造功能，相对而言，它是直接与高等教育，特别是大学相关的。“在某种意义上讲，创造文化是高等教育的特殊功能之一”②。大学具有特殊的文化创造功能：首先，大学可看作是围绕知识的传授与文化的创造而建立起来的一个系统，它有利于文化创造功能的形成与发挥。其次，大学自身所形成的传统有利于高等教育的文化创造。最后，大学处于各种学术思想和文化价值观念交融的中心，有利于高等教育的文

① 朱谦之：《文化哲学》，商务印书馆 1990 年版，第 239—240 页。

② 张应强：《文化视野中的高等教育》，南京师范大学出版社 1999 年版，第 63 页。

化创造。此外,通过培养人才来实现文化的创造,这是教育文化创造功能的鲜明特点。

综上所述,教育与文化有着非常密切的关系。教育与文化的关系,就存在于具体的、历史的人的教育实践活动之中。教育作为人类文化传承创新的基本途径和方式,其根本使命和本质功能就在于赋予人以文化和精神生命、提升人性和完善人格,使人成为真正的人。教育以文化为根、以育人为本,即教育以文化人、以文育人,这是我们认识教育和文化关系的根本观点。

第二节　大学文化与大学教育的关系

大学文化与大学教育,各有区别、各有侧重,但更多的时候,二者不可分割,紧密结合,具有内在的联系性。其中,大学文化是根,大学教育要立德树人、以育人为本和以文化人。

一、大学文化

自文化事业兴起以来,文化在增进国际交流合作、促进经济发展、提高全民素质和生活质量等方面发挥的作用日益凸显。党的十七届六中全会提出了建设社会主义文化强国的重大战略任务。建设社会主义文化强国,需要全社会共同努力。大学在推动文化强国建设中肩负着重要的使命。为此,大学应进一步明确自身的文化定位和功能,充分发挥文化传承、创新和引领的作用,在文化强国建设和社会主义核心价值体系教育中作出积极贡献。

(一)大学文化的内涵及其特征

大学文化是大学的血脉,是师生共同的精神家园,蕴含着大学的精神内核和学术传统,凝聚着大学的发展目标、办学理念和价值追求,是大学赖以生存与发展的内在支撑力和驱动力。大学文化、大学理念、大学精神构成了大学文化的基本内涵,它们都体现着大学文化的价值。

1. 大学文化的基本内涵

大学文化是以大学为载体,在长期的办学过程中,大学师生员工所共生、共享、传递的价值取向、生活方式和行为方式,主要包括精神文化、物质文化、制度文化和行为文化四个方面。

(1)大学文化。大学文化是大学通过自身长期发展积淀形成的物质财富和精神财富总和,是大学思想、制度和精神层面的一种过程和氛围,是大学在"长期办学实践的基础上,经过历史的积淀、自身的努力和外部环境的影响,逐步形成的一种独特的社会文化形态"①。一所大学应该通过校园内的建筑楼宇、教学资料设备、人力资源、人文精神、办学体制等诸多要素体现大学校园的文化修养。

大学文化是大学核心竞争力的根基所在。研究大学文化,有助于我们全面贯彻党的教育方针,推进素质教育,培养德智体美劳全面发展的高素质人才。开展大学文化研究,推进大学文化建设,是一项具有基础性、战略性、前瞻性的工作。

大学文化,是大学生思想启蒙和人格唤醒的催化剂。大学文化要求每一个大学人应当有理想、有抱负,崇尚学术自由、崇尚道德,大学生应当理论联系实际,敢于批判现实文化中的谬误。《大爱精神与大学文化建设》一书对我国学术界关于大学文化内涵的不同界定作了较为深入的分析,并提出了对大学文化内涵的表述,认为:"大学文化是指大学人在大学里的一切活动方式、活动过程及其活动成果,有精神的、制度的、环境的、行为的等多种文化形式。大学文化是一个历史范畴,是社会文化的亚文化,是大学文化主体与客体在人类已有的文化基础上长期起作用的过程和结果,是精神文化、制度文化、环境文化和行为文化的有机统一。"②大学文化内涵应该有以下五个方面。

① 王冀生:《大学文化的科学内涵》,《高等教育研究》2005 年第 10 期。

② 王少安、周玉清:《大爱精神与大学文化建设》,人民出版社 2008 年版,第 62 页。

其一,追求真理和研究知识的理念。在研究文化的过程中,通过文化传承可以使我们掌握知识,探寻真理。大学文化教育作为人类文明进步的最高事业,承担着文化创新和传承的使命,因此,教育的意义显得尤为重要,教育自身应不断地提出新思想、新理论、新方法。从根本上说,这也是做学问的真理所在,是一种捍卫真理的精神。

其二,追求高尚的道德意识。大学是塑造大学生人格的重要阶段,大学教育应培养学生高尚的道德情操,引导学生感恩社会、感谢家人朋友,感恩生命,即是教育追寻的崇高目的。大学培育的合格人才,不仅要掌握各门技能知识,更重要的是具备高尚的道德品质。

其三,追求学术自由。马克思与恩格斯在《共产党宣言》里说:“每个人的自由发展是一切人自由发展的条件。”只有自由探索、自由表达,才能真正发掘人类潜能。

其四,鼓励理论结合实践运用。一个城市要想成为国际化的大都市,就必须拥有一流的大学作为后盾,大学带给一座城市的不应该仅仅是物质上、经济上的飞跃,还包含精神文明、文化修养上的提升。

其五,培养社会责任感的意识。大学教师在教育学生的过程中,其自身的行为举止会深刻地影响学生的学习生活。高校作为社会文化的中心,赋予教师教学任务的同时,又赋予他们提升文化创造的神圣职责。大学文化教育的特性使师生都负有强烈的社会责任感。他们对于社会问题的关注,与他们追求真理的思想境界是一致的。

(2)大学理念。大学理念是大学人对于大学的基本观念和总体看法,也就是说,大学理念是关于大学是什么、大学如何发展的价值观念体系。

韩延明教授认为,大学理念的含义包含三个方面:第一,大学理念是人们对大学的基本看法和理性审视,是有关“大学是什么”“大学能做什么”方面的内容,包括大学的含义、大学的宗旨、大学的使命、大学的职能等。第二,大学理念是人们对大学发展的构想、追求和展望,是有关“大学应该是什么”“大学应该做什么”方面的内容，包括大学的理想、大学的信念、大学的目标、大学的责任、大学的变革和走向等。第三，大学理念是人们对大学进一步完善和发展的指导思想、基本原则和理论基础的理性把握，是有关“大学需要坚持什么”“大学应该发展什么”方面的内容，包括大学教育改革观、大学教育发展观、大学教育价值观、大学教育质量观等。潘懋元先生指出，大学理念虽然是一个上位性、综合性的哲学概念，但它不仅反映大学的本质，还涉及时代、社会、个体诸方面的因素，随着时代的前进和人们对大学认识的加深，大学理念也不断更新，符合历史潮流和教育规律的大学理念，对大学的发展起着举足轻重的作用。

大学理念指引和决定着大学的功能定位、价值选择和发展方向，决定着大学精神的基本内涵和特质，规约着大学文化的建设与发展。大学理念经历了一个历史发展的过程。经典大学理念的内容包括学术自由、教学与科研相统一等。现代大学理念通常包含以下几个方面的内容。

一是学术自由的理念。大学是追求真理和传授高深学问的地方，只有学者才能真正理解如何最好地获取和传授这些学问，真正理解这些学问的内容及其复杂性。大学学习和研究，要求不受外界的压力和干扰，从而客观、自主、潜心地进行创造性思考、研究和交流，学术自由是大学繁荣学术、追求真理的基本条件。

二是服务社会的理念。服务社会是大学的基本职能，现代大学更强调以学术水平作为服务社会的重要基础。为国家、社会提供精神产品服务是大学服务的第一个层次，为国家和社会输送人才和智力支持是大学服务的第二个层次，大学服务的第三个层次、也是最为广泛的层次是社会中的个人，使个人在大学里获得系统的教育和各方面的潜能，从而获得全面发展。现代大学应建成科学研究的基地、成果转化的基地和人才培养的基地。只有在服务社会的理念下，现代大学才有生生不息的发展前景。

三是国际化办学理念。大学教育的国际化已成为全球性潮流，大学理应加强国际交流与合作,在教育内容和方法上,适应国际交往和发展需要,开放教育市场,培养具有国际意识、国际交往能力和国际竞争力的人才。国际化是大学生命力的又一体现,应是现代大学理念的应有之义。

四是以人为本的理念。大学的根本任务是培养人,育人要以学生为本,把学生培养成为富有主体精神和创新精神的人,成为社会所需求的人,引导学生发现知识、掌握知识、进而运用知识,实现自己的社会价值和人生价值。大学教育还要以教师为本,树立人才强校的理念,要依靠教师办学,发挥教师的主体性和能动性,激发他们参与大学各项工作的积极性和创造性,确立教师在办学治校中的主体地位。

(3)大学精神。大学精神与大学理念关系密切,一方面大学精神源于大学理念,另一方面,大学理念又体现为大学精神。但是,大学理念终究不同于大学精神,大学精神是一所大学在自身长期发展过程中,历代大学人积淀形成的共同的理想追求、价值观念等,是大学的本质特征在精神层面上的反映,是大学的灵魂和大学生命力的源泉,是大学文化的精髓和核心之所在。在长期的发展过程中,不同的大学形成了各具特色的大学精神。

从一般意义上讲,大学精神作为大学发展过程中的精神文化成果,具有崇尚人文、继承创新、自由独立、追求真知等基本内涵,可以概括为:科学精神、人文精神、独立精神、自由精神、包容精神、批判精神、创新精神等,大学精神的核心是科学精神和人文精神。科学和人文代表了人类精神的两个基本方面,也构成了大学精神的基本内容。分析和观察世界大学文化的发展过程,可以发现,科学精神和人文精神是贯穿始终的,科学精神与人文精神的并重构成了大学精神的核心和基本内涵,同时也内在地明确了大学文化建设的根本方向。

科学精神是一种理性精神,其根本在于"求真",现代大学的理念是传承、研究和创新高深学问,以探讨深奥的科学知识作为存在的基础。因而,大学精神是崇尚学术、追求真理的精神。为了不断追求客观真理,大学文化要有学术自由的精神。学术自由就是要有坚持真理、捍卫真理的思想和精神,反映的是客观、求实和无私利的精神。崇尚学术和学术自由的科学精神，既是大学发展的可靠保障，又是大学孜孜以求的目标；是大学精神灵魂之所在，是大学生命的首要原则，也是大学其他精神产生和发展之根基。学术大师陈寅恪先生就极力呼吁，大学要有“独立之精神、自由之思想”，“唯此独立之精神，自由之思想，历千万祀，与天壤而同久，共三光而永光”。与科学精神密切相关的则是批判精神和创新精神。批判精神是指大学在求真、求善的价值原则下所形成的追求真理、批判错误、纠正错误的行为规范和精神气质。大学是整理、保存、传递、发展文化的场所，无论是哪一项活动，都要以批判的眼光看待文化。创新精神是大学理念的内在要求。大学是研究高深学问的场所，学术研究的本质就是探索未知，就是发明、发现和创新。大学的创新精神，体现在学术研究之中，就是要有开拓性精神，敢于冲破旧有传统的桎梏和束缚，敢于打破学术研究中的各种禁区，勇于提出新的思想、观点，以新的思想引导社会，以新的知识成果服务于社会。创新精神体现在人才培养上，就是要培养出具有创新意识、创新能力和创新精神的符合时代要求的创造型人才。

人文精神是以价值和伦理为核心的精神，关切的是人的尊严、价值和命运，能够用充满爱的心灵去看待自然界和人类社会，是一种求善的精神，它体现了人类文化创造的价值和理想，它给予受教育者的是强烈的社会责任感、历史责任感、永恒的道德精神。它的内容展开则是对生命及个人独特价值的尊重、对民族优良文化传统的关怀、对人的整体性的认同、对不同观念的宽容、对群体合作生活的真诚态度等。大学是“育人”的场所，人的全面发展的需要决定了人文关怀在大学中的重要地位。大学人文精神要体现在尊重教师和学生的主体地位。培养教师的人文精神，不仅是人文文化，重要的是尊重教师的创新精神，培养教师较高的道德修养和思想政治素质，并大力加强学风教风、师德师风建设，塑造教师行为文化。对学生人文精神的培养，一要塑造人生价值取向；二要培育学生的责任意识；三是塑造健全的人格。

科学精神与人文精神是密切联系、相辅相成的。原华中理工大学校长杨叔子先生曾深刻指出:“没有科学的人文,是残缺的人文;没有人文的科学,也是残缺的科学。”人文精神追求善,科学精神追求真,只有科学与人文协调统一,科学教育与人文教育的融合,才能陶冶一代又一代大学人的精神气质,也才能真正实现大学的职能,使大学真正成为人类的精神家园。

2. 大学文化的主要特征

大学文化属于社会亚文化,但大学文化与其他社会亚文化相比,既存在共性,又存在个性。与其他文化相比较,大学文化具有以下六个方面的特征。

(1)学术性与育人性的统一。大学教育是一切学术活动和育人活动的结合。学术性是大学的基本属性,是大学文化的生命表征,因为大学文化很好地诠释了这种属性:它拒绝一切思想观念与教条的禁锢与束缚,鼓励争鸣,鼓励创造,实事求是,强调独立人格、独立思考与独立判断,要求在自由的氛围中进行学术探索和研究,在开放的环境中实现科学的创新和发展。所谓育人的过程,是“以学生发展为本”,调动学生的主体意识和探索精神,激发学生的学习热情,为学生的创造能力营造自由发展的空间,使学生能够发展成为“适应未来社会发展的素质全面的现代人”①。大学是一个综合科研、人才培养、知识传输于一体的社会集体。在大学里,学生接受的是专业系统以及更高层次的知识、学术研究。美国教育家伯顿 · R.克拉克认为,自高等教育产生以来,处理各门高深知识就是高等教育的主要任务,并一直是各国高等教育的共同责任。②

(2)独立性与社会性的集合。大学文化的相对独立性是指大学在教育文化事业发展过程中,应该拥有自己独特的办学理念,尤其是属于本校特色的文化。大学文化有一个特殊的文化来源,那就是已有的大学文化传统。一方面,由于受到社会经济条件的影响,大学人要发挥主观能动性,就要结合文化传承

---

① 华科斌:《发挥学生的主体性,调动学习的积极性》,《科学教育》2011年第3期。

② 参见[美]伯顿 · R. 克拉克:《高等教育系统——学术组织的跨国研究》,杭州大学出版社1994年版。

与创新功能。要想创造大学自身独特的文化,就必须有社会提供必要的物质保障。另一方面,政治条件可以规范大学的教学活动。"学术无禁区,教学有纪律"①就是一种鲜明的体现。大学的共性表现在不同大学之间具有相同的大学文化、大学精神,通过学生反映出的可以是相似或同一的校园文化和精神品质,但不同学校之间展现的文化色彩和精神面貌各具特色,最终形成百花齐放、百家争鸣的学术氛围,使各所大学通过不同的形态相互区分,同时也反映出大学文化的特殊性,因为大学之间存在着共性与个性的统一,这有利于大学之间文化的相互交流、相互学习、相互借鉴,共同建设社会主义的文化事业。

(3)先导性与创新性相协调。大学作为培养人才的重要阵地,是传承文化和创造新文化的场所,是崇尚学术、追求真理的殿堂。大学师生对知识的渴望,对科学的钻研,对未知世界的探索精神,使大学成为时代的探路者。大学会首先发现和触碰人类社会以及未知领域方面的变化。大学创造的新思想、新理论以及新文化等,对整个社会的进步和发展具有前瞻性和先导性。著名学者马尔库塞说过,观念和文化的东西是不能改变世界的,但它可以改变人,而人是能够改变世界的。大学文化之所以具有先导性,主要是因为大学文化具有创新性,先导性与创新性相协调。创新是大学前进的动力源泉,也是大学文化最本质的特征。"从一定意义上说,大学就是为了人类通过知识的传递和创新实现可持续发展而存在的,大学的存在就意味着创新。"②大学文化的创新性是大学存在的理由,也是社会发展的动力。创新文化是大学发展的内在需要和建设创新型国家的必然要求。大学文化创新的重要标志,突出地体现在大学人所进行的创造性劳动过程及其所产生的成果上,如产生的新科学、新技术、新理论、新思想、新观念、新设施、新环境等。这些创新的形态具有超前性和先导性,反映着时代的变化,体现着社会文化与大学文化的交融,影响

① 周先进、李颂明:《高校学术和谐必须正确处理好五个基本关系》,《湖南农业大学学报(社会科学版)》2006 年第 5 期。

② 赵存生:《先进文化建设中的大学文化建设》,《中国高等教育》2003 年第 24 期。

和推动着整个社会向前发展。

(4)包容性与批判性相统一。兼容并包是现代大学文化的基本特质,大学之大,不在于高楼大厦,不在于学生规模,而在于其海纳百川、兼收并蓄的气魄与能力。大学文化之所以能够不断推陈出新,是因为它能允许各种不同的思想、派别、理论和观念在其内部争论和碰撞,往往在思想的摩擦碰撞中可以引来新的文化火花。大学的批判也大致可分为两个层面的批判:一是知识层面的批判;二是社会层面的批判。大学人在批判和包容中继承中华优秀传统文化,不断充实完善大学文化体系;同时,大学人在批判和包容中汲取不同国家的思想文化精华,及时更新大学文化内涵。大学文化的包容性和批判性相统一,两者相互联系、相辅相成,共同组成大学文化前进的双轮。大学应当提倡建设性的批判意识和包容意识,规避情绪性的批判行为和包容行为,努力实现学术自由与学术规范、学术道德、社会责任的和谐统一。

(5)开放性与服务性并重。大学文化具有开放性,知识的讨论需要在一个开放并且自由的环境氛围下进行,知识的讨论需要批判、辩驳、争论。随着经济的发展、社会的进步,大学已经逐步走出"象牙塔",与社会的联系越来越广泛,同时大学也为社会的进步作出了巨大的贡献。大学所承担的责任已经不仅仅是教育责任,还承担着服务社会的责任。作为一种功能独特的文化机构,大学可以运用自身所积聚和创造的新思想、新知识和新精神作用于整个社会生活,更好地服务于社会实践。大学文化的开放性与服务性之间是一个平行、并列的关系。这种平行、并列的关系或者可以说成是一种"一进一出"的关系。开放性解决了大学文化一个"进"的问题,优秀的文化需要不断以开放的姿态吸收和借鉴世界的先进文化,给自己提供充足的养分;服务性则解决了大学文化一个"出"的问题,优秀的文化与先进的文化最终的目标始终是服务社会、造福人类。

(6)科学性与人文性相融合。大学的存在和发展离不开科学与人文。科学就是人通过探索、研究客观世界的物,运用范畴、定理、定律等形式反映出世界的各种现象的本质和规律,所形成的完整的知识体系;人文就是人通过探索、研究主观世界的自身,形成关于解决人与他人、人与社会等关系的学问。科学与人文在大学文化中具体体现为大学的科学精神和人文精神。在大学文化建设中不能把科学精神和人文精神对立开来,而要看成“一枚硬币”的两面,不可分割开来。一般来说,大学科学精神的基本内涵是实事求是、追求真理、独立思考和勇于创新,它们之间相互联系、相互渗透、相辅相成;大学的人文精神是大学正确认识和处理人与自然、个体与社会、自己和他人、自己与自己之间相互关系的基本态度。因此,追求“善”的人文精神与追求“真”的科学精神的融合是历史的必然。同样,二者相统一、相融合也是大学教育追求的目标,就是要把大学生培养成为既有人文精神又有科学精神的高素质人才。

(二)大学文化的结构及其功能

大学文化是一个系统,这个系统是由许多相互联系、相互渗透的要素构成。各要素在相互联系和制约中发挥大学文化的作用,文化功能是大学与生俱来的,大学文化集中地体现了大学最本质、最基本的功能。

1. 大学文化的基本结构

大学文化具有自身的结构,是由大学精神文化、大学物质文化、大学制度文化、大学行为文化共同构成。

(1)大学精神文化。大学精神文化就是全体大学人的理想、信念、价值和观念的总和,是一所大学在长期发展中积淀而形成的全体大学人共同的理想信念、道德准则、思维方式和行为习惯。大学精神是大学精神文化的核心,深深地影响着大学师生的思想观念,在塑造师生品格、提升师生素质方面,发挥着重要的作用。大学精神源自各个大学的历史发展、文化传统、办学理念和地理环境等,它们既有个性的一面,也有共性的一面。每一所大学都有着自己的办学理念和办学特色,其中有以不同的校风、校训等表现形式呈现出来的大学人的精神传统,还有以不同的校徽、校歌、校旗等符号形式呈现出来的大学人的精神面貌。大学、大学精神的存在和发展是由人文精神和科学精神共同决定的。大学精神的品质之所以一直保持活力代代相传,这正是由于大学精神中始终保持活力的人文精神和科学精神,大学的人文精神和科学精神犹如鸟之两翼、车之两轮,在大学文化建设中要把二者相互联系、相互结合,不可将二者割裂开来和对立起来。

(2)大学物质文化。大学物质文化也可称之为大学环境文化,是大学的形象载体及其蕴含的理念和精神,是大学进行教学、科研、生活的物质环境,是大学综合实力的重要标志。大学环境文化又可以分为大学硬环境文化和大学软环境文化。

大学硬环境文化就是大学文化的物质基础——“硬件”,是承载大学的物质基础,呈现在大学的每一个角落,是大学得以存在并长期科学健康发展的依托。而每所大学的整体布局、花草树木、校舍建筑等都具有鲜明特色,其原因是每所大学的硬环境都是在一定理念指导下创造出的属于自己的物质文化。从硬环境层面上讲,良好的校园文化环境应具备整洁、优雅、舒适的自然环境和建筑设施,其中包括校园各类人文景观设施,大到图书馆、教学楼、体育馆,小到雕塑、画像、标语等一系列涉及学习、工作、生活和文娱的硬件环境以及优美的地形地貌、山水桥洞、花草树木等自然条件。一所充满朝气、活力的花园式大学,必然能够更好实现和谐校园的发展。

大学软环境文化,就是校园文化环境。大学校园中的一花一草之所以不同于社会其他地方,是由于大学蕴含着浓厚的人文底蕴和学术气息。建设大学软环境文化,主要有两个方面的要求:一是积极健康。大学是实施高等教育的主要机构。培养社会所要求的、综合素质高、富有主体精神和创造力的高级专门人才是现代大学的根本任务。当代大学生不仅要继承全世界、全社会已有的优秀文明成果,而且要受其熏陶得到教化,在坚持人文精神与科学精神相统一的基础上养成高尚的道德品质和开拓进取的创新气质。二是轻松愉快。大学在文化的传承与创新中起着不可替代的作用。要培养全面的人才和引领社会前进，就需要一个轻松愉快的文化环境。在这种氛围下能够更好地研究学术，让学术在一个自由的环境中得到发展和创新。

(3)大学行为文化。大学行为文化是全体大学人在教学活动、学术活动、文体活动、社会实践活动和其他服务活动中所表现出的精神状态、行为习惯、文化品位。大学行为文化的形成，是大学人受到一定独特文化熏陶和感染后，将外在的文化内化为自身素质，并在行为上具体表现出来。大学是培养人才的重要阵地，不仅要为学生传授文化知识和培养实践能力，更为重要的是帮助学生形成服务意识。简单地说，大学要教会学生如何做学问，如何做人。因此，大学行为文化建设要立足于两方面：一方面，要立足于服务社会发展需要，充分利用学校的资源优势，为社会提供多渠道、多层次、多方面的服务。大学要创造更多的社会实践机会，将学术成果和优秀人才带出校园，通过接触和了解社会，进而为大众和社会提供更多的服务；另一方面，要立足于学生自我发展需要，通过丰富多彩的校园文化活动以及志愿活动，拉近学生与学生、学生与老师之间的距离。这样容易形成教育对象与教育者的互动，产生“润物细无声”的效果，为形成良好的大学行为文化打下坚实的基础。而且，将思想政治教育寓于生动活泼、形式多样的娱乐文化活动中，具有满足全体师生身心发展需要、消除精神疲劳和陶冶情操等调节功能，使师生在轻松愉悦的环境下来表现和发展自我，看到自身价值，树立自信心，获得荣誉感和成就感。

(4)大学制度文化。大学制度文化，是指全体大学人对大学的组织结构以及运行规则的创建和遵守所持的认同态度和价值观念等，为大学精神文化、大学环境文化、大学行为文化提供相应的保证。它是由大学外部环境和内部环境所构成的。外部环境是指政府及相关的教育职能部门制定的方针、政策对大学的管理与引导；内部环境是指大学自身内部的治理结构、运行机制和各项规章制度等。大学制度文化具体包括涉及组织结构、教学、科研、后勤管理制度、教代会、职代会及学术委员会制度、学生守则、教师守则、岗位职责、校风校训等。大学制度文化包括软制度文化和硬制度文化。思想道德规范、校风、学风、考风属于软约束，校纪校规属于硬约束。大学生思想政治教育不仅要依靠软制度影响教育，而且要运用硬制度的约束力来加强管理，两者优势互补，相互结合。只有这样，才能把自律与他律、内在约束和外在约束有机结合起来，引导大学生在严格管理的长期实践中逐渐养成良好的思想品德和行为习惯，从而促进社会良好风尚的形成。

(5)大学网络文化。网络文化是现实社会文化的延伸和多样化的展现，是人类传统文化、传统道德的延伸和多样化的展现。网络文化以网络信息技术为基础，是人们在互联网这个特殊世界中进行工作、学习、交往、沟通、休闲、娱乐等活动方式，及其所反映的文化观念、价值观念和社会心态等方面的集合，包含人的心理状态、思维方式、知识结构、道德修养、价值观念、审美情趣和行为方式等方面。网络文化的典型表现形式主要有网络新闻、网络视频、网络音乐、网络文学、论坛及博客等。文化所具有的动态性和可变性的特点又决定了文化在内容和形式上不能一成不变，其将会根据社会的发展变化而不断地改变自己的内容和表现形式，而网络文化的产生和发展则正是这种变化的结果。

网络文化具有多元性、虚拟性、交互性、时效性和共享性等特征。网络文化极大地丰富了人们的文化生活，满足了人们日益增长的对信息和精神产品的需求。随着网络文化不断融入学校文化，网络文化在整个学校文化中所占的比重不断增大。网络已经成为我国年轻人尤其是当代大学生获取信息的一个主要途径，给大学生的生活和学习带来了诸多便利，开阔了他们的视野。网络文化已经成功融入大学生日常学习、生活的方方面面，迅猛发展的网络文化也深刻改变着大学生的日常行为方式和思维方式，对大学生的思想成熟发挥着潜移默化的作用。

网络文化也是一把“双刃剑”，在积极促进人类文化发展和进步的同时，也不可避免地带来负面效应。高校网络文化正在以前所未有的力量刷新与重组着整个高校的文化生态，大学生思想的成熟度与政治觉悟水平高低日益受到网络文化的影响。网络文化对他们的人生观、价值观、思维方式、行为方式等产生了影响，这也使传统的思想政治教育面临机遇与挑战。只有掌握网络舆论的主导权，把高校网络建设成为传递先进文化的阵地，才能有效加强大学生思想政治教育，保证教育围绕着有持久文明价值和先进文明价值的元素展开。

综上所述，在大学文化的基本结构中，其五个维度之间不是孤立的，而是相辅相成、辩证统一的有机整体，它们共同支撑起了大学文化。其中，大学精神文化是大学文化的灵魂和核心，大学物质文化是大学文化的载体和基础，大学制度文化是大学文化的条件和保障，大学行为文化是大学文化的过程和推动，网络文化是大学文化的延展和新领域，这五者共同促进优秀大学文化的形成与发展。

2. 大学文化的主要功能

大学无法被取代的力量，就是它的文化影响力。大学文化对大学生的影响具有深刻性、潜在性与持久性。我们可以把大学文化的主要功能归纳为五个方面。

(1)文化引领功能。大学文化应着力体现社会主流文化，体现社会发展本质要求的先进思想，并以此作为选择评判的标准，区分正确与错误、科学与愚昧，给所有的大学人指明追求真理的方向，引导大学人形成正确的理想信念，树立正确的世界观、人生观和价值观。大学的文化引领作用，主要体现在三个方面：首先，对大学自身的文化引领。应坚持文化育人的核心理念，将社会主义核心价值体系融入大学教育全过程，贯穿到课堂教学中，贯穿到各种形式的课外活动中，贯穿到日常管理工作中，用马克思主义指导思想武装大学生头脑，用中国特色社会主义共同理想凝聚力量，用民族精神和时代精神鼓舞人心，用社会主义核心价值观引领道德风尚，促使大学师生形成科学的思想观念、价值取向和行为方式。其次，对社会的文化引领。应努力创造更多优秀的思想文化成果，以优秀文化产品的生产与传播来服务社会，通过创造更多优秀的思想文化成果引领社会进步潮流;充分利用自身的人才优势和文化资源,通过文化讲座、文化培训、文化展览等多种形式,直接为社会提供文化服务,在服务的过程中传播社会主义先进文化、提升人民文化素质。最后,对人类进步的引领。应积极开展对外文化交流,树立国际意识和世界眼光,以更加开放的心态、更加开阔的视野,在增进对国外文化了解的同时充分展示中华文化的风采,积极推动中华文化面向世界、走向世界,增强我国文化软实力和中华文化的国际影响力,为推动人类文明进步作出更大贡献。

(2)道德规范功能。大学文化有着规范的制度体系,包括学校的管理制度、教职工的管理条例及学生管理守则等。规范的大学管理机制对大学良好的校风、学风以及教风的培养责任重大。在大学规范体系的约束下,师生们自觉地调整个人行为,使之符合大学文化的要求。大学文化明确提出了道德标准、是非评判标准、价值追求等,思想主体一旦产生与大学文化相背离的观念与行为,大学文化对每一个大学人就会实施制约性要求。

大学校园的规章制度具有权威的制约能力,对每一个大学人而言更是一种硬性的行为准则。一方面,道德规范制度提出了大学校园内推崇的道德标准,明确了评判是非的标准,不仅指导大学人自觉地按照这个道德标准来教育约束自己,同时也评价他人的行为功过,逐渐形成与道德标准相同的道德素养。另一方面,制度的规范性通过学校制定的一系列制度体系,对大学人进行道德行为规范,使所有工作生活在大学里的人明确应该做什么、不应该做什么、应该怎样做的道理。

另外,校风、学风、教风和作风,有其存在的重要价值和意义。

校风是综合一所大学全体成员的理想愿望和行为习惯的表现,具体表现了大学人的精神状态和行为风尚。优良的校风是一所学校指导思想和培养目标的集中体现,是培育优良学风、教风的根本保证,它全面地反映出一个学校的精神面貌和办学水平。

学风作为一个广义概念,一般有两种含义:一是指学校的治学精神、治学态度、治学原则；二是指学生的行为规范和思想道德的集体表现，是学生在学习过程中所表现出来的精神风貌。整体而言，学风首先体现于校风上。学校管理者的统筹规划关系到校风的建设，同时，也展现了学生的学习劲头。学校管理得好，必将带动整个学校的风气，从而影响每个同学的精神状态。其次，良好的校园秩序也从侧面反映了大学学风的良好。同学之间是否能建立和谐统一的人际关系、相互间团结和睦，学生中是否存在不文明行为，这些都是校风建设需要关注的重要内容。此外，学风还体现在课堂纪律上。

教风是教师整体素质的核心，是“教师教育教学的特点和作风，是教师的职业道德、专业知识水平、教学方法、教学技能等要素的综合表现”①。教风是教师道德、才学、作风、素养、治教等的集中反映，良好的教风包含多方面：其一，教师的爱岗敬业，一个教师首先必须忠诚党的教育事业，乐于教书育人，否则就会误人子弟，国家倡导教师不仅要把教师这一职业当成谋生的手段，更应视为毕生追求的事业。其二，热爱学生，热爱学生既是教师职业道德的基本要求，也是高效完成教学任务的重要保证。古人言：“亲其师，信其道。”谁和学生建立融洽和谐的师生关系，谁的教学就会受到学生的欢迎。其三，积极进取，教师要树立“终身学习、终身教育”的观念，随着时代的不断进步与发展，原有的知识已经远远不够。作为教师，必须要有深厚的专业功底，有渊博的文化修养，研究教育理论，还要努力掌握现代化教育技术，不断改进教学方法。其四，乐于奉献。春蚕到死丝方尽，蜡炬成灰泪始干。教育是事业，事业需要奉献，需要教师有默默奉献的精神。教师应该不计较个人得失，全身心地投入到教育教学当中去。

大学管理工作作风是指大学机关领导干部、工作人员在日常行政过程中表现出的行为、风格和态度的总称，在师生员工心目中实际代表着高校党政干部的工作作风，其对提升大学管理水平、推动管理大学文化有着重要的影响，

① 王一秀：《中国教育行政管理大词典》，光明日报出版社1991年版，第86页。

关系和谐校园的构建、关系高等教育事业的兴衰成败。

(3)组织凝聚功能。大学的历史传统在传承与创新中最终酝酿成大学文化,大学文化可以体现师生的价值导向、精神面貌,良好的大学文化给予师生催人奋进的力量,形成强大的向心力,激励着学子们奋发图强。一所大学就是一个组织,大学文化是将所有师生员工结合在一起的黏合剂。要使组织内部具有强大的凝聚力和责任感,不能只通过校园制度文化的硬性管理,更多的是要依靠所有大学人的行为自觉,在校园内自发凝聚在一起,团结一致。这种凝聚力不仅仅局限于校园内,更是大学历史发展的精神纽带。同时,大学文化的有序发展,一方面给大学自身带来了荣誉,另一方面也使大学人加强了对校园文化的认同,心怀自豪感,更增强了高校师生员工的凝聚力。

(4)人才培养功能。根据我国相关法律法规的要求,大学必须建立党委统一领导,行政系统具体组织实施,党建和思想政治工作为保证的齐抓共管全员参与的“教书育人、管理育人、服务育人”的“三育人”机制。评估一所高校的办学质量,不应该只重视学校师资力量的强弱和科研成果的多少,而应将是否能培养出卓越的社会所需人才作为关键指标。大学是人才的舞台。优秀的人才不仅表现在熟练掌握专业知识,更要展现出自我的综合素质与能力,而这一切就是一所大学的教育核心。大学生展现杰出的自我不是单纯依靠校园文化的硬实力(如教学设施),更要依靠学校的教育理念、文化底蕴、历史传统和优良的校风学风教风等文化软实力来体现。

(5)传承创新功能。文化传承和文化创新是大学教育的职能所在,更是我国新时期教育理论的延续。胡锦涛同志曾指出,“高等教育是优秀文化传承的重要载体和思想文化创新的重要源泉。要积极发挥文化育人作用,加强社会主义核心价值体系建设,掌握前人积累的文化成果,扬弃旧义,创立新知,并传播到社会、延续至后代”①。大学教育的过程,即是文化传承的过程,文化

① 胡锦涛:《在庆祝清华大学建校100周年大会上的讲话》,人民出版社2011年版,第9页。

的进步在于人类知识的积累,文化的创新在于人类对知识的选择。因此,大学文化建设在当代高等教育中有着举足轻重的位置。大学文化的责任是对中华优秀传统文化的继承与弘扬,同时也是要吸收国外的优秀文化,确保大学是中华优秀文化的传承阵地,并通过文化治校实现和谐发展、全面发展。我国高等教育发展对未来大学文化传承、创新和发展提出了新的要求。高校为大学生提供了学习、工作、生活的文化环境,鼓励学生在优秀文化的熏陶下拥有创新精神,推动我国的文化繁荣发展。

二、大学教育

大学是专门的文化教育机构。“从大学的起源和发展看,大学首先或者根本上是一种文化的存在。”①无论大学的组织形态如何变化,大学都是“以文化人、以文育人”之所,是“明明德、亲民、止于至善”的教化之地。因此,文化传承创新是大学教育的本质属性和基本功能,大学教育正是在文化传承创新的过程中担负其立德树人根本使命和任务的。大学在文化传承、创新、普及、推广上的作为,体现了大学教育对文化自信的自觉、对文化价值的认同。大学教育把对国家和民族的文化自信,贯穿于人才培养的全过程,渗透到立德树人的各方面,从而实现文化化人之目的。

(一)大学教育的文化本质

1.大学的文化本质属性

大学的文化本质属性主要体现在以下几个方面。

(1)大学是一种特殊而不可替代的创新型组织,文化是其本质属性。回眸12世纪中叶,世界上第一批大学于欧洲诞生,到今天社会步入了知识经济时代,大学这一特殊的组织越来越受到人们的瞩目,其根本原因就是大学在承

① 戚万学:《大学是一种文化的存在》,《光明日报》2016年12月19日。

担人才培养、知识创新与传播等历史使命的过程中,日益充分地发挥着其独特的文化功能,即大学在社会发展进步中的传承、研究、融合、创新的功能。在近千年的时间里,知识及其学科专业催生着科学技术的发展,同时也是大学自身存在、发展和不断创新、实现超越的文化基础。当代科学技术飞速进步,推动了经济社会的跨越发展,在改善了人们生活质量的同时,也增强了人们对知识创新的强烈愿望。在这样的背景下,人们不会否认大学在其自身发展轨迹中的教育性、阶级性、产业性作用,但是,基于学术传承、研究、融合、创新的大学的文化性,却更加受到人们的重视。一定程度上,大学是社会进步的“思想库”,是创新理念的发源地,是引领社会的风向标,而这一切,正是源于大学的本质属性——文化性。从大学文化的本质属性来看大学的发展,大学应该坚持学术自由与社会责任的统一、适应需求和引导变革的统一、文化传承和知识创新的统一,才能始终保持其永恒的文化品格,成为社会创新型组织的中坚。

(2)大学文化是社会进步和人的全面发展过程中的内在要求和必然结果。从人类发展的视角看,文化代表着人对自然的认识和改造的能力与水平,大学文化更是这种能力与水平的集中体现。自然是人和社会存在的物质基础和条件,人与社会的存在和发展依赖于自然界,而人类又以劳动这一人的本质为中介,创造性地影响和改变着自然界。马克思指出:“劳动首先是人和自然之间的过程,是人以自身的活动来中介、调整和控制人和自然之间的物质变换的过程。”①相对于人类社会此前的历史而言,马克思所指的劳动是创造性的劳动,是一个认识和改造自然的创新过程。尤其是当大学出现以来,人在自身的全面发展过程中,对知识的不断传承、研究、融合、创新,使得人与自然之间的关系得以深切变换、维持和延续,也使得人的创新属性与社会发展的关系更加紧密。那么,在大学的组织结构和传播体系中,大学文化所代表的就不仅仅局限于学术创新与人才培养本身。它其实更是社会现实需要的力量不断增

① 《马克思恩格斯选集》第2卷,人民出版社2012年版,第169页。

强、人的自我发展需求越来越高涨的内在体现,也是大学发展的内在逻辑与必然结果。

(3)大学文化处于社会文化发展的前沿,其核心是大学精神的传承与创造。大学文化是一个历史范畴,具有鲜明的时代特征和个性。从大学诞生至今,伴随着时代的不断变迁,大学自身也在继承和变化中发展,这体现在观念、目标、制度、功能等许多方面,其中,大学精神作为贯穿其中的主线,深深根植于大学这种创新型组织的内核,是大学人始终追求的目标。它使得大学文化始终处于当下社会文化发展的前沿,使得沉淀于大学校园的精神和文化得以传承,使得大学在社会不断变迁的过程中,仍然能够维系对自身的认同,推动着大学不断调整和改变。在这个意义上,大学精神是区别于其他社会组织所特有的相对稳定的群体心理定势和精神状态,是维系大学组织特性、信念追求的重要方式,它体现着大学人的理想,代表着大学自身的价值、观念和立场,承担着大学自我认同的重任,在引领大学发展的同时实现自身的传承与再造。

(4)大学文化的主体是大学人,大学文化作为一种客观存在,影响和贯穿于大学发展的全过程和各方面。大学文化的承载主体是大学人,它是凝聚大学人的精神纽带,体现的是大学人的思维习惯、行为方式以及对大学的认同感。不同时期大学文化的发展各有不同,但大学文化中始终蕴含的对大学未来的指向、自由的学术和批判精神、彰显大学人的气质和独特精神的价值观,却始终是大学文化的精髓和灵魂。大学一旦产生,大学及其文化就成为一种客观存在,不会因为人的主观意志消失或转移。大学文化使社会中的优秀个体与群体真正统一起来,在传承文明的过程中,大学文化就是大学人特有的存在和活动方式,它使人类的文化再生产成为最具活力、创造力和生命力的部分。这是大学本身的结构与职责所决定的,也是大学的社会使命理应担负的。从人才培养的视角看,大学的育人过程实质就是文化育人,是使人实现从拥有技术到具备能力的转变、从获取知识到养成文化的转变。从大学发展的视角看,大学文化在社会进步中的教育力、凝聚力、创造力和引领力,以潜移默化的方式影响着大学人的思想和行为,同时也影响和贯穿于大学发展的全过程和各个方面。

有学者认为,教育自身是文化活动,教育就是要以文化人、化野为文。大学要注重文化教育,既要加强人文知识(知道)教育,又要加强人文精神(体道)教育。[①] 因此,21 世纪的大学教育应该是人文教育与科学教育相融合的教育。因此,大学教育要促进和实现人文教育与科学教育的融合。

2. 大学的文化价值

从高等教育历史的视角来看,大学这一特殊的组织是一个功能独特的文化组织,文化的传承创新是大学的基本职责。大学文化不只是大学校园里的事,是关乎社会的,但大学的文化又不能完全等同于社会文化,大学在文化上要发挥引领的角色和使命。“大学的文化价值是大学教育的基本价值。”[②]大学教育的文化价值,可以从多个侧面研究和把握,但最为重要的有以下三点。

第一,大学教育在精神文明建设方面的价值。精神文明包括文化建设和思想建设,具体内容包括人的文化素养、道德规范、思想意识、价值观念、政治方向等方面。文明是有层次的,其中最深刻的层次就是一个民族、一个人的思想信仰和价值观念,特别是世界观、人生观和价值观。这三者在人的精神境界中占据主导地位。大学教育,对于一个人深层的精神文明、对一个国家和民族的主体思想和价值观念的形成与确立,具有特殊重要的价值和意义。

第二,高等教育中基础学科发展的价值。在我国高等教育的发展中,特别要重视文、史、哲等基础学科的建设和发展。文、史、哲等基础学科,在国家的文化建设和社会进步方面具有不可替代的重要功能和价值。

第三,高级人才的文化素养提升的价值。我们党的教育方针规定了人才培养的基本目标和素质规格,即培养德智体美劳全面发展的社会主义建设者和接班人。大学教育的核心使命和根本任务,就是培养高素质全面发展的人

---

① 参见《涂又光文存》,华中科技大学出版社 2009 年版。

② 孙喜亭:《论大学教育的文化价值》,《高等教育研究》1994 年第 3 期。

才。为此,必须坚持以立德树人为根本,以素质教育为主题,重视大学生文化素养的培育,切实加强大学文化建设,积极引导大学生自觉培育和践行社会主义核心价值观。

(二)大学的文化育人功能

作为现代大学,必须坚守其在文化传承创新中培养人才的根本使命,这对于推进我国文化和教育事业科学发展,促进经济社会又好又快发展,具有重要理论价值和现实意义。

1. 中国传统的大学之道及其启示

《大学》是战国末期儒家思想的总结性作品,其开篇就是:"大学之道,在明明德,在亲民,在止于至善。"①《大学》提出了儒家对大学教育目的、任务和途径的概括性论断,对儒家的政治、道德教育的纲领和程序作了经典性表述。其中,"三纲领"是大学教育的纲领,"八条目"是大学教育程序。这是大学教育的一整套完整而严密的体系,从大学教育的目的到教育的程序,语言文字简洁而思想内涵深刻。

《大学》的"三纲领",就是"明明德""亲民""止于至善"。《大学》的"八条目",就是"格物""致知""诚意""正心""修身""齐家""治国""平天下"。"格物""致知"是学问之本,"诚意""正心""修身"是德行之本,这五条目实际上是修己之道,也就是所谓的"明明德";"齐家""治国""平天下"则是治人之道,也就是"亲民";"止于至善"则是人生的目的。可见,"三纲领""八条目"是对我国传统儒家思想文化最简明的概括与表达,具有重要的教育价值和意义。

《大学》中的有关教育思想和理念,对现代大学教育仍具有重要的借鉴意义和参考价值。有鉴于此,现代大学应该坚持"古为今用"的原则,继承中华

---

① 转引自王炳照、郭齐家等编:《简明中国教育史》(修订本),北京师范大学出版社 1994 年版,第 61—62 页。

优秀传统文化、弘扬中华优秀传统文化的教育精神,深入研究《大学》中的大学之道,挖掘其教育思想,弘扬传统大学之道和治学精神,结合我国国情和高等教育的实际,更加深入地把握现代大学的教育理念和现代大学之道。重点是要在两方面下功夫。

第一,现代大学要以文化传承创新为己任,担当起在文化传承创新中培养人的根本使命和责任,担负好涵养文化自信的教育使命。素质教育是我国教育事业发展的战略主题,大学教育必须高度重视和切实加强文化素质教育。因此,现代大学必须树立人文教育理念、公民教育理念、伦理教育理念等教育价值理念。

第二,现代大学要树立必要的至善精神,即坚守大学文化育人职能、追求真善美、提高人的精神境界;要进行以人为本的教育,即提升人性和完善人格的教育;要进行通识教育,即人文教育与科学教育融合的教育;要对大学生进行创新精神的培养,即培养具有创新精神、实践能力和社会责任感的新人,更好地服务于国家的创新驱动发展战略。

2. 现代大学的育人功能及其内在逻辑

大学何为?所要回答的就是大学职能或功能的定位问题。

哲学家涂又光先生曾深刻指出:“祝大学教育真正定位于文化领域。20世纪中有很长一段时间,我国大学教育实际定位于政治领域。近二十年来,有人又要把大学实际定位于经济领域。尽管这三个领域互相依存,密不可分,是一个整体,但大学毕竟在文化领域,理合定位于此,务必真正定位于此。”①涂又光先生认为,教育自身是文化活动,教育就是要以文化人、化野为文。他还特别强调,大学要注重文化教育。既要加强人文知识(知道)教育,又要加强人文精神(体道)教育。因此,21世纪的大学教育应该是人文教育与科学教育融合的教育。中国传统的教育是人文教育,现在和将来应该是“人文+科学”

① 《涂又光文存》,华中科技大学出版社2009年版,第305页。

的教育。因此,大学教育要促进和实现人文教育与科学教育融合。

“大学的理念是为人类创造知识、传授知识、传承文明,推动社会进步;那么,大学的教师队伍必须是由真正对研究和教学有特殊偏好,最具使命感、责任心和创造力、最能做出原创性研究成果的学者组成。”①可见,现代大学是人类知识、文化、文明传承与创新的阵地,追求学术和真理、推动社会发展与进步,是大学的基本功能和根本使命。

一般认为,现代大学应该有文化传承创新、人才培养、科学研究、社会服务四项功能。其中,文化传承与创新是大学最基本的功能。因为大学以文化传承创新为第一要务,文化传承与创新是大学的本质(基本)功能。人才培养是大学的特有功能和根本使命。因为,在大学教育活动和教育事业中,人总是大学教育的出发点,也是大学教育目的的出发点。“人是目的”既是教育的灵根所在,又是教育的命脉所系。因此,“教育作为人类文化传承与创新的社会实践活动,它以文化为根、以育人为本”②。大学要以培养人才为根本职责和特殊使命,人才培养正是大学的特有功能,具有不可替代性。科学研究是大学的重要功能,因为大学的科学研究有助于文化传承创新和人才培养,但科学研究只是大学的衍生(延伸)功能。社会服务也是大学的重要功能,因为大学以服务和引领社会为责任,并且在服务社会中促进文化传承创新和人才培养,但社会服务也只是大学的衍生(延伸)功能。

从上述对大学功能的分析中,我们可以看出,现代大学以文化传承创新为其基本功能和使命,以人才培养为其特有功能和根本使命,而科学研究和社会服务则是其衍生(延伸)功能。这是因为大学的文化传承创新和人才培养的功能是社会其他机构所不能替代的,但科学研究和社会服务的功能则不具有不可替代性,社会其他机构也可以担负起科学研究和社会服务的功能。由此

① 张维迎:《大学的逻辑》,北京大学出版社 2004 年版,第 2 页。

② 蔡中宏、麻艳香:《培养人:教育发展的根本目的和使命——文化哲学视角下的教师专业化发展》,《甘肃社会科学》2012 年第 1 期。

可见,现代大学四项功能应该是有其结构层次和内在逻辑的,四项功能并非平起平坐,而是有先后次序的。其中,首要的和基本的功能应该是文化传承与创新,核心的根本的功能应该是人才培养,而科学研究和社会服务的功能既不是基本的也不是根本的,只是重要的功能之一。显然,文化传承创新和人才培养是大学的主导性功能,而科学研究和社会服务则是大学的辅助性功能。这也正是大学功能的基本结构和内在逻辑。

现代大学,必须始终把文化传承创新和人才培养放在首要的突出的位置,充分发挥文化传承创新和人才培养的功能,为文化建设和培养人才不懈奋斗。要在优先保证文化传承创新和人才培养的同时,兼顾科学研究和社会服务,并且科学研究和社会服务应该服从服务于文化传承创新和人才培养。在高等教育迅速发展的今天,进一步理清大学的功能及其内在逻辑是非常重要的。只有对大学的功能作准确定位,才能提高高等教育质量和人才培养质量、实现高等教育高质量发展,也才能发挥大学引领社会文化发展的功能,促进经济社会又好又快发展,为实现中华民族伟大复兴作出大学的应有贡献。总之,作为现代大学教育,应该而且必须始终坚守“在文化传承创新中培养人”的底线,即立德树人,这是大学教育的本质规律,也是大学基本功能的内在逻辑。

三、大学文化与大学教育双向互动

人类的教育活动和教育事业总是以人为目的、以人为对象、以人为主体、以人为主题的。研究大学文化与大学教育的关系,核心和实质的问题是研究文化(教育)与人的关系。大学文化是根,大学教育要立德树人、育人为本和以文化人。

(一)党的教育方针:大学文化建设和大学教育的根本指针

教育方针是国家教育事业和教育工作的总方向和总目标。新中国成立以来,特别是改革开放以来,党和国家高度重视教育方针的制定,对教育方针进行过数次修订，使之不断得到完善、更加科学。我国现行的教育方针是："坚持教育为人民服务、为中国共产党治国理政服务、为巩固和发展中国特色社会主义制度服务、为改革开放和社会主义现代化建设服务，坚守为党育人、为国育才，培养德智体美劳全面发展的社会主义建设者和接班人。"[①]党的教育方针是大学文化建设、大学教育和思想政治教育工作的根本指针。

1. 高等教育的根本目的

"坚持教育为人民服务、为中国共产党治国理政服务、为巩固和发展中国特色社会主义制度服务、为改革开放和社会主义现代化建设服务，坚守为党育人、为国育才"，是我国高等教育的根本目的。从教育的本质看，教育是教育人的实践活动。从教育的功能来看，教育不仅具有育人功能，而且具有社会功能。因此，"我们必须处理好教育、人、社会这三者之间的关系，充分发挥教育的社会功能。既要为促进人的成长和发展服务，又要为促进社会的进步和发展服务。"[②]只有培养为人民服务、为中国共产党治国理政服务、为巩固和发展中国特色社会主义制度服务、为改革开放和社会主义现代化建设服务的建设者和接班人，才能真正解决好"为什么培养人"和"为谁培养人"的根本问题。

2. 高等教育的实现途径

坚持教育"与生产劳动和社会实践相结合"，是对高等教育实现途径及其规律认识的进一步深化。实践出真知，实践观点是马克思主义认识论首要的和基本的观点。马克思主义认为社会生活在本质上是实践的。人类认识和改造世界的社会实践活动有三种基本形式，即生产劳动、处理社会关系的实践和科学实验，其中生产劳动是人类最为基本的社会实践形式，但社会实践的领域是非常广泛而丰富的，生产劳动并不是人类认识和改造世界的唯一形式。因此，在教育方针中既坚持教育与生产劳动相结合，又强调教育与社会实践相结

① 《中国共产党普通高等学校基层组织工作条例》，人民出版社 2021 年版，第 4 页。

② 蔡中宏：《新中国教育方针嬗变的考察与反思》，《兰州大学学报（社会科学版）》2005 年第 5 期。

合,反映了教育实现途径及其规律的要求,也反映了客观社会现实及其内在规律对教育发展的新要求。思想政治教育工作,不仅要靠理论教育,而且要靠实践教育。只有通过理论与实践的有效结合,才能使思想政治教育真正内化于心、外化于行,也才能实现高等教育的根本目的和培养目标,从而真正解决好“如何培养人”的问题。

3. 高等教育的培养目标

“培养德智体美劳全面发展的社会主义建设者和接班人”,是高等教育的培养目标。促进人的自由全面发展是教育工作的根本目标,实现人的自由全面发展是高等教育事业的根本目的。强调德智体美劳全面发展,是实施素质教育的必然要求。坚持德智体美劳全面发展,充分体现了马克思主义关于人的全面发展的理论,反映了我们党对人才素质结构的认识更加全面、更加深刻,反映了我们党对我国教育的培养目标认识的进一步深化,也反映了 21 世纪我国对教育发展和人才培养的素质规格有了新的更高要求。因此,高等教育的培养目标,在于培养德智体美劳全面发展的社会主义建设者和接班人。只有坚持德智体美劳全面发展,坚持德育为先、育人为本,才能解决好“培养什么人”的根本问题。

(二)人之生成是大学文化和大学教育的联结点

大学文化和大学教育具有内在关联性,人之生成是二者的联结点。因此,大学教育应发挥大学文化的人本规定性,坚持以人为本,培养德智体美劳全面发展的人才。大学教育就是要把人培养成人。人之生成,是大学教育的真正主题。从教育哲学的观点来看,它包含着生活论和价值论两个层面的深刻意蕴。

1. 人之生成的生活论意蕴

把大学教育理解为人之生成,理解为人之生活方式,主要理由如下。

(1)教育本身有了根基。大学教育本来就是起源于人类社会生活的,那么，根植于、发生于人之生活的教育，必然把自身牢固地奠基于生活世界之中。生活世界的全面性和丰富性，必然要求教育的全面性：不仅要认识自己，而且还要关切自己。由此，理性与非理性、言说与沉默等，都在教育中统一了起来，它们共同丰富着、扩充着人的生命内涵。

（2）对人的个性的尊重有了生活论根据。以往人们总是把教育理解为一种外力，所以，尽管也在强调对个性的尊重，但在事实上却往往采用以“一”代“多”的做法，从而使受教育者的个性受到了压制。而作为人之生活方式的教育，由于发生于人的生命、生活本身的丰富性，所以可使人的个性不断得到扩充和丰富。也只有在这样的教育中，“人”才能真正“活”起来。人才是他自己生活世界的真正主人和主宰者。

（3）自我教育有了特殊的意义。有学者认为：“人类文化的传承有两种基本的途径与手段，这就是教育与自我教育。”①有效的教育离不开自我教育，真正的教育应当教人学会自我教育。有学者把“教育”理解为“人之自我建构的实践活动”，旨在说明“教育虽然存在一种外部施加影响的过程，但是其主题却应是促进、改善受教育者主体自我建构、自我改建的实践活动的过程”。②上述见解看到了任何外来的影响只有深入到受教育者的内心或生命，引发受教育者自我教育的需要，才能对人产生实质性的影响。这充分说明，自我教育对于人的成人和成才具有特殊重要的意义。只有如此意义上的教育或自我教育，才能把人的生命的发展权、创造权“还给”受教育者自己，使之牢固把握自己的命运，做自己生活（学习）的真正主人。

（4）人之超越有了发生学依据。人是一种可能性，永远处在一个超越或自我超越的过程之中，永远处在一个从实然到应然的“在”的状态之中。因此，教育之于人的绝不是使人滞留于已有的各种规定性，而是不断创造出种种新的规定性，也就是不断地从“是其所是”的“实然我”向着更高层次和更高意

① 胡德海：《教育学原理》（第二版），甘肃教育出版社 2006 年版，第 229 页。

② 鲁洁：《教育：人之自我建构的实践活动》，《教育研究》1998 年第 9 期。

义上的“应然我”迈进、提升。这种超越和提升当然是终身性的,所以“成人”“成为你自己”也就必然是终身的追求和事业。

2. 人之生成的价值论意蕴

教育人学不仅探讨“人之生成”的生活论依据,还要揭示“人之生成”的价值论意蕴。前者侧重于奠立教育之根,后者则侧重于寻找教育之魂,它们共同的使命在于捍卫以人为目的的“人”的教育。价值论要求把人性化、个性化和创造性放在教育的首要位置,培养具有创新精神品质的人才。

(1)人性化。人性化首先意味着教育对人的尊重,它包括教育理念的人性化和教育环境的人性化。前者指教育者要在头脑中真正树立起受教育者之主体地位的意识,尊重受教育者的人格,不能再把受教育者当作“工具”,进而像对待“物”“动物”那样对受教育者进行改造、加工和训练。后者则指整个教育环境都要以对“人”的方式来设计。无论就教育内容、教育方法而言,还是就师生关系而言,都应以关怀意识为底蕴。人性化还意味着自觉培养具有完满人性的人,也就是说要把价值主体的培养放在首位。强调价值主体,并不是要排斥知识,而是把知识统合于价值的意义观照之中。由此,对受教育者情感、意志等心理品质的培养也就必然占有极其重要的位置——它们并不比知识低贱。这样,我们才能突出“教育”的完整内涵,也才有可能培养出相对完整意义上的人性丰满的人。

(2)个性化。如果说人性化侧重于对人之完整性的强调,那么个性化则侧重于对人之独特性的强调。二者是一个问题的两个方面。从价值论的角度来看,教育对人之个性的尊重其实就是对人之价值的尊重。正如《世界人权宣言》所说,“教育的目的在于充分发展人的个性”。

(3)创造性。创造性实际上是对人性化、个性化的延伸,这种延伸具有实质意义。人的自由本性必然要落实为人的创造性。人的自由本性使人永不满足于已有的实然状态,不断向着一种更高的应然状态迈进。这种迈进本身就是创造。这种创造的意义就在于人可以凭借其创造性的活动打破肉体自身的束缚，使自己生命的存在获得开放的、应然的性质。因此，创造性成为人之价值的源泉。江泽民同志曾深刻地指出："创新是一个民族进步的灵魂，是一个国家兴旺发达的不竭动力。"①党的十六大确定了"坚持教育为社会主义现代化建设服务，为人民服务，与生产劳动和社会实践相结合，培养德智体美全面发展的社会主义建设者和接班人"②的教育方针。虽然在人才素质的规格和要求上只增加了一个"美"字，但却强调了美育的重要性，突出了美育的地位。美育不仅能陶冶人的情操，净化人的心灵，提升人的精神境界，而且对人的创造性思维、创造能力和创造精神的培养和形成具有重要的作用。

（三）大学教育是大学文化与人的双向建构

人类文化的传递与继承，对人类社会来说是一个关乎整个人类生存与发展的重大问题。文化的传承是个体的人进入社会的机制。在最广泛的意义上说，大学教育就是人与大学文化的互动，大学教育在本质上是大学文化与人的双向建构机制。"教育的本质属性是它的传递性。传递什么？传递文化，传递人类文明，传递人类劳动和智慧的一切成果和结晶。教育的根本作用就在于此。如果教育不具有传递文化、文明的作用，那就不是教育了。"③"文化既是教育的外部制约因素，又是教育内部的构成要素，它实质上起到了沟通教育内外部关系的桥梁作用。"④正因为如此，有学者指出，教育的本质是文化与人的双向建构。要对教育作完整而全面地把握，根本的就是要在文化、教育、人的相互关系中进行研究。

康德曾经断言，人只有靠教育才能成人，人完全是教育的结果，其实这种观点早在夸美纽斯那里就存在。他在《大教学论》中指出："假如要形成一个

① 《江泽民文选》第二卷，人民出版社2006年版，第385页。

② 《江泽民文选》第三卷，人民出版社2006年版，第560页。

③ 胡德海：《教育学原理》，甘肃教育出版社1998年版，第271页。

④ 张应强：《文化视野中的高等教育》，南京师范大学出版社1999年版，第21页。

人,就必须由教育去形成。”显而易见,在他们两人看来,教育以前的人仅仅是生物有机体的存在,是潜在的人,而经过教育之后,潜在的人才变成了现实的人。而现实的人,如前所述,就是文化的动物。因此,要认识教育过程的实质,一种宏观的方法就是把该过程两端的人加以比较,如图 1.1 所示。[①]

潜在的人→教育→现实的人

(生物有机体)(生物有机体+文化)

图 1.1

从图 1.1 可以看出,同样一个生物有机体,在经过教育这个“黑箱”之后,新增了文化的因素,而且它已成为人的本质属性的表征。因此,我们可以对教育作出最为一般的概括:教育过程就是文化和人(受教育)的互动过程。[②] 在对这个概念展开说明之前,我们先看一下杜威的教育观点,这对理解这一较为宽泛的概念是不无益处的。他指出:“一切教育都是通过个人参与人类社会意识而进行的,这个过程几乎是在发生时就在无意识中开始了,它不断地发展个人的能力,熏染他的意识,形成他的习惯,锻炼他的思想,并激发他的感情和情绪。由于这种不知不觉的教育,个人便渐渐分享人类曾经积累下来的智慧和道德财富。他就成为一个固有文化资本的继承者。世界上最形式的、最专门的教育确是不能离开这个普遍过程。”[③]杜威这一观点的核心在于:在最原始的意义上说,教育是在“不知不觉”中展开的。专门化的教育不过是原始教育的形式化、结构化。而不管是原始的,还是专门的,教育都是个体和“社会意识”相互作用的过程。杜威的这一观点,对我们在文化层次上理解和描述教育甚有助益。不过,就“社会意识”的含义或概括性而言,似不及文化宽泛,而且也容易使人们将其归为与“社会存在”相对应的哲学范畴。

① 蔡中宏:《教育与社会发展研究——基于文化和人的视角》,中国社会科学出版社 2013 年版,第 192 页。

② 参见周作宇:《教育:文化与人的互动》,《清华大学教育研究》1999 年第 4 期。

③ 赵祥麟、王承绪编译:《杜威教育论著选》,华东师大出版社 1981 年版,第 1 页。

大学教育即人和大学文化的互动，大学文化对人的作用，是通过文化的载体——人造物（非符号的实体）、符号、人来实现的。这样一来，就形成三对关系：人造物——人；符号——人；人——人。就彼此互动的方式来说，有随意的，有不随意的；有自发的，有自觉的；有系统化的、有组织的，有非系统的、偶然的。不论是通过何种载体，也不论是以何形式，只要文化对人产生了影响，使人发生了变化，那么我们就说，教育在这里发生了。文化对人之能产生影响，产生什么样的影响，既取决于文化本身的性质，也取决于个人对文化的选择态度和就其已有的成熟水平对文化作出的解释。文化作用于人的时候，人也作用于文化。尤其是在人的形成意义上，教育不仅是文化内化于个体的过程，而且也包括个体外显性文化的过程。这样的教育，才是一个完整的自组织系统。此外，"人——人"组成的作用系统与其他两种有所不同。在"人造物——人"和"符号——人"的系统中，文化和人的相互作用是直接的，这种形式的教育为自我教育。在"人——人"模式中，文化对人的作用是以与他结成一定社会关系的他人为中介的。这种形式的教育分两种情况：一种是他人含有的内隐性文化意蕴的言语或行为对人产生的影响；另一种是他人组织一定的文化材料来对其施以影响。对于第一种情况来说，由于每个人都处于一定的社会关系之中，所以，我们说"他人"，并不指纯粹孤立的个体，而是指个体及其所体现的具有相对独立意义的社会关系。对于第二种情况来说，文化材料的组织筛选是有目的的、有计划的。但对于与材料有关的，或材料内隐的观念、价值、思维定势，有时却并不为组织者所意识到。这也就意味着，文化材料对人所产生的可能影响，并不完全为组织者所预期和控制。

在大学文化与人的互动过程中，不论通过哪种渠道，相对于其中的人来说，互动总会有有意识和无意识两种。有意识的互动就是或者由教育者选择一定的文化材料，或者由受教育者自己主动选择文化材料，从而使文化限制在一定的范围之内，在该范围内，文化和人（受教育者）发生相互作用。相比较起来，无意识互动则带有偶然的、自发的性质。与两种互动相对应，教育分为正式教育和非正式教育两种形式。具体地说,正式教育就是人(受教育者)与由他人或自己选择好的组织化、系统化的文化材料的相互作用,这种作用或则由受教育者直接面对材料,或则以他人为中介。在后面这种情况下,作为中介的他人(即一般意义下的教师),起着导引和催化作用。正式教育以组织性(即指对人的组织,也指对文化材料的组织)、计划性、目的性为特征,非正式教育则是指处于特定文化场内的人,由于文化载体的存在而通过非正式的渠道(非组织、非计划)进行模仿或无意识地承接文化的影响,因而形成与之相适应的潜隐的价值、观念、思维方式、情感、意志的过程。非组织化、偶然性、非系统性是这种教育的特点。一般来说,正式教育大多关涉外显的文化模式,而非正式教育则与深层的内隐的文化模式相应。由于两种文化模式既有相互依存、相互一致的一面,也有相互冲突、相互矛盾的一面,所以,正式教育与非正式教育有时是同向的、协调的、互补的,有时却是冲突的、对立的。尤其是,在一个特定的环境中,可能存在有不同的文化。除主流文化外,可能有许多亚文化并存,性质不同的文化之间的冲突,就是非正式教育与正式教育抵触的一个原因。

对于大学文化与人互动的探讨,给我们提供了一种重新审视大学教育的视角,有助于对大学教育本质的科学把握。揭示大学教育及大学文化与人互动的实质,其要义在于恢复被"放逐"的教育形式。尤其是,从主动的角度,以"关系性"方式对教育加以描述,还在于实现受教育者的主体性、主体价值。而就人的地位论,念其并非是文化的被动传承者,实现受教育的主体性,也同时是对教育者的主体性的肯定。从而,教育就成为主体的人对文化的操作。因此,大学教育与人的关系,实质上是文化通过教育而促进人的发展的关系,大学教育过程其实就是以文化人,使人文化化的过程。

大学文化是先进文化的重要组成部分,是在大学长期的办学过程中的历史积淀、创新品格和价值取向,既是历届师生对大学本身的总体认知、理想追求和实践探索,又是凝聚师生的精神纽带。它以潜移默化的方式影响着师生的思想和行为,在传承与创新中不断实现自我超越,贯穿并渗透于大学发展的全过程和各方面。大学文化对先进文化的建设起着引领与示范作用,对社会文化起着引领、示范和辐射作用。

大学文化深刻地反映着大学的历史、现实和未来,以及大学组织的发展轨迹与大学人的精神轨迹。大学文化的内涵结构主要包括精神、制度、物质和行为四个维度,大学文化的结构是一个由精神文化、制度文化、物质文化和行为文化四个层面综合而成的复杂系统。在大学文化中,精神文化、制度文化、物质文化和行为文化四个维度之间不是相互独立的,而是相辅相成、相得益彰的。以文化人、以文育人,正是大学文化和大学教育共同的根本使命。

第二章　大学文化与社会主义核心价值体系

优秀的大学文化能引导人、教化人、熏陶人和塑造人。社会主义核心价值体系及作为其内核的社会主义核心价值观，是一种高尚的精神，是大学文化不可或缺的重要内容，需要大学文化的教化、熏陶和培育。

第一节　社会主义核心价值体系是社会主义文化的密码

大学文化建设必须与社会的总体文化建设目标一致，这就需要坚持社会主义先进文化的前进方向。而建设社会主义先进文化，最根本的任务就是弘扬、培育和践行社会主义核心价值体系和核心价值观。社会主义核心价值体系是文化的灵魂，是社会主义先进文化的深层密码。

一、价值基本理论概述

梳理和理解价值基本理论，是研究和探讨社会主义核心价值体系教育和培育践行社会主义核心价值观路径的理论基础和重要前提。

(一)价值和价值观

1.价值

(1)价值的含义

关于价值的基本含义,可谓是“仁者见仁,智者见智”。经济学中的价值是指凝结在商品中的一般的、无差别的人类劳动;伦理学所讲的价值是指满足人的美感需要的有用性;哲学范畴中的价值则指的是在实践基础上形成和存在着的主体和客体之间的一种特殊的意义关系即价值关系。

“‘价值’这个普遍的概念是从人们对待满足他们需要的外界物的关系中产生的”①。这说明价值属于关系范畴。在价值主客体的相互作用中,不仅存在着主体按其需要对客体的属性、功能进行选择和利用,也存在着客体的属性、功能对主体的需要予以满足和实现。事实上,在马克思看来,物只有通过人的社会实践和社会关系进而满足人的需要才能构成价值。具体而言,价值是由价值主体、价值客体以及价值主客体相互作用的实践活动这三个基本因素所构成的统一体。因此,价值的大小,就是客体的属性满足主体需要程度的大小或者客体对主体意义的大小。

(2)价值形成的依据

主体及其需要是主体与客体之间价值关系形成的根源。价值是对于人这一价值主体而言的,只有人才是价值的创造者、实现者和享有者。世界万事万物的价值及其等级次序都是由人按照自己需要的尺度排列的。马克思说:“‘value,valeur’这两个词表示物的一种属性。的确,它们最初无非是表示物对于人的使用价值,表示物的对人有用或使人愉快等等的属性。……实际上是表示物为人而存在。”②主体必定是有需要的主体,主体的需要是价值追求的内在动力,主体需要的特点是价值选择标准的内在规定性。价值主体是价

① 《马克思恩格斯全集》第19卷,人民出版社1963年版,第406页。

② 《马克思恩格斯全集》第35卷,人民出版社2013年版,第277页。

值关系中首要的且居于主导地位的要素,它对实践创造价值具有决定性影响。可以说,主体及其活动既是价值运动趋向的中心,又是价值生成和发展的最终根源。要真正揭示价值的本质,就必须把它和主体、主体活动、人的本质联系起来。①

客体及其属性是主体与客体之间价值关系形成的载体。价值客体是相对于价值主体而言的,是价值主体进行价值活动所指向的对象。客体的属性和功能影响着客体能否对主体有意义以及意义之大小。具体而言,正是由于客体具有满足人的某种需要的属性或功能,它才是有价值的。客体的属性构成、存在状况和发展规律,不仅为价值活动提供了客观内容,而且还制约着人们进行价值评价和价值选择的方向以及可能达到的水平。

实践是主体与客体之间价值关系形成和实现的基础。价值在人类的实践活动中生成,这是价值的真正源泉。倘若没有把价值主体与价值客体联结在一起且发生相互作用的媒介,价值也不可能生成。实践是沟通主观与客观的基础和纽带。正因为如此,只有在实践中才能真正把握价值的本质。首先,人是实践的存在物,实践使人成为现实的主体,主体及其需要是在实践中形成和发展的。其次,客体是进入人的活动范围的对象,客体及其属性也是在实践中被发现、规定和改造的。再次,事物能否成为现实客体,不仅依赖于客体自身的属性,还取决于主体的实践能力和实践水平。最后,主体和客体的价值关系是在实践中实现的。

(3)价值的主要特征

价值的客观性:价值的客观性是指在一定条件下的价值关系的各个环节都是客观的。首先,作为主体的人的存在及其各种需要具有客观现实性。其次,客体能否满足主体的需要终究是由客体本身客观存在的性质、属性和作用决定的。最后,客体满足人的需要的手段、过程和结果仍然是客观的。承认价

① 参见袁贵仁:《价值学引论》,北京师范大学出版社 1991 年版,第 51 页。

值的客观性，也就承认了价值的绝对性。在一定条件下，某一客体对某一主体有没有价值、有什么价值、有多少价值，不以该主体是否认识和如何认识为转移。价值是绝对性与相对性的统一。

价值的主体性：价值的主体性是指具体价值本身的特点直接同主体的特点相联系，价值的特点表现或反映着主体的内容。具体而言，价值关系的形成依赖于主体的存在及其需要。没有主体，就没有价值关系，而同一客体对不同的主体具有不同的价值。价值的性质、特点及其变化都与主体有直接的联系。此外，主客体的价值关系都贯穿着主体的创造性活动。

价值的社会性：价值是一种社会现象。价值的主体和客体以及主客体之间的关系都具有明显的社会性特征。首先，价值是对于人而言的，而作为价值主体的人，存在和发展于社会之中。其次，价值的根源是人和人的需要，而人的需要从本质上看仍然是一种社会性的需要。再次，就价值的客体而言，无论是自然事物或自然现象，还是社会事物或社会现象，都被纳入社会范围和被赋予了社会意义。最后，价值存在于主客体的关系之中，但它产生于人的实践活动，而人的实践活动从一开始就是一种社会性的活动。

价值的相对性：这其实说的是价值的条件性，即价值的有无与大小因人、因时、因地而异，每一种价值都有其特定的条件域。价值是随主体、客体和主客体关系的变化而变化的。人们认识价值必须要认识它的条件即在何种条件下具有何种价值。价值的主体性决定了价值的相对性。主体及其需要的复杂性、客体及其属性的丰富性决定了价值形态的多样性。因此，价值的相对性表现为主体及其需要与客体及其属性的复杂多样性所导致的价值的复杂多样性。价值的相对性还表现在主体和客体的不断变化导致的价值的历史性。

价值的多维性：任何主体都受到复杂而整体的多种多样的规定，故每一主体的价值关系具有多维性或全面性。此外，在现实生活中，任何一个客体的属性都是多样的，这就使得人们可以从多个角度、多个层面进行价值活动。因此，在实践中，人们往往会由于特定条件下的特殊需要而实现或创造某一价值物的某一种或几种价值,同时放弃该价值物的其他价值。

(4)价值的形态

依据主体的需要,价值可分为物质价值、精神价值和交往价值三种基本存在类型,即基本形态。物质价值是指客体满足人的物质需要的价值。人是有生命的自然存在物,人通过满足自己的物质需要而保证自己的生存和发展。精神价值是指客体满足人的精神需要的价值。人是有意识的存在物,有自己的精神需要。交往价值是指客体满足人的交往需要的价值。人是社会存在物,交往始终是人生存和发展的基本需要之一,也是人们从事一切活动的社会条件,还是人发展自身需要和能力的社会形式。“人们从一开始,从他们存在的时候起,就是彼此需要的,只是由于这一点,他们才能发展自己的需要和能力等等”①。

此外,按照价值的层次,价值可分为高层次的价值和低层次的价值;按照价值的序列,价值可分为优先的价值和次要的价值;从现实的社会历史的角度,价值又可以分为经济价值、政治价值和文化价值;等等。

2. 价值观

(1)价值观的含义

价值观是人们在实践中形成的对于价值和价值关系的一般看法和根本观点,是人们处理各种价值问题时所持有的比较稳定的立场、观点和态度的总和,是指导人们的价值取舍框架和价值追求模式。简言之,价值观是人们关于价值的根本观点,是人们所持有的关于如何区分好与坏、对与错、符合与违背意愿的总体观念,是关于应该做什么和不应该做什么的基本见解,是世界观的重要组成部分。从宏观角度讲,价值观是社会文化体系的内核和灵魂,代表着社会对应该提倡什么和反对什么的规范性判断;从微观角度讲,价值观是人的心中深层次的信念系统,在人的活动中发挥着行为导向、情感激发和评价标准

① 《马克思恩格斯全集》第42卷,人民出版社1979年版,第360页。

的作用。

（2）价值观的内容构成

价值原则：它是关于什么是价值、为什么有价值以及价值秩序的基本观点，是形成价值规范和价值理想的基本原则。一般而言，一种价值观的性质是由它所包含的价值原则来规定的。

价值规范：价值原则总是渗透在一定的价值规范中。价值规范明确规定着人应该怎样和不应该怎样。一切价值观都要通过规范诸如风俗习惯、伦理道德、法律等而在一定情境中具体化，从而具体指导人们的活动。一个社会有什么样的价值观，就必然有什么样的价值规范。

价值理想：它是人们所追求的、具有现实可能性和合乎自己愿望的价值目标。它以对未来应然状态的把握和规定为内容，具有强烈的感召力和凝聚力。价值信念、价值信仰与价值理想是属于同一序列的范畴，都是价值观的典型表现形式。价值信念是关于价值理想的信念，是人们对价值理想抱有深刻信任感的精神状态。价值信仰，不仅表示人们对价值理想的认同和确信，还意味着感情的归依、真诚的信奉，从而表现了主体的最高价值追求。

（3）价值观的主要特征

鲜明的时代性：价值观总是回应特殊的时代性问题，表征特定的时代精神，体现一定时代人们的需要和利益等方面的诉求以及为时代所要求的价值原则、价值规范和价值理想。价值观的性质、内容和形式都会受到特定时代的社会发展水平、社会实践程度和人的认识能力的限制。

独特的民族性：一个民族在长期的共同生活和共同实践的基础上，逐渐形成具有该民族特色的价值原则、价值规范、价值理想，通过历史的积淀和升华又使之成为该民族文化传统的核心和灵魂。价值观的民族性表现出一个民族区别于其他民族的精神气质。

明显的阶级性：在阶级社会中，价值观总是具有阶级的特性。不同阶级的价值观由其阶级地位和经济利益所决定。“占统治地位的思想不过是占统治地位的物质关系在观念上的表现,不过是以思想的形式表现出来的占统治地位的物质关系;因而,这就是那些使某一个阶级成为统治阶级的关系在观念上的表现,因而这也就是这个阶级的统治的思想。"①

广泛的个体性:价值观具有突出的主体选择性特征,即人们会根据价值客体满足自身需要的大小和强弱来判定、选择或确认最符合自我需求的价值观。因此,不同的人对于特定的价值关系有着不同的理解和认识。此外,由于人与人之间的地位、利益、需要和能力等方面的差异,价值观差异的表现更为明显和具体。

(4)价值观的形态:从价值观与社会发展的客观要求相符合的程度来看,价值观可分为终极价值观、核心价值观和一般价值观;从价值观与时代的关系看,可将价值观分为传统价值观和当代价值观;从价值观的主体角度看,价值观可分为个体价值观、群体价值观和社会价值观;从价值观起作用的性质看,价值观可分为积极(科学、合理、正确)的价值观和消极(庸俗、不合理、错误)的价值观;从价值观起作用的领域看,价值观可分为经济价值观、政治价值观、宗教价值观、道德价值观、人生价值观、生态价值观和审美价值观等。

(二)核心价值体系和核心价值观

1.核心价值体系

价值体系是一个社会中存在的各个层次、各个方面的价值观的总和,是指一个社会中的价值取向、价值追求、价值尺度和价值原则等与价值有关的综合体系,由一个社会中存在的思想理论、价值观念、理想信念、道德准则、精神风尚等要素构成和反映出来。一般来讲,价值体系是受一定社会基本制度的制约,是一个整体系统,由一定社会倡导的理想信念、精神风尚与道德准则等因素构成的社会价值认同体系,是社会意识的本质体现。从思想道德建设与政

① 《马克思恩格斯文集》第1卷,人民出版社2009年版,第550—551页。

治导向方面来讲,它主要指整个社会的价值导向的各个方面、各个层次的总和,是一个社会中的价值取向、价值追求、价值评价、价值目标等和价值有关的综合体。价值体系是逐渐形成和建立起来的,但一旦形成之后,它又具有相对稳定性和相对独立性,会呈现出多元价值体系并存的态势。当一个社会中存在多种价值体系时,就有可能形成一种主导价值体系,并以它为统领,建立和形成这个社会的价值体系,这就是核心价值体系。

所谓核心价值体系,就是在一个国家或地区居核心地位,起决定作用的社会理论与意识形态的价值体系。它是一个内涵丰富的多层次体系,包括价值观、价值体系、核心价值体系和核心价值观等。它也是一定价值体系的灵魂,主导着特定社会意识的方向与性质,引领着特定社会的思潮与文化走向,蕴含着特定社会发展的价值指向、文化理念与指导思想,影响着广大民众的思维方式、思想观念、文化风尚、道德规范与行为准则,是推动社会发展进步与国家繁荣富强的精神旗帜。

核心价值体系是一个完整、丰富的价值观系统,它主要包括核心价值观以及政治、经济、伦理与社会生活等方面的价值观。其中,核心价值观是内核,居于中心地位,和世界观密切相关,它统摄着核心价值体系的各个层次;政治价值观包括关于政治上层建筑的价值意识;经济价值观包括关于生产关系的价值意识;伦理价值观包括人们精神生活的道德准则与审美价值观等;社会生活价值观包括人们物质生活的行为规范与社会公德等具体价值观。在这个体系中,核心价值观最具统摄性,也最具稳固性和持久性。它支配着其他层次的价值观,而其他价值观也以不同的方式体现或反映着核心价值观。从根本上来讲,核心价值观的形成,会受到社会经济基础与社会结构的制约,当然,统治阶级与精英阶层的建构也具有至关重要的作用。

核心价值体系是确保该社会系统得以运转、社会秩序得以维持的基本精神依托,关系着社会的进退治乱、关系着国家的兴衰成败,是一个政党的行动指南,是一个国家的主心骨,是一个民族的灵魂。因此,一个社会的发展需要核心价值体系的正确引导,这是一个社会可持续发展的精神支柱。

2. 核心价值观

核心价值观是指在价值观体系中处于核心地位,统率和支配着其他处于从属地位的价值观,从而代表着整个价值体系的基本特征并且维护着这个价值体系。它在社会中具有主导地位,是一种社会制度和社会公民长期普遍遵循的相对稳定的基本价值原则,是一种文化区别于另一种文化的基本价值观念。从人类社会的发展历史来看,核心价值观总是由统治阶级所倡导并由统治阶级的统治力保证其优势地位的。因此,每个社会都有其赖以生存和发展的核心价值观,而核心价值观具有明显的阶级烙印,不同的社会制度会形成不同的核心价值观。

核心价值观具有统摄性、稳定性、建设性和认同性的特征。

巨大的统摄性:核心价值观处于价值观系统的"内核层",该价值观系统中的其他价值观则处于"保护带"。这些在"保护带"中的价值观,倘若越靠近"内核层",则受到的核心价值观的统摄力就越大;如果越远离"内核层",则这些价值观的灵活性越大。由于核心价值观深刻反映了社会发展的要求,深刻反映了时代进步的潮流,深刻反映了人民的普遍愿望,从而能够把其他价值观统摄在自己周围,并且具有协调、整合、引领这些价值观的作用。正是在这一过程中,核心价值观的主导地位和支配意义更加凸显出来了。

显著的稳定性:核心价值观是一个国家、社会、群体或个人所认可并遵循的较为恒定的价值观。核心价值观一旦确立,将成为国家、社会或个人共同遵循和相互维护的价值目标、价值取向和价值准则。一般而言,随着社会环境和时代条件的变迁,一个价值观系统中的非核心价值观就会有所改变,但核心价值观具有十分坚固的稳定性。

突出的建设性:核心价值观的确立、培育、践行和弘扬,不仅要求核心价值观自身揭示且契合社会发展的内在规律以及价值观变化发展的基本规律,而且需要统治阶级的自觉建设。这是因为核心价值观影响国家进步之道路、社会前进之走向、公民发展之程度等。这种影响力往往深刻地作用于制度的设计、规则的制定以及对价值追求和实践中的偏差的纠正,从而具有稳定统治秩序、维护统治阶级利益等重大功能和作用。

普遍的认同性:核心价值观是国家、社会或个人普遍认同的价值理想、价值信念、价值规范或价值原则的集中反映,是“内化于心,外化于行”的人们普遍遵循的价值追求。如果核心价值观缺乏人们的普遍认同,就会失去它作为核心价值观的意义和作用,也就会导致社会心理的失调甚至失范。正是在核心价值观的整合和引领之中,人们才具有了团结奋斗的共同而重要的思想基础。

3. 核心价值体系与核心价值观的内在联系

核心价值观与核心价值体系是两个紧密联系、不可分割的概念。在某种程度上说,二者是内容和形式、内涵和外延的关系。一方面,核心价值观是核心价值体系的内核、最高抽象和精神之魂,也就是“核心中的核心”,决定核心价值体系的根本性质、基本方向和基本特征,引领核心价值体系的建构。没有核心价值观,就不可能有所谓的核心价值体系。另一方面,核心价值体系是核心价值观的必然的逻辑展开,是核心价值观形成、发展的必要条件、存在基础和重要载体。核心价值观渗透于核心价值体系之中,通过核心价值体系表现出来。没有核心价值体系,核心价值观就无所寄寓、无所体现。

二、社会主义核心价值体系是先进文化的内核

党的十六届六中全会第一次明确提出了建设社会主义核心价值体系的重大命题和战略任务,强调指出社会主义核心价值体系是建设和谐文化的根本。党的十七大进一步指出社会主义核心价值体系是社会主义意识形态的本质体现。在大力推进社会主义核心价值体系建设实践的基础上,党的十七届六中全会对建设社会主义核心价值体系作了更加深入、更加系统的阐述和全面部署,指出社会主义核心价值体系是兴国之魂,是社会主义先进文化的精髓,决

定着中国特色社会主义发展方向。党的十八大提出,要加强社会主义核心价值体系建设,积极培育和践行社会主义核心价值观。党的十九大指出,要坚持社会主义核心价值体系。党的十九大报告进一步强调,必须坚持马克思主义,牢固树立共产主义远大理想和中国特色社会主义共同理想,培育和践行社会主义核心价值观。

要坚持社会主义核心价值体系。文化自信是一个国家、一个民族发展中更基本、更深沉、更持久的力量。必须坚持马克思主义,牢固树立共产主义远大理想和中国特色社会主义共同理想,培育和践行社会主义核心价值观,不断增强意识形态领域主导权和话语权,推动中华优秀传统文化创造性转化、创新性发展,继承革命文化,发展社会主义先进文化,不忘本来、吸收外来、面向未来,更好构筑中国精神、中国价值、中国力量,为人民提供精神指引。

马克思主义信仰、共产主义远大理想、中国特色社会主义共同理想,是中国共产党人的精神支柱和政治灵魂,也是保持党的团结统一的思想基础。

(一)马克思主义指导思想是社会主义核心价值体系的灵魂

马克思主义揭露了资本主义的压迫并反映了人们对自由的渴望,它以广大人民群众的根本利益为出发点和落脚点,从而成为中国社会发展的指导思想。

在社会主义核心价值体系中,马克思主义提供的是科学的世界观,是认识世界和改造世界的立场、观点与方法,是建设社会主义的理论基础和行动指南,决定着社会主义核心价值体系的性质。由于马克思主义是从国外传来的,马克思主义要指导中国的革命、建设和改革,必须是中国化的马克思主义,是和中国实际、中国历史、中国文化相结合起来的马克思主义。中国各个时代的马克思主义者把马克思主义与中国具体实际相结合,致力于马克思主义中国化,创立了毛泽东思想、邓小平理论,形成了“三个代表”重要思想、科学发展观,创立了习近平新时代中国特色社会主义思想。在当代中国,坚持马克思主义的指导地位，就是坚持把马克思列宁主义、毛泽东思想、中国特色社会主义理论体系、习近平新时代中国特色社会主义思想作为党和国家长期坚持的指导思想。

因此，马克思主义对中国社会发展有巨大的指导作用，统领着整个思想文化的建设。但应该指出的是，坚持马克思主义的指导地位，并不排斥社会思想观念的多样化，马克思主义从来就是在同各种思想观念的相互激荡和斗争中发展的，尊重差异、包容多样以及在尊重差异中扩大社会认同、在包容多样中形成社会共识，是坚持和发展马克思主义的应有之义。同时，我们又要看到，社会思想观念越是多样化，就越需要坚持和巩固马克思主义在意识形态领域的指导地位。

（二）共产主义远大理想是社会主义核心价值体系的核心

共产主义不仅是一种科学的理论和在这种理论指导下的现实的运动，而且是一种未来的社会制度和社会形态。共产主义代表了人类社会发展的必然趋势，是人类历史上最美好、最科学、最崇高的理想。实现共产主义是人类历史发展的必然趋势，是马克思主义最崇高的社会理想。

实现共产主义是中国共产党的最高纲领和远大理想。《中国共产党章程》开宗明义地写道："党的最高理想和最终目标是实现共产主义。"社会主义核心价值体系是兴国之魂，是社会主义先进文化的精髓，它决定着中国特色社会主义的发展方向。而理想信念则是文化之魂，是社会主义核心价值体系的核心和主题。共产主义远大理想和中国特色社会主义共同理想，是中国共产党人的精神支柱和政治灵魂。坚定理想信念，坚守共产党人精神追求，始终是共产党人安身立命的根本。因此，树立共产主义远大理想，就是建设社会主义核心价值体系的核心。

共产主义远大理想的实现，标志着全人类的解放，也标志着无产阶级自身的彻底解放。中国共产党之所以叫共产党，就是因为从成立之日起我们党就把共产主义确立为远大理想。马克思主义创立170多年来,虽然科学社会主义经历了从理论到实践、从一国到多国胜利的辉煌,也陷入过苏联解体、东欧剧变的低潮,但马克思主义没有过时,马克思、恩格斯关于资本主义社会基本矛盾的分析没有过时,关于资本主义必然消亡、社会主义和共产主义必然胜利的历史唯物主义观点也没有过时。马克思主义中国化时代化不断取得成功,使马克思主义以崭新形象展现在世界上,使世界范围内社会主义和资本主义两种意识形态、两种社会制度的历史演进及其较量发生了有利于社会主义的重大转变。历史充分证明,社会主义道路必将越走越宽广,共产主义必将从理想变为现实。要深刻认识实现共产主义是由一个一个阶段性目标逐步达成的历史过程,把共产主义远大理想同中国特色社会主义共同理想统一起来、同我们正在做的事情统一起来,时刻铭记和践行"为共产主义奋斗终身"的誓言。

(三)中国特色社会主义共同理想是社会主义核心价值体系的主题

我国实现社会主义现代化,建设富强、民主、文明、和谐、美丽的社会主义强国,需要建设社会主义核心价值体系,特别需要在全社会树立中国特色社会主义共同理想。中国特色社会主义共同理想,是社会主义核心价值体系的主题。在我国经济体制深刻变革、社会结构深刻变动、利益格局深刻调整、思想观念深刻变化的新时代,全国各族人民的共同理想是:在中国共产党的领导下,坚持和发展中国特色社会主义,实现中华民族的伟大复兴。这个共同理想,为中华民族指明了前进方向、提供了精神动力。这个共同理想,昭示了我们要在中国特色社会主义的道路上,努力实现第二个百年奋斗目标,集中力量把我国建设成为富强民主文明和谐美丽的社会主义现代化强国,实现中华民族伟大复兴的中国梦。这是对《礼记·礼运》篇描写的"天下为公"的"大同社会"的继承和发展。中国特色社会主义共同理想,是全国各族人民团结奋斗的共同思想基础。

中国特色社会主义共同理想,既是对中国社会发展规律的正确认识,也是中国人民利益和愿望的根本体现,还是号召全国各族人民团结奋斗的精神旗帜。这个共同理想,把党在社会主义初级阶段的目标、国家的发展、民族的振兴与个人的幸福紧密联系在一起,也把各个群体的共同愿望有机结合在一起。这个共同理想,既具有令人信服的必然性、广泛性和包容性,也具有强大的感召力、亲和力和凝聚力。不论哪个群体的人们,都能够也都应该认同和接受这个共同理想,并且为这个理想共同奋斗。

中国特色社会主义是目标与路径的统一,是党的最高纲领和基本纲领的统一,是在追求共产主义远大理想漫长过程中的一个具体的阶段性理想,是改革开放以来党的全部理论和实践的主题,是党和人民历尽千辛万苦、付出巨大代价取得的根本成就。其中,中国特色社会主义道路是创造人民美好生活、实现中华民族伟大复兴的康庄大道,为推动中国发展进步开辟了广阔的前景。中国特色社会主义理论是指导党和人民沿着中国特色社会主义道路不断前进,实现中华民族伟大复兴的正确理论,是立于时代前沿、与时俱进的科学理论。中国特色社会主义制度是具有鲜明中国特色、明显制度优势、强大自我完善能力的先进制度。中国特色社会主义文化是提升中国自信、实现第二个百年奋斗目标的根本精神动力。中国特色社会主义道路、理论、制度、文化,是经过全党全国各族人民长期奋斗取得的,也是经过长期实践检验的科学的产物。历史充分证明,只有社会主义才能救中国,只有社会主义才能发展中国。高举马克思主义的旗帜、实现共产主义远大理想,必须坚定中国特色社会主义信念,自觉做中国特色社会主义共同理想的坚定信仰者和忠实实践者。

三、社会主义核心价值体系是具有统领功能的有机整体

社会主义核心价值体系是社会主义意识形态的本质体现,决定着中国特色社会主义的发展方向。党的十九大报告把坚持社会主义核心价值体系确定为新时代坚持和发展中国特色社会主义的基本方略,并把文化建设的主要内

容和意识形态工作的重要内容,放在“坚持社会主义核心价值体系”的标题之下,体现了社会主义核心价值体系具有统领文化发展的方向和原则的重要地位。建设社会主义核心价值体系的过程,就是一个不断巩固马克思主义指导地位、不断强化共产主义远大理想、中国特色社会主义共同理想的过程,也是一个把党的主张、国家意志、社会发展和人民意愿统一起来,通过社会主义核心价值观的培育和践行,实现中华民族伟大复兴中国梦的过程。

(一)社会主义核心价值体系统领社会主义核心价值观

社会主义核心价值体系与社会主义核心价值观的关系,是在研究和实践中必须解决的一个重要问题。党的十八大报告中首先强调了社会主义核心价值体系,并指出:“社会主义核心价值体系是兴国之魂,决定着中国特色社会主义发展方向。”①党的十八大修改通过的党章,增写了“加强社会主义核心价值体系建设”。党的十九大报告提出要用“坚持社会主义核心价值体系”来统领思想文化建设工作,这一概括进一步明确了社会主义核心价值体系的指导和引领作用,处理好了社会主义核心价值体系与社会主义核心价值观两者的所属关系。因此,社会主义核心价值体系是社会主义核心价值观的基础,对社会主义核心价值观具有统摄与支配作用。

社会主义核心价值体系是一个包容更宽、层次更高的概念;而社会主义核心价值观则是一个明确、内涵相对具体的概念。前者包含着后者、指导着后者;后者是前者的体现和进一步的展开,是前者的内核与精髓;后者对前者具有整合与贯通作用。

党的十九大报告把坚持社会主义核心价值体系确定为基本方略,并指出,“必须坚持马克思主义,牢固树立共产主义远大理想和中国特色社会主义共同理想,培育和践行社会主义核心价值观,不断增强意识形态领域主导权和话

① 胡锦涛:《坚定不移沿着中国特色社会主义道路前进 为全面建成小康社会而奋斗——在中国共产党第十八次全国代表大会上的报告》,人民出版社 2012 年版,第 31 页。

语权，推动中华优秀传统文化创造性转化、创新性发展，继承革命文化，发展社会主义先进文化”①。这不但使得社会主义核心价值体系对社会主义核心价值观的统领和指导作用更加明确，而且明确扩大了社会主义核心价值体系的容量。这样，我们会清楚地认识到：社会主义核心价值体系是文化建设的一个总的纲领和指导，而培育和践行社会主义核心价值观则是贯彻落实社会主义核心价值体系的一个方面的重要任务。

坚持社会主义核心价值体系，在内容上包含了马克思主义的指导和社会主义、共产主义的理想信念，在地位上占据基本方略的地位，在性质上它体现了社会主义意识形态的本质，决定着社会主义文化前进方向。它对我们走中国特色社会主义道路具有全局性、系统性和主导性的重大意义。因此，我们的文化建设工作，都必须在坚持社会主义核心价值体系的前提下进行。

（二）社会主义核心价值观三个层次的有机统一

社会主义核心价值体系是一个内容全面系统、内涵丰富深刻、思想理论性很强的科学体系，但是，在具体的表述上，从教育和宣传角度考虑，还不够简洁。因此，在社会主义核心价值体系的基础上，提炼科学准确、层次分明、明白晓畅、易懂易记的社会主义核心价值观，就是十分必要的。

党的十八大报告明确提出了“富强、民主、文明、和谐，自由、平等、公正、法治，爱国、敬业、诚信、友善”24 个字的社会主义核心价值观，并要求积极培育和践行社会主义核心价值观。这是对社会主义核心价值体系的具体体现及丰富充实。它从更加具体的国家、社会及个人三个层面的倡导，体现和充实了社会主义核心价值体系的本质及内容。它在国家、社会及个人层面兼顾传统与现代、中国与世界等的对接，利于践行，具有稳定性。

---

① 《习近平谈治国理政》第三卷，外文出版社 2020 年版，第 18 页。

社会主义核心价值观是社会主义核心价值体系的内核,体现社会主义核心价值体系的根本性质和基本特征,反映社会主义核心价值体系的丰富内涵和实践要求,是社会主义核心价值体系的高度凝练和集中表达,是当代中国精神的集中体现,也是中国特色社会主义的价值表达,体现了社会主义意识形态的本质要求。

从本质上讲,社会主义核心价值体系与社会主义核心价值观是相互联系、辩证统一的。它们都是社会主义本质的价值维度的体现,并统一于建设中国特色社会主义伟大实践和实现中华民族伟大复兴伟业之中。具体就"富强、民主、文明、和谐,自由、平等、公正、法治,爱国、敬业、诚信、友善"内容而言,它有利于推进社会主义核心价值体系的理论建设、宣传教育和学习践行,有利于社会主义核心价值体系更好地走近群众、引领群众。

三个层次的价值理念相互联系、相互贯通,实现了政治理想、社会导向、行为准则的统一,实现了国家、集体、个人在价值目标上的统一,兼顾了国家、社会、个人三者的价值愿望和追求。国家层次的核心价值观起主导作用,社会层次的核心价值观起中介作用,个人层次的核心价值观起基础作用。可以说,社会主义核心价值观反映了中国社会主义制度的本质规定,体现了中国特色社会主义事业的发展要求,昭示了中国共产党长期奋斗的一贯主张,继承了中华传统文化的精华,汲取了人类文明的优秀成果。它既坚持了马克思主义的共性,又涵盖了中国特色社会主义的个性,既坚守了国家、社会的目标,又张扬了人的主体性,既有深厚的传统文化底蕴,又有鲜明的时代特征,符合历史、合乎实践,贴近民情、顺乎民意,具有广泛的感召力、强大的凝聚力和持久的引导力,有利于增强全民族的文化自信,构建当代中国人的精神家园。①

---

① 参见孙伟平:《创建"中国价值"——社会主义核心价值体系研究》,社会科学文献出版社 2015 年版,第 261 页。

第二节　社会主义核心价值观是核心价值体系的内核

建设社会主义核心价值体系与培育践行社会主义核心价值观，是紧密联系在一起的。正确理解两者之间的关系，一直是广受关注的一个重大理论和实践问题。党的十六届六中全会提出社会主义核心价值体系这一重大命题，并把马克思主义指导思想、中国特色社会主义共同理想、以爱国主义为核心的民族精神和以改革创新为核心的时代精神、社会主义荣辱观作为其四项基本内容加以强调。党的十八大强调，倡导富强、民主、文明、和谐，倡导自由、平等、公正、法治，倡导爱国、敬业、诚信、友善，积极培育和践行社会主义核心价值观。2013年，中共中央办公厅印发的《关于培育和践行社会主义核心价值观的意见》指出："社会主义核心价值观是社会主义核心价值体系的内核，体现社会主义核心价值体系的根本性质和基本特征，反映社会主义核心价值体系的丰富内涵和实践要求，是社会主义核心价值体系的高度凝练和集中表达。"这一重要论述，清晰地表述了社会主义核心价值体系和社会主义核心价值观之间的关系，并在培育践行社会主义核心价值观的实践中不断深化。党的十九大报告指出，社会主义核心价值观是当代中国精神的集中体现，凝结着全体人民共同的价值追求。这一重要论断，升华了对社会主义核心价值观精神实质的认识，是党的十八大以来培育践行社会主义核心价值观实践经验的结晶。

由此可见，社会主义核心价值体系必须依托社会主义核心价值观。社会主义核心价值观是社会主义核心价值体系的高度凝练与概括表达，深刻揭示了社会主义核心价值体系的内涵，体现核心价值体系的根本性质和基本特征，是核心价值体系的内核。

一、24个字的核心价值观是社会主义价值的集中表达

2012年11月,党的十八大正式提出了社会主义核心价值观概念及24个字的基本内容。2013年12月,中共中央办公厅印发的《关于培育和践行社会主义核心价值观的意见》指出,“富强、民主、文明、和谐是国家层面的价值目标,自由、平等、公正、法治是社会层面的价值取向,爱国、敬业、诚信、友善是公民层面的价值准则,这24个字是社会主义核心价值观的基本内容”。这24个字也是社会主义的价值表达。

(一)“富强、民主、文明、和谐”是国家层面的价值目标

“富强”作为一种价值目标,是马克思主义唯物史观的根本体现,是实现人的自由全面发展的物质保障。任何国家和民族都致力于物质财富的创造和积累,对富强的追求是人类历史进程中不变的主题,体现了人类最基本的生存需要,推动着社会文明的发展进步。“民主”在马克思主义政治思想中居于核心位置,是中国特色社会主义政治发展的本质要求。“民主”既是一种价值理念,是人类政治文明和中国政治发展的价值追求,也是一种政治实践,体现在国家政治制度设计和制度安排的方方面面。“文明”是对一个国家思想文化发展状态的总体性描述,代表着社会主义先进文化的发展要求,指引着社会主义先进文化的发展方向,体现着社会主义国家的精神文化追求。“和谐”这一价值目标,根源于中华民族几千年的传统文化,贯穿于个人成长、社会发展、治国理政等方方面面,流变至今,中国特色社会主义的发展又赋予其全新的内涵,成为中国特色社会主义社会发展的价值目标。

(二)“自由、平等、公正、法治”是社会层面的价值取向

“自由”是社会主义社会的价值追求,每个个体都有生存和发展的自由,表现为个体能力的充分发挥、需要的满足以及个性的张扬。“自由人联合体”

是社会主义的终极追求和最高理想，自由的实现程度与社会制度密切相关，社会主义自由才是真实的实质的自由。“平等”是指人人生而平等，社会成员虽然在能力、个性、需求、身份等方面有差异，但社会对待每一个社会成员应该是平等的，每一社会成员在经济、政治、文化和社会等发展上应当享有相同的待遇和权利。“公正”是指将某种被普遍认同的原则或标准普遍地无偏颇地适用于一切人，对社会资源进行合理的分配以给予人们各自应得的权益和结果，既包括程序公正也包括实体公正。“法治”是与“人治”相对而言的，一方面强调法律的至高无上性，任何人不得凌驾于法律之上；另一方面强调依靠法律的理性和权威来管理国家和社会，充分保障公民的自由和权利。

（三）“爱国、敬业、诚信、友善”是个人层面的价值准则

“爱国”是指公民对待国家的积极而稳定的情感、态度和行为，是公民道德的重要组成部分，包括对国家地理、历史、人文的尊重和热爱，对国家发展、民族进步的积极参与和理性认同，对国家利益、民族利益的积极维护。“敬业”是公民职业道德的体现，指公民对工作和事业的尊敬，强调全身心的情感投入以及尽职尽责的努力奋斗。“敬业”是人的本质力量的展现，也是激发社会活力、支撑社会发展的精神力量。“诚信”强调真诚无欺、信守承诺、言出必行，是中华民族的传统美德，也是市场运行的必要原则。人无信而不立，诚信是公民个人安身立命的前提，也是公民维持与他人和社会关系正常化的基础。“友善”倡导公民在人际交往过程中平等待人、与人和善、互帮互助的道德品质，是处理人与人关系的基本态度和价值准则。

二、社会主义核心价值观的特征、结构和功能

（一）社会主义核心价值观的基本特征

社会主义核心价值观“传承着中国优秀传统文化的基因，寄托着近代以

来中国人民上下求索、历经千辛万苦确立的理想和信念,也承载着我们每个人的美好愿景”①,具有历史性与时代性相统一、民族性与世界性相统一等基本特征。

1. 历史性与现实性相统一

习近平总书记指出,“一个民族、一个国家,必须知道自己是谁,是从哪里来的,要到哪里去”②。历史作为一个民族、一个国家共同的记忆,以深刻的智慧和意义启迪着后人,告知我们的来路,指明我们的去路。悠久的历史赋予我们应对复杂变局的丰富经验,使我们面对新事物、新环境时更富弹性和韧劲。历史传统是价值建构、价值自觉和价值自信的来源,社会主义核心价值观从中华民族5000多年历史中走来,汲取着中华民族不懈奋斗积累的历史养分,融入历史血脉,具有厚重的历史感。习近平总书记强调:“一个民族、一个国家的核心价值观必须同这个民族、这个国家的历史文化相契合,同这个民族、这个国家的人民正在进行的奋斗相结合,同这个民族、这个国家需要解决的时代问题相适应。”③社会主义核心价值观不仅具有历史性,还具有现实性,是对时代问题的回应。社会主义核心价值观是在特定时代的处境中产生出来的,是“面对世界范围思想文化交流交融交锋形势下价值观较量的新态势,面对改革开放和发展社会主义市场经济条件下思想意识多元多样多变的新特点”④的时代大势应运而生,其使命和责任是解决当下中国的发展难题。因此,社会主义核心价值观是历史性与现实性相统一的。

2. 民族性与世界性相统一

习近平总书记指出,“中华文明绵延数千年,有其独特的价值体系。中华优秀传统文化已经成为中华民族的基因,植根在中国人内心,潜移默化影响着

① 《习近平谈治国理政》第一卷,外文出版社2018年版,第169页。

② 《习近平谈治国理政》第一卷,外文出版社2018年版,第171页。

③ 《习近平谈治国理政》第一卷,外文出版社2018年版,第171页。

④ 《关于培育和践行社会主义核心价值观的意见》,人民出版社2013年版,第4页。

中国人的思想方式和行为方式"①,"核心价值观,承载着一个民族、一个国家的精神追求"②。在马克思主义理论的指导下,社会主义核心价值观深深植根于民族文化的深厚土壤中,致力于实现中华优秀传统文化的创造性转化和创新性发展,是对中华优秀传统文化的传承和升华。无论是国家层面的价值目标,还是社会层面的价值导向,抑或个人层面的价值准则,都能在中华优秀传统文化中找到理论渊源。社会主义核心价值观延续着民族传统,符合民族心理,反映民族特征,体现民族气质,代表着各族人民的根本利益,表达了广大人民的共同愿望,获得了各族人民广泛认同,具有鲜明的民族特色。坚持民族性并不意味着对外封闭,一方面,社会主义核心价值观对人类文明成果持开放性和包容性态度,是对世界范围内文明成果的吸收借鉴,自由、公平、民主等价值理念并不是某一个国家的专利,而是全人类共同价值。另一方面,社会主义核心价值观具有世界性意义,它积极参与到世界文化交流互动中,与世界文明展开对话,塑造着国家形象,积极应对西方价值观渗透,在思想文化大交融大交锋中展现出强大的生命力,发挥着重要的影响力。因此,社会主义核心价值观是民族性与世界性相统一的。

(二)社会主义核心价值观的逻辑结构

在对社会主义核心价值观的基本内容进行阐释的基础上,只有进一步理清社会主义核心价值观的内在逻辑关联,才能更好把握社会主义核心价值观的内涵。以"三个倡导"为基本内容的社会主义核心价值观,把国家、社会和个体作为社会主义核心价值观的实践主体,规定了国家、社会和公民应坚守的核心价值理念,主体明确、层次分明又相互联系、有机统一。

1."三个倡导"主体层次分明且各有侧重

"三个倡导"体现了国家、社会、公民三个不同层面的价值诉求,各有侧重

① 《习近平谈治国理政》第一卷,外文出版社 2018 年版,第 170 页。

② 《习近平谈治国理政》第一卷,外文出版社 2018 年版,第 168 页。

地对不同主体提出了不同的要求,展现了我们国家、社会、公民该走向何方的未来图景。“富强、民主、文明、和谐”是对中华民族百年追梦历程中的共同价值理想的凝练表述,也是中国共产党人孜孜以求的价值目标,规定了社会主义初级阶段国家发展方向,回答的是我们要“建设什么样的国家”这一重大问题。“富强、民主、文明、和谐”集中体现了中国特色社会主义的价值追求,与包括经济建设、政治建设、文化建设、社会建设、生态文明建设在内的中国特色社会主义事业“五位一体”总体布局相适应,顺应了人民群众的价值期待。“自由、平等、公正、法治”是在马克思主义的指导下,立足于中国特色社会主义社会现实,对西方资本主义价值观的批判和超越,标定了中国特色社会主义社会发展的价值取向和目标追求,回答的是我们要“建设什么样的社会”这一理论和现实问题。“自由、平等、公正、法治”集中体现了现代文明的精神气质,引领社会主流价值走向,是维护社会和谐稳定、调整社会关系的基本价值准则。“爱国、敬业、诚信、友善”是公民的基本价值观,根源于5000多年的中华优秀传统文化,是中华民族传统美德的精要表述,规定了现代公民安身立命、为人处世、待人接物需遵循的基本道德规范和价值准则,回答的是我们要“培育什么样的公民”这个重大问题。

2.“三个倡导”相互联系且内在统一

“三个倡导”虽然分层次进行了价值规定,反映了不同主体的价值诉求,但彼此之间相互联系、内在统一,有效地整合了国家、社会、个人三者的价值目标,反映了现阶段全国人民的最大公约数,实现了国家价值目标、社会价值取向、公民价值准则的基本统一。

从国家层面来看,注重整体利益的同时也关照个体利益。富强即国富民强,是中国特色社会主义经济建设的发展目标,既包括国家物质财富的积累,也包括个人财富的增长。国家富强是人民富裕生活的保证,人民富裕是国家富强的内在要求,两者不可偏废。民主是中国特色社会主义政治建设的价值目标,公民最基本的自由和权利的实现离不开民主的政治氛围。而民主的实现需要公民的积极参与和支持，公民政治素养的提升有利于民主价值的实现。文明是中国特色社会主义文化建设的现实目标，社会主义文化的大发展大繁荣离不开公民文明程度和文化修养的提升，反过来，公民文化修养的提升离不开国家精神文明建设的发展，两者相辅相成。和谐是中国特色社会主义社会建设的价值追求，内在地包含人与自身、人与人、人与社会、人与自然的和谐，兼顾国家、社会和公民自身的利益。

从社会层面来看，社会是联系国家和公民的中间环节。“自由、平等、公正、法治”的实现是建立在一定的经济基础、政治基础、文化基础和社会基础之上的，它能否实现以及其实现的程度如何与国家层面和公民层面的价值实现密切相关。一方面，国家层面的价值实现为社会层面的价值实现提供了强有力的物质保障、政治氛围和文化条件，而“自由、平等、公正、法治”的价值实现又可以为国家层面的价值实现提供良好的社会支撑，两者相得益彰、互相促进。另一方面，社会层面价值的实现能为每一位社会成员的自由发展提供有利的社会氛围和价值保障，进而满足人们的价值期待，而社会层面价值的实现最终要落实到个人，离不开每一个社会成员的努力。

从个人层面来看，个人层面价值的实现是国家和社会层面价值实现的基石。“人的本质不是单个人所固有的抽象物，在其现实性上，它是一切社会关系的总和。”①人是属于社会的人，是属于国家的人，国家和社会建立在人与人的相互联系之上。“爱国、敬业、诚信、友善”不仅关乎个人的道德修养和道德品质，更关系整个国家和社会的健康有序发展。公民层面的价值准则本质上体现的是公民处理与他人、社会、国家关系的态度和原则，只有公民层面的价值准则得到普遍认同和践行，国家和社会层面的核心价值才能拥有坚实的基础和力量源泉。

---

① 《马克思恩格斯选集》第1卷，人民出版社2012年版，第135页。

(三)社会主义核心价值观的功能指向

习近平总书记强调,要“把培育和弘扬社会主义核心价值观作为凝魂聚气、强基固本的基础工程”①,明确了社会主义核心价值观的功能指向。社会主义核心价值观作为中国特色社会主义主流意识形态,具有规范与凝聚功能、创新与维护功能、整合与保证功能。

1. 规范与凝聚功能

以“三个倡导”为基本内容的社会主义核心价值观,贯穿到国家发展、社会进步和个人日常生活的方方面面,成为推进社会主义的理念支撑,为快速发展的中国社会提供理想目标和价值准则,规范着国家、社会和公民的行为。当前,我国正处于社会转型期,社会生活剧烈变化,利益格局深刻调整,面临的生活方式选择多样、文化选择多元。社会主义核心价值观是当今社会人们价值观的“最大公约数”,建构起为广大社会成员认同的共同价值理想、基本价值观念和行为准则,是国家发展、社会运行、公民行为的价值归依。

“理论一经掌握群众,也会变成物质力量。理论只要说服人,就能掌握群众;而理论只要彻底,就能说服人。所谓彻底,就是抓住事物的根本。”②社会主义核心价值观深深扎根于中华民族的历史文化传统,积极借鉴世界一切优秀的文明成果,与中国特色社会主义事业相适应,是对共产党执政规律、社会主义建设规律、人类社会发展规律的深刻把握,具有深入人心的穿透力和吸引力。通过在全社会培育和弘扬社会主义核心价值观,实现内化于心、外化于行,有利于巩固全党全国人民团结奋斗的共同思想基础,从而发挥凝心聚力的重要功能。

2. 维护与创新功能

社会主义核心价值观为社会主义的理论和实践提供着合理性和正当性的

---

① 《习近平谈治国理政》第一卷,外文出版社 2018 年版,第 163 页。

② 《马克思恩格斯选集》第 1 卷,人民出版社 2012 年版,第 9—10 页。

价值依据和价值辩护，维护和发展社会主义国家的经济基础和上层建筑。价值观是制度的灵魂，内在于一种制度的设计和安排过程中。一种制度是否具有价值，具有何种价值，这种价值是否具有正当性和合理性，是这种制度能否得到民众支持和认同并且得以维系的关键。社会主义核心价值观内化于社会主义的历史发展进程中，在对异质性的价值批判与超越的过程中逐渐成形并明确了自身的价值界限，科学论证了中国特色社会主义政治制度、经济制度、社会制度、文化制度的合理性，彰显了中国特色社会主义制度的生命力和活力。随着社会主义物质生产实践和生活实践基础的变化，上层建筑也要作出相应的调整，实现创新性发展。在价值维护的基础上，社会主义核心价值观为社会主义制度创新提供了价值支撑和精神动力，为社会主义制度创新提供了基础、方向和目标，引领社会主义制度不断改善和优化自身的结构和功能，引导社会主义制度的创新与变迁。

3. 整合与保证功能

社会主义核心价值观由于其自身的科学建构和丰富内涵，成为整个社会价值观念系统的主导，引领多元的社会价值观念，规定整个社会价值观念系统的发展趋向。我国正处在大发展大变革大调整时期，在前所未有的改革、发展和开放进程中，各种价值观念和社会思潮纷繁复杂。社会主义核心价值观处于社会价值观念系统的核心，联结着多样化的价值观念，发挥着价值整合功能。此外，价值观是文化的内核，社会主义核心价值观为中国特色社会主义文化发展提供方向和原则，为文化的大发展大繁荣提供保证和支撑。一方面，社会主义核心价值观是对中华优秀传统文化的传承和升华，深入挖掘了中华优秀传统文化中的精髓，并结合当下实际赋予其全新的内涵和鲜活生命力。另一方面，社会主义核心价值观引领中国特色社会主义先进文化的发展方向，内在于中国特色社会主义文化发展过程中，推动中国特色社会主义文化创新和发展，是建设文化强国、提升国家文化软实力的着力点。

三、社会主义核心价值观是核心价值体系的总纲

"社会主义核心价值观是社会主义核心价值体系的内核,体现社会主义核心价值体系的根本性质和基本特征,反映社会主义核心价值体系的丰富内涵和实践要求,是社会主义核心价值体系的高度凝练和集中表达"①,是社会主义核心价值体系的总纲领和核心。社会主义核心价值体系是核心价值观的存在基础、展开形态和重要载体,二者相互作用、相辅相成。②

(一)社会主义核心价值体系与核心价值观相互依存、有机统一

1. 社会主义核心价值体系是社会主义核心价值观的基础和前提

一方面,社会主义核心价值体系,是中国特色社会主义价值体系中最重要的组成部分,是社会主义中国倡导的价值体系,居于社会意识形态的主导地位,处于价值体系的统摄和支配地位,引领一个社会各种不同的价值取向、价值追求、价值尺度和价值原则的发展,以"三个倡导"为基本内容的社会主义核心价值观是在社会主义核心价值体系基础上的深化与发展。另一方面,社会主义核心价值观是社会主义核心价值体系必然的逻辑展开,是社会主义核心价值观形成、发展的必要条件和重要前提。社会主义核心价值体系渗透于社会主义核心价值观之中,进而通过社会主义核心价值观表现出来。没有社会主义核心价值体系,社会主义核心价值观就无所寄寓、无所展现。

2. 社会主义核心价值观是社会主义核心价值体系的内核

一方面,社会主义核心价值体系,是一个系统性、总体性的框架,而社会主义核心价值观强调的"三个倡导",清晰地揭示了这个价值体系的内核,确立了当代中国最基本的价值观念。另一方面,社会主义核心价值观倡导的三个

---

① 《关于培育和践行社会主义核心价值观的意见》,人民出版社 2013 年版,第 3 页。

② 参见戴木才:《论社会主义核心价值观与核心价值体系的辩证关系——中国特色社会主义核心价值观探索之一》,《南昌航空大学学报(社会科学版)》2011 年第 2 期。

层面的价值目标、价值取向、价值准则,是社会主义核心价值体系的凝练表达,符合大众化、通俗化的要求,也便于阐发和传播。

综上所述,社会主义核心价值体系与社会主义核心价值观具有内在的一致性。社会主义核心价值体系是社会主义核心价值观形成和发展的必要条件、存在基础和重要载体。没有社会主义核心价值体系,就不可能产生社会主义核心价值观,就不会有社会主义核心价值观的产生、发展和演进。同时,社会主义核心价值观是社会主义核心价值体系的内核、高度概括和最高抽象,体现社会主义的价值本质,决定社会主义核心价值体系的根本性质、基本方向和基本特征,引领和主导社会主义核心价值体系的建构。因此,二者是相互依存、相互作用、相辅相成、高度统一的关系。

(二)社会主义核心价值体系与核心价值观各有侧重、相互区别

作为一种社会理想、社会形态及制度安排,社会主义以其自身独特的价值魅力,吸引、感召着人类社会的价值追求。社会主义核心价值观是对社会主义价值观、价值体系和核心价值体系的总的看法和最根本的观点,是指那些在社会主义价值观、价值体系和核心价值体系中居于统治地位、起指导作用、从最深层次科学地回答“什么是社会主义的价值本质”这一根本问题,在马克思主义思想理论体系中占据核心地位的价值理念。马克思主义经典作家肯定社会主义是一种价值体系,主张无产阶级应该在具体的历史条件下建立社会主义价值体系。由于当时还没有现实存在着的社会主义,马克思、恩格斯对未来社会主义只是进行了大致描绘和粗线条的勾勒,对社会主义核心价值观并未作出详尽的说明。但他们在批判资本主义的过程中,毕竟涉及了未来社会主义的价值观、价值体系、核心价值体系和核心价值观,尽管他们没有给出具体、明确的答案,但具有许多相关的论述,为科学认识、概括提炼社会主义核心价值观提供了最直接的理论素材,提供了科学的世界观和方法论。

社会主义核心价值体系是一个融汇了社会主义价值观、社会主义价值体系和社会主义核心价值观的有机统一整体,是一个包含丰富内容的多层次体系。其中,社会主义核心价值观以社会主义价值观、社会主义价值体系、社会主义核心价值体系为基础,是对社会主义价值观、社会主义价值体系、社会主义核心价值体系的高度概括和抽象提炼,对社会主义价值观、社会主义价值体系、社会主义核心价值体系起着统领和主导作用,并蕴含在社会主义价值观、社会主义价值体系、社会主义核心价值体系之中,通过社会主义价值观、社会主义价值体系、社会主义核心价值体系表现出来;而社会主义价值观、社会主义价值体系、社会主义核心价值体系又处处体现着社会主义核心价值观,以社会主义核心价值观为指导和灵魂。在社会主义价值观、价值体系和核心价值体系中,只有那些集中体现马克思主义指导思想、共产主义远大理想、中国特色社会主义共同理想,在科学社会主义思想体系中占有核心地位的价值理念,才能称为社会主义核心价值观。

社会主义核心价值体系和核心价值观是一个不断丰富和发展的开放体系,其建设也是一个不断充实、加强和提升的过程,因而对于"核心"这个概念应当有更深入的理解。一方面,"核心"要坚持、要加强,要发挥主导、引领作用;另一方面,"核心"与非"核心"的内容,既要有所区别、不能一概而论,又要相互统一、相辅相成。除了"核心"部分外,还有许多外围的、非"核心"的部分,也属于社会主义价值观、价值体系和核心价值体系的范畴,并且有些也会不断融入、充实、提升到核心价值观的内容之中。

因此,只有用发展的观点、开放的观点,坚持"核心"与非"核心"的辩证法,才能促使社会主义核心价值体系更加丰富、更加完善,社会主义核心价值观更加科学、更加凝练。社会主义核心价值体系建设,既要重视"外围"部分,又要重视"核心"部分,把两者有机地结合起来。也就是说,既要重视社会主义核心价值体系的建构实践,又要重视社会主义核心价值观的提炼提升。

(三)马克思主义是社会主义核心价值体系和核心价值观的灵魂

马克思主义指导思想是社会主义核心价值体系的灵魂。马克思主义为社会主义核心价值体系提供了根本立场、观点和方法,对社会主义核心价值体系发挥着理论基础和精神支柱的作用,决定着社会主义核心价值体系的根本性质和发展方向。马克思主义不仅是社会主义核心价值体系最重要的组成部分,而且作为灵魂贯穿于该体系的各个领域和层面,共同构成一个相互联系、有机统一的价值体系。因此,我们只有毫不动摇地坚持以马克思主义为指导,才能巩固全党全国各族人民团结奋斗的共同思想基础。

作为指导思想的马克思主义,是社会主义核心价值体系的灵魂和思想基础,决定着中国特色社会主义核心价值体系的根本性质和发展方向。

第一,马克思主义是中国特色社会主义共同理想的灵魂和理论基础。中国特色社会主义共同理想与马克思主义指导思想在价值目标上高度契合,是以唯物史观为依据而作出的价值选择。社会理想寄托着人们对美好生活的向往和追求,是一个政党治国理政的旗帜、一个民族奋力前行的向导、一个国家发展进步的航标。但社会理想是否先进合理,归根结底要看它是否反映了社会多数人的利益和愿望,是否同历史发展的规律与社会进步的趋势相符合。唯物史观揭示了社会历史发展的客观规律和必然趋势,使人们对理想问题有了科学的把握。中国特色社会主义共同理想正是建立在唯物史观的基础上。我们党把在社会主义初级阶段的目标、国家的发展、民族的振兴和个人的幸福紧密联系起来,把社会各个群体的共同愿望有机结合起来,把实现中华民族伟大复兴作为共同理想,因而具有强大的感召力和凝聚力。只有坚持以马克思主义为指导,从人类历史发展规律的高度,把握世界的进步潮流,认清我们的基本国情,才能把社会理想建立在科学的基础上,才能在全体人民中牢固树立中国特色社会主义共同理想,为实现中华民族伟大复兴提供价值目标和精神动力。

第二,马克思主义是民族精神和时代精神的灵魂和理论基础。以爱国主义为核心的民族精神和以改革创新为核心的时代精神与马克思主义指导思想在价值诉求上高度契合,是以马克思主义的民族观和时代观为依据而形成的价值理念。在思想内涵上,民族精神和时代精神既是对中华优秀传统文化的继承和发展,更是对马克思主义中国化时代化的经验总结。这些内容本身,既是马克思主义中国化的理论成果,也是以马克思主义为指导的;在方法论上,民族精神和时代精神的提炼是中国共产党人对马克思主义科学世界观和方法论的彻底坚持和灵活运用,其中闪耀着马克思主义的真理光芒;在价值取向上,民族精神和时代精神又是马克思主义价值观与中华民族优秀价值理念和时代价值理念的完美结合。在当代中国,改革创新与爱国主义都是同中国特色社会主义相统一、以实现中国人民和中华民族的根本利益为归宿的。以爱国主义为核心的民族精神和以改革创新为核心的时代精神,是马克思主义指导思想融入中华优秀文化和时代精神的重要成果,为社会主义核心价值体系建设提供强大精神动力。

第三节　大学文化与社会主义核心价值体系的交融性

大学文化承担着传承、引领、辐射和创新社会文化的历史重任。大学文化与社会主义核心价值体系及核心价值观相连相通。大学文化在社会主义核心价值体系和价值观建设中发挥主力作用,大学文化建设要以社会主义核心价值体系和核心价值观为根本。

一、社会主义核心价值观的文化意蕴和价值追求

培育和践行社会主义核心价值观,必须深刻理解其文化基因与价值意蕴,以促进以文化人、以文育人。社会主义核心价值观,传承着中华优秀传统文化

的根脉,是中华民族最基本的文化基因与当代文化相适应、与现代社会相协调的产物。

(一)社会主义核心价值观传承着中华优秀传统文化的根脉

习近平总书记指出,“中华文明绵延数千年,有其独特的价值体系。中华优秀传统文化已经成为中华民族的基因,植根在中国人内心,潜移默化影响着中国人的思想方式和行为方式。今天,我们提倡和弘扬社会主义核心价值观,必须从中汲取丰富营养”①。社会主义核心价值观承载着中华优秀传统文化的基因,寄托着近代以来中国人民上下求索、历经千辛万苦确立的理想和信念,也承载着每个人的美好愿景。

1. 传承“德治天下”“以和为贵”的思想

倡导富强、民主、文明、和谐作为国家层面的价值要求,是对儒家文化“德治天下”“以和为贵”的“治世”理想和人伦关怀的继承和扬弃。在古代,德治天下,名正言顺,不德无义。尊德义明民伦,方可为君。“为政以德”是传统价值观在政治领域的基本伦理和价值规范。“为政以德,譬如北辰居其所而众星共之。”“道之以政,齐之以刑,民免而无耻。道之以德,齐之以礼,有耻且格。”这里的“德”于执政者而言乃讲求“天下为公”。“天无私覆,地无私载,日月无私照。奉斯三者以劳天下”,是对国家、民族乃至社会整体利益的尊崇。单个人如果做到公正无私,就具备了为社会尽责、为国家尽忠的奉献精神。一个群体如果能将社会责任、国家利益、全民利益置于首位,并为之不懈奋斗,便具备了与“德治天下”相契合的伦理情怀。社会主义核心价值观倡导富强、民主、文明、和谐,这是中国共产党带领全国各族人民为之不懈努力的共同理想和价值目标,深刻表明中国共产党立党为公、执政为民的根本宗旨和价值取向,其中包含“天下为公”“德治天下”的传统价值观意义。

① 《习近平谈治国理政》第一卷,外文出版社 2018 年版,第 170 页。

“富强”是社会主义本质和发展目的的根本体现,是国家发展追求的首要目标,也是一个政党实施“德治天下”最基本的条件。“子适卫,冉有仆。子曰:‘庶矣哉!’冉有曰:‘既庶矣,又何加焉?’曰:‘富之。’曰:‘既富矣,又何加焉?’曰:‘教之。’”仓廪实而知礼节,衣食足而知荣辱,唯有满足社会成员生存与发展的利益要求,才有可能实现国家和社会的繁荣稳定与健康发展。“民主”是实现富强的重要保障,缺乏民主的社会不可能安定有序、长盛不衰,而如何促进、保障民主则需要为政者践行“德治天下”、大公无私、执政为民。值得一提的是,传统价值观中的“德治”“为公”更多的是与“忠君”联系在一起,富强、民主的国家价值目标则是对传统价值观的承继与超越。

文明与和谐是以德治天下所期冀达到的理想状态,也是对“以和为贵”中国传统价值理念的传承创新。传统文化的最高伦理即和谐、持中。孔子“大道之行也,天下为公。选贤与能,讲信修睦,故人不独亲其亲,不独子其子,使老有所终,壮有所用,幼有所长,矜寡孤独废疾者,皆有所养。男有分,女有归。货恶其弃于地也,不必藏于己;力恶其不出于身也,不必为己。是故谋闭而不兴,盗窃乱贼而不作,故外户而不闭,是谓大同”的“大同”理想。孟子“老吾老以及人之老,幼吾幼以及人之幼”的“人和”社会构想。墨子“天下之人皆不相爱,强必执弱,众必劫寡,富必侮贫,贵必敖贱,诈必欺愚。凡天下祸篡怨恨,其所以起者,以不相爱生也。是以仁者非之。既以非之,何以易之?子墨子言曰:以兼相爱、交相利之法易之”的“兼爱”“非攻”思想等,无不体现中国传统文化“以和为贵”“世界大同”的美好愿景。以“和谐”“文明”作为国家层面的价值目标,正是继承并发展了中国传统的“以和为贵”“和谐大同”的社会构想,使全国各族人民产生可感知、可接受的亲切感和认同感,展现出强大的凝聚力、感召力和向心力。

2. 传承“民惟邦本”“隆礼重法”的精神

社会主义核心价值观在社会层面倡导自由、平等、公正、法治的价值要求,与中华优秀传统文化“民为邦本”“隆礼重法”的精神追求有着紧密的互通之处。前者虽然兼具鲜明的时代特征,是创新的思想成果,但其根本价值取向里也直接体现了传统文化中“民惟邦本”思想。我国古代商周时期便存有“民惟邦本,本固邦宁”的敬德保民之理。春秋战国时期,孔子主张“为政以德”,要行德政,务以“节用而爱人,使民以时”。孟子提出“民为贵,社稷次之,君为轻”,认为“保民而王,莫之能御也”。荀子也说“天之生民,非为君也;天之为君,以为民也”。民本思想得到极大的充实和完善。唐朝时,唐太宗多次引用荀子“水能载舟,亦能覆舟”的论述,强调“民水君舟,水可载舟亦可覆舟,所宜审慎”的道理;宋代将宽民、抚民、利民、爱民政策应用到国家治理之中,固化于统治阶级内心;明末清初,顾炎武主张“以天下之权,寄之天下之人”,“保天下者,匹夫之贱,与有责焉耳矣”;等等。这些无不渗透着“乐民之乐者,民亦乐其乐,忧民之忧者,民亦忧其忧”的人本精神。但同时也要看到,传统文化中“民惟邦本”的政治伦理渗透着鲜明的王权思想,将民众视为“为政”“治国”的对立面,缺乏现代意义的自由、平等权利观念和参与意识。社会主义核心价值观倡导自由、平等、公正、法治的价值取向天然地承续了传统政治伦理价值观的精华,并结合社会主义本质要求、时代发展特征与人类文明优秀成果进行创新发展,凸显了人民群众追求自我发展、自我实现、自我满足的主体地位,在更高层次上体现了社会的全面进步。

“隆礼重法”即“明礼义以化之,起法正以治之,重刑罚以禁之”,主张将道德教化与法律约束、德治与法治相结合共同维护社会稳定有序。“隆礼重法”作为法家思想与儒家思想辩证结合的产物,长久以来便是中国历代统治者管理国家的两种手段,在调整社会关系、维护社会秩序中发挥了重要作用。春秋战国时期的法家是中国历史上研究国家治理方式的重要学派,提出富国强兵、以法治国的重要思想。“不别亲疏,不殊贵贱,一断于法”,“君臣上下贵贱皆从法,此谓为大治”。后期,以孔孟为代表的儒学针对“礼乐不兴,则刑罚不中;刑罚不中,则民无所措手足”的社会现实,提出“道之以政,齐之以刑,民免而无耻。道之以德,齐之以礼,有耻且格”,“古之欲明明德于天下者,先治其国;欲治其国者,先齐其家;欲齐其家者,先修其身……自天子以至于庶人,壹是皆以修身为本”,主张“明德慎刑”“德主刑辅”“为国以礼”“以刑弼教”,即“隆礼重法”精神。社会主义核心价值观倡导的自由、平等、公正、法治鲜明地体现了“隆礼重法”的精神。对自由、平等的追求必须以公正和法治为前提和保障,同时公正与法治的评价标准在于能否维护民众自由、平等发展以及共享发展成果的权利。胡锦涛同志曾指出:“衡量一个政治制度是不是民主的,关键要看最广大人民的意愿是否得到了充分反映,最广大人民当家作主的权利是否得到了充分实现,最广大人民的合法权益是否得到了充分保障。”①

3. 传承“格物致知”“止于至善”的精神

古代儒家经典“格物致知”“止于至善”有着深刻的“仁”的蕴涵,是对“仁爱”思想的阐发与延伸。“仁”是传统伦理价值体系的核心。“樊迟问仁。子曰:‘爱人。’”“人而不仁,如礼何? 人而不仁,如乐何?”儒家强调人与人之间要相互关爱,作为仁者更应常存“爱人”之心,将“仁”作为最起码的道德信念和伦理取向的出发点。国家层面,“仁”是一种“乐以天下,忧以天下”的以天下为己任、忧国忧民、护爱家邦的爱国情怀。社会层面的“仁”是人与人和睦交往的桥梁,即知礼达仁、宽容和谐、诚信友爱、敬业乐群、与人友善、专注事业。“仁以爱之,义以正之。如此则民治行矣。”“仁”的外在体现为“礼”,即对待他人友善、诚信、尊敬。“克己复礼为仁”,“恭而无礼则劳,慎而无礼则葸,勇而无礼则乱,直而无礼则绞”将“尊人敬物”的“礼”看作是人类道德的基础,是达到“仁”的仪式和法则。个人层面的“仁”便是持守至善德性,对爱国、爱社会、爱他人的最大限度的追求,对自身思想行为严格的约束。儒家极为看重个人德性的修养,“德者得也,内得于己,外得于人”,“为仁由己,而由人乎哉”?“道者,人之所共由;德者,己之所独得”,将一切价值根源与修养功夫归结为“修身养性”“内自省”“内自讼”,强调心灵与肉体、个人与社会、人与自

① 胡锦涛:《在首都各界纪念全国人民代表大会成立50周年大会上的讲话》,人民出版社2004年版,第17页。

然的有机互动,在反思、实践中涵养锻炼自己的品德。

《大学》曰:“大学之道,在明明德,在亲民,在止于至善。”“古之欲明明德于天下者,先治其国;欲治其国者,先齐其家;欲齐其家者,先修其身;欲修其身者,先正其心;欲正其心者,先诚其意;欲诚其意者,先致其知;致知在格物。物格而后知至;知至而后意诚;意诚而后心正;心正而后身修;身修而后家齐;家齐而后国治;国治而后天下平。自天子以至于庶人,壹是皆以修身为本。其本乱而末治者否矣。其所厚者薄,而其所薄者厚,未之有也。”格物、致知、诚意、正心、修身、齐家、治国、平天下、至善被视为一个不可分割、秩序井然的提高自身道德修养的过程。由此可见,社会主义核心价值观倡导的爱国、敬业、诚信、友善的价值理念,正是对传统伦理价值中“仁爱”道德思想的鲜活继承和巨大超越,是对“格物致知”“止于至善”道德“自省”“修身”道德逻辑的褒扬,并创造性地将其具体化为社会成员现实生活和人际交往中的道德要求,使传统“仁爱”的抽象价值得到了具体定位和时代转化。

4. 传承优秀传统文化基因而不能简单复古

中华优秀传统文化积淀着中华民族最为深沉的精神追求,是中华民族生生不息、发展壮大、走向繁荣的重要支撑,是发展先进文化、传承民族基因、培育和践行社会主义核心价值观的精神之根。只有不忘本来,才能开辟未来,善于继承,才能更好创新。“一个国家、一个民族的强盛,总是以文化兴盛为支撑的,中华民族伟大复兴需要以中华文化发展繁荣为条件。”①弘扬中华优秀传统文化,承续优秀文化基因并不等于简单复古。应该看到,中国传统文化是建立在小农经济基础之上,中国传统价值观是在小农经济、宗法社会和王权政治土壤中孕育而成的,具有一定的历史和阶级局限性。“一个民族、一个国家的核心价值观必须同这个民族、这个国家的历史文化相契合,同这个民族、这个国家的人民正在进行的奋斗相结合,同这个民族、这个国家需要解决的时代

---

① 《习近平关于社会主义文化建设论述摘编》,中央文献出版社 2017 年版,第 3—4 页。

问题相适应。”①

从这个意义上讲,社会主义核心价值观本质上是在我国历史传承、文化传统、经济社会发展基础上对传统价值观进行渐进式改进、内生性演化、创造性转化和创新性发展的必然结果,既承续了跨越时空、超越国度、富有永恒魅力、具有当代价值的文化精神,反映了民族特性、民族精神、中国特色、中国气派,又着眼当下、立足本国、面向世界,推陈出新、古为今用、洋为中用,吸收融入了时代精神、世界文明成果,体现了现实要求和时代风貌。如此,将既有利于传承民族精神、激发民族活力,接续精神命脉、推进文明进程,还有益于引领时代风范、凝聚价值共识、强化文化自觉与价值观自信。习近平总书记指出:“中华民族创造了源远流长的中华文化,中华民族也一定能够创造出中华文化新的辉煌。独特的文化传统,独特的历史命运,独特的基本国情,注定了我们必然要走适合自己特点的发展道路。对我国传统文化,对国外的东西,要坚持古为今用、洋为中用,去粗取精、去伪存真,经过科学的扬弃后使之为我所用。”②这正是社会主义核心价值观之于中华优秀传统文化的内在逻辑,对此要有清醒的认识,以更好地培育和践行社会主义核心价值观。

(二)核心价值观蕴含着社会主义的价值追求

每个时代都有每个时代的精神,每个时代都有每个时代的价值观念。“如果一个民族、一个国家没有共同的核心价值观,莫衷一是,行无依归,那这个民族、这个国家就无法前进。”③我国是一个有着 14 亿多人口、56 个民族的大国,坚守什么样的核心价值观,既是一个理论问题,也是一个实践问题,关乎国家前途命运,关乎人民幸福安康。社会主义核心价值观适应国家和民族发展的需要,传承和延续了中华传统文化的优秀基因,融入社会发展与时代变迁

① 《习近平谈治国理政》第一卷,外文出版社 2018 年版,第 171 页。
② 《习近平谈治国理政》第一卷,外文出版社 2018 年版,第 156 页。
③ 《习近平谈治国理政》第一卷,外文出版社 2018 年版,第 168 页。

的进步元素，蕴含着我国社会主义的根本价值追求。

1. 阐明了应对世界范围价值观较量新态势的价值目标

经济全球化的深入发展促使各种生产要素在世界范围自由流动，催生世界经济的一体化。与之相伴而来的是政治、文化联系的不断加强。在这个过程中，世界各国对文化话语权的争夺越发激烈，各种思想文化交流交融交锋更加频繁，不同民族、国家之间的价值观较量呈现出日趋复杂的新态势。社会主义核心价值观的提出，阐明了在世界大发展大变革大调整背景下，应对世界文化竞争和价值观挑战的价值目标。

价值目标凝结着个人和集体的价值向往，表征着个人和集体的价值追求，是个人和集体为之不懈奋斗的价值导向。社会主义核心价值观明确了国家、社会、个人三个层面的价值目标，是世界范围思想文化交流交融交锋形势下价值观较量新态势的文化产物。就世界文化生态而言，文化在国家建设过程中的地位和作用日益凸显，文化要素在各国流动速度加快，本土文化和外来文化在交融互动中呈现出两大趋势。

一是不同国家、不同民族文化相互吸收、相互借鉴、协同并进。任何国家、任何民族的文化都有其先进性和独特性，都有着推动人类文明进步的合理因素。在交往过程中，不同文化之间，既会吸取其他文化中的积极因素，也会向其他文化推介本文化可资借鉴的内容，促使各国文化进行解构与重构，增强各国文化的自我调整能力和创新能力。中国的发展离不开世界，闭关自守只能是故步自封，使自己落后于世界发展轨迹。主动融入世界，在全球范围寻求并充分利用有利于国家和民族发展的资源，才能把握机遇，迎接挑战。一部中华文明史，就是一部中国与世界各国交流融合、相互学习的发展史。社会主义核心价值观承续了传统文化的优秀基因，又凝结着人类文明的优秀成果，既有中华五千年一脉相承的传统文化因子，如富强、爱国、敬业、诚信、文明、和谐、友善等，也包含近代以来世界各国共创共享的文明成果，如民主、自由、平等、公正、法治等。如此，既体现中国国情、社会主义本质特征、中国特色社会主义发展要求,有利于强化认同、感召人心、增强自信,又兼顾国际视野、全球共识、世界意义,是对全人类文明共享的价值元素的批判借鉴和萃取升华,体现全人类共同价值追求,便于扩大国际话语权,引领世界社会思潮。在此种意义上,社会主义核心价值观所规定的价值目标、价值要求与价值取向,以及所彰显的包容互鉴、共享和平、共同发展的文化精神,将为广大民众在世界范围思想文化的交流融合提供文化及价值选择的标准和遵循。

二是不同国家、不同民族文化相互冲突、激荡碰撞。“一定的文化是一定社会的政治和经济在观念形态上的反映。”①由于各个国家、地区经济制度和政治制度的区别和差异,其文化观念也存在显著不同,造成不同文化之间的矛盾与冲突,体现在人们的价值观念和生活方式中,给人们的生产生活带来了极大影响。改革开放后的中国,置身于全球化浪潮之中,经济的竞争与合作、文化的冲突与融合,无一不深刻影响着国人的价值选择和价值判断;与此同时,西方敌对势力对我国实施西化分化图谋,思想文化领域成为重点。社会主义核心价值观应时、应运而生,植根中华优秀传统文化,承续中华民族精神,汲取世界价值共识及优秀文明成果,指明了国家前进、社会发展和公民选择的方向,解决了建设什么样的国家、建设什么样的社会、培育什么样的公民的重大问题,是各族人民共同认可的价值目标,对于凝聚全党全社会价值共识、巩固全党全国各族人民团结奋斗的共同思想基础,有着重要的理论价值和实践意义。

2. 指明了应对新形势下文化多元化新特点的价值取向

改革开放的历史性抉择,推动了我国经济高速发展、综合国力不断增强、国际竞争力显著提升,但同时也带来经济体制的深刻变革、社会结构的深刻变动、利益格局的深刻调整,社会经济成分、组织形式、就业方式、利益关系和分配方式日益多样化。经济基础的变迁、社会环境的变化必然带来思想观念领

① 《毛泽东选集》第二卷,人民出版社 1991 年版,第 694 页。

域的变革,人们的思想意识呈现出多元多样多变的新特点。社会主义核心价值观的提出,指明了应对社会主义市场经济条件下思想意识多元多样多变新特点的价值取向。

价值取向是行为主体在面对或处理各种矛盾、冲突、关系时所持的基本价值立场、价值态度以及所表现出来的基本价值倾向。社会主义市场经济的深入发展,激发了经济、市场活力,强化了人们的自强意识、创新意识、成才意识、创业意识;优胜劣汰的竞争机制调动了生产的积极性,提高了市场效率,帮助人们增强了自由、平等、公正、法治等观念,但也带来一些负面影响。与此同时,在改革的深水区和攻坚期,社会矛盾触点增多、关联性增强,人们对诸多现象的判断标准、衡量尺度、价值取向发生着变化。

所有这些亟须社会主义核心价值观的匡正和引导,有赖对中华优秀传统文化的继承和弘扬。社会主义核心价值观弘扬真善美、贬斥假恶丑,从国家、社会、个人三个层面为社会成员明辨是非曲直、澄清模糊认识、匡正失范行为指明了鲜明的价值选择方向。即是说,积淀着中华民族最深层的精神追求、蕴含着丰富的传统美德的社会主义核心价值观,是应对改革开放和发展社会主义市场经济条件下思想意识多样多元多变等现实挑战的精神根基,是抵御西方敌对势力西化分化图谋、思想文化领域价值渗透的精神长城,是全体中华儿女共有的精神家园。“把培育和弘扬社会主义核心价值观作为凝魂聚气、强基固本的基础工程,继承和发扬中华优秀传统文化和传统美德,广泛开展社会主义核心价值观宣传教育,积极引导人们讲道德、尊道德、守道德,追求高尚的道德理想,不断夯实中国特色社会主义的思想道德基础。”①

3. 明确了适应国家治理体系现代化建设的价值准则

党的十八届三中全会通过的《中共中央关于全面深化改革若干重大问题的决定》指出:“全面深化改革的总目标是完善和发展中国特色社会主义制

① 《习近平谈治国理政》第一卷,外文出版社 2018 年版,第 163 页。

度,推进国家治理体系和治理能力现代化。"这意味着我国将由传统治理向现代治理转型,实现国家治理主体由单一的政府主体向由政府、企业、公民、社会组织共同组成的多元治理主体的转变。国家治理体系和治理能力是一个国家制度和制度执行能力的集中体现,是一个国家综合国力和竞争力的重要标志。推进国家治理体系和治理能力现代化,首要条件是坚定制度自信、价值观自信,关键依托是提高人民群众依法管理国家事务、经济社会文化事务、自身事务能力,归根结底建基于人民群众思想境界的提高。社会主义核心价值观明确了面对推进国家治理体系和治理能力现代化要求下思想境界提高新境遇的价值准则。

价值准则是行为主体长期稳定的基本价值观念和精神追求,是衡量和规范主体行为的标准与尺度。社会主义核心价值观体现着中国特色社会主义的发展方向、凝聚着广泛的社会价值共识,对推进国家治理体系和治理能力现代化具有定向导航作用,是完善国家治理体系、提升国家治理能力的文化基础和价值准则。"一个国家选择什么样的治理体系,是由这个国家的历史传承、文化传统、经济社会发展水平决定的,是由这个国家的人民决定的。我国今天的国家治理体系,是在我国历史传承、文化传统、经济社会发展的基础上长期发展、渐进改进、内生性演化的结果。"①一个国家的治理体系和治理能力与这个国家的历史传承、文化传统、价值观念密切相关,任何政治制度、经济制度、社会制度和对外政策,无不蕴含和表征着特定国家和民族的核心价值观,特定的核心价值观反过来又导向、支撑和推动国家治理体系和治理能力的完善与发展。当前,西方敌对势力在世界范围内极力叫卖和推销所谓的"普世价值",台前幕后策动一场又一场"颜色革命",妄图渗透、破坏和颠覆别国政权,假借"普世价值"之名,行抹黑中国共产党、中国特色社会主义制度、马克思主义主流意识形态之实。"我国国家治理体系需要改进和完善,但怎么改、怎么完

① 《习近平谈治国理政》第一卷,外文出版社2018年版,第105页。

善，我们要有主张、有定力。”①

推进国家治理体系和治理能力现代化，其根本前提是坚定制度自信，不断完善和发展中国特色社会主义制度。社会主义核心价值观批判借鉴了包括资本主义政治文明在内的一切人类文明成果并赋予其新的时代内涵，反映和表征了中国特色社会主义制度的根本价值追求，旗帜鲜明与“普世价值”观念作斗争，是防止我们堕入“西化分化”陷阱的根本价值准则，是坚定制度自信、推进国家治理体系和治理能力现代化的重要文化基础和价值支撑。“全面深化改革，完善和发展中国特色社会主义制度，推进国家治理体系和治理能力现代化，必须解决好价值体系问题，加快构建充分反映中国特色、民族特性、时代特征的价值体系，在全社会大力培育和弘扬社会主义核心价值观，提高整合社会思想文化和价值观念的能力，掌握价值观念领域的主动权、主导权、话语权，引导人们坚定不移地走中国道路。”②社会主义核心价值观具有深厚的历史文化底蕴，代表着国家和民族的最高利益，包含和反映了各民族、各群体的价值共识和追求，体现着社会评判是非曲直的价值标准，是凝聚国家治理体系和治理能力现代化建设的共识、克服国家治理体系和治理能力现代化的障碍的强大思想武器，是衡量和规范人们道德行为，激发道德意愿、道德情感，培育正确道德判断和道德责任的根本价值准则。

二、社会主义核心价值体系和核心价值观是大学文化建设的指南

繁荣大学文化，离不开社会主义核心价值体系和核心价值观的引领和导向；开展社会主义核心价值体系教育和培育践行社会主义核心价值观，离不开大学文化的濡染和浸润。

① 《习近平谈治国理政》第一卷，外文出版社 2018 年版，第 105 页。

② 刘奇葆：《在全社会大力培育和践行社会主义核心价值观》，《人民日报》2014 年 3 月 5 日。

(一)核心价值体系和核心价值观是中国大学文化的灵魂

中国特色社会主义文化具有丰富的内涵。改革开放以来,我国走出了一条具有中国特色的社会主义文化发展道路,显著提高了全民族的思想道德素质和科学文化素质,促进了人的全面发展,显著增强了国家的文化软实力,为坚持和发展中国特色社会主义提供了强大的精神力量。

大学是先进文化传承创新和人才培养的主要基地,也是社会主义意识形态建设的重要阵地。社会主义核心价值体系是根源于中华优秀传统文化和吸收先进文明成果发展起来的,引领和主导我国社会主义文化的发展。大学在推动社会主义先进文化建设中具有特殊重要的使命和责任,必须紧紧抓住社会主义核心价值体系这个根本,加强社会主义核心价值体系教育,自觉担当起涵养文化自信和文化自觉的教育使命。大学生是祖国的未来和民族的希望,是中国特色社会主义事业的建设者和接班人,他们对中国特色社会主义文化的理解与吸收,是对中华优秀传统文化的继承和发扬;他们对社会主义核心价值体系的认知、认同和践行,是坚定文化自信、增强文化自觉,实现文化强国和中华民族伟大复兴的关键所在。

(二)大学精神的培育弘扬需要核心价值体系和核心价值观教育

"在一定意义上说,大学即文化。大学的教育过程,实质上是一个有目的、有计划的文化过程。所谓教书育人、管理育人、服务育人、环境育人,说到底都是文化育人。大学传统、大学精神,实际上是大学的文化传统、文化精神。"①

大学精神主要是:(1)大学精神是大学理念的支柱,是一所大学办出特色、办出水平、办出活力的源泉和动因,是一所现代大学凝聚力、创造力和生命

① 袁贵仁:《加强大学文化研究　推进大学文化建设》,《中国大学教学》2002年第10期。

力的源泉和动因;(2)大学精神实质上是以文化人的精神,是为社会发展、人的发展而追求真理、探求新知、勇于创新的精神;(3)大学精神是一所大学整体面貌、水平、特色及凝聚力、感染力和号召力的反映,是学校师生需求、理想、信念、情操、行为、价值和道德水平高低的标志,是一所大学的支柱和灵魂;(4)大学精神,作为一种动力源泉,是一种无形资产,大学的校风、学风、教风和领导作风,就是大学精神的具体体现。

综上所述,大学精神可以概括为三个方面:第一,自觉的学术精神;第二,永恒的道德精神;第三,敏锐的时代精神。社会主义核心价值体系正包含了这些精神的内容。因此,大学精神的培育和弘扬,迫切需要进行社会主义核心价值体系教育。

(三)大学生的全面发展需要核心价值体系和核心价值观教育

马克思、恩格斯在《德意志意识形态》中指出:"统治阶级的思想在每一时代都是占统治地位的思想。这就是说,一个阶级是社会上占统治地位的物质力量,同时也是社会上占统治地位的精神力量。支配着物质生产资料的阶级,同时也支配着精神生产资料,因此,那些没有精神生产资料的人的思想,一般地是隶属于这个阶级的。"①因而,一个社会的主流意识形态是占统治地位的统治阶级的意识形态。它通过各种方式和途径向其他阶级渗透,进而形成全社会的主导观念。社会主义核心价值体系是正确地反映客观事物及其规律的人的意识,是一种进步意义的文化。它引导了人们的正确、成功的实践,符合社会文明进步、前进和发展的需要。改革开放以来,在建设中国特色社会主义的历史进程中,社会主义核心价值体系彰显出了巨大的精神动力,极大地促进了中国特色社会主义发展和人们思想文化水平的提高,从而成为当前社会主义主流意识形态,得到了全社会的高度认同。当代大学生正处于人生发展的

① 《马克思恩格斯文集》第1卷,人民出版社2009年版,第550页。

关键时期。在这个时期,他们的思想意识趋于成熟与定格,进行社会主义核心价值体系教育至关重要。

三、大学文化是社会主义核心价值体系和核心价值观建设的平台

大学文化是一种亚文化,离不开社会文化,需要先进文化的引导,但大学文化对主流文化不只是简单地依存和适应,而应该引领社会主流文化。大学文化在社会主义核心价值体系和核心价值观建设过程中起主力作用。

(一)大学是核心价值体系和核心价值观教育的主阵地

高等教育是优秀文化传承的重要载体和思想文化创新的重要源泉。要积极发挥文化育人作用,加强社会主义核心价值体系建设。青年是国家的未来、民族的希望。习近平总书记指出:“时代总是把历史责任赋予青年。新时代的中国青年,生逢其时、重任在肩,施展才干的舞台无比广阔,实现梦想的前景无比光明。”①大学作为引领和传播社会文化的主要场所,肩负着文化继承创新的重要使命和立德树人的根本任务,在社会主义文化建设中发挥着不可替代的功能和作用。大学不仅是文化传承创新和人才培养的基地,也是社会主义意识形态建设的重要阵地。

因此,社会主义核心价值体系教育是大学教育的题中应有之义。而大学生作为大学的主要群体,作为当代青年的主体部分,是国家最宝贵的人才资源。加强大学生社会主义核心价值体系教育,不断提高他们的思想政治素质,对于我国全面实施科教兴国和人才强国战略,推进我国文化强国建设和社会主义现代化建设,确保中国特色社会主义事业后继有人,实现中华民族伟大复兴的中国梦,都具有十分重要的意义。

---

① 习近平:《在庆祝中国共产主义青年团成立100周年大会上的讲话》,《人民日报》2022年5月11日。

（二）大学文化是核心价值体系和核心价值观的辐射和创新中心

大学文化是社会主义核心价值体系传播的主渠道。大学通过把社会主义核心价值体系贯穿于大学教育教学活动的全过程，帮助大学生树立正确的世界观、人生观和价值观，培养学生良好的素质，并通过把学生持续不断输送到社会，把社会主义核心价值体系融入精神文明发展全过程，融入经济社会发展的各个领域，使之成为全体公民普遍理解接受、自觉遵守的价值理念，成为全民族奋发向上的精神力量和精神纽带。大学通过加强校园文化建设，潜移默化地塑造生活在其中的每一个师生，并使健康向上的校园文化成为践行社会主义核心价值体系的典范，进而在全社会倡导和扩大践行社会主义核心价值观的良好氛围。大学作为文化建设的高地，人才密集、知识密集、功能完善，是各级政府机关科学决策的可靠智库。大学通过参与社区文化建设，组织大学生社会实践，把社会主义核心价值体系辐射到城乡，有效引导城乡文化的发展方向，提升每一位公民的文化素养和对社会主义核心价值体系的认同。

创新是大学文化的重要特征和崇高使命。大学是一个充满理性和批判精神的场所。大学文化可以根据自身的价值观对人类社会长期积累的文化进行严格的筛选、认同、加工、整合和创新，因此，大学文化是社会主义核心价值体系的创新中心。大学文化的开放性，决定其以宽广的眼光融入世界文化发展的潮流中，引进吸收外来优秀文化，保持自身的特性和文化价值。社会主义核心价值体系是一个开放的体系，需要与时俱进，不断丰富和发展。大学文化正是以其理性批判特质和开放视野，继承弘扬中华优秀传统文化，推动文化国际交流，可以为社会主义核心价值体系建设提供新思想、新观念。

（三）大学核心价值体系是社会主义核心价值体系在大学的运用与发展

大学核心价值体系主要体现为大学办学理念、大学价值观念和大学发展目标,以大学长期办学活动为基础,体现社会主义核心价值体系和大学发展的根本价值取向,具有大学自身特色并为广大师生认同。大学核心价值体系集中体现为大学精神。大学精神是大学文化的核心,也是构建校园文化的根本思想道德基础。

四、大学文化与社会主义核心价值体系及核心价值观相连相通①

大学文化与社会主义核心价值体系及价值观是两个相连相通的价值体系,其交融具有必然的历史性、现实性和社会性,这决定了两者之间具有必然的联系性和相关度。有学者认为,“大学作为一种独特的文化组织,通过大学价值观、大学精神和大学传统的共同作用,营造出一个和谐宽松、自由自主和宽容相济的知识文化氛围,促进学生成长和人格养成,实现大学的文明守卫、涵养人生、砥砺品行、文化引领和价值批判的社会功能”②。

从历史性看,大学文化是在大学进程的演变和大学功能的完善中不断丰富的价值体系,具有历史传承性。社会主义核心价值体系和核心价值观是经过历史反复打磨、社会正效应不断集聚而形成的主流社会意识形态。

从现实性看,大学文化的衍生土壤是大学丰富的学术资源和人智资源,其传承载体是大学师生。因此,在大学开展社会主义核心价值体系教育和培育践行社会主义核心价值观,必须将其放在特定的文化视域中,即从认知和理解大学文化开始。

从社会性看,大学文化是社会文化语境中的重要部分,社会主义核心价值体系和核心价值观是社会文化的风向标,亦对大学文化具有重要的引领作用。在社会主义核心价值体系和核心价值观引领下的大学文化内涵势必得到延展和丰富。

---

① 参见李艳春:《大学文化视域下社会主义核心价值体系教育》,《沈阳农业大学学报(社会科学版)》2014年第2期。

② 姜素兰:《论当代大学的文化诉求与文化使命》,《国家教育行政学院学报》2014年第1期。

第三章 大学文化建设与高校思想政治教育

思想政治教育除了具有政治性(意识形态性)外,还具有文化性。文化性是思想政治教育作用于人的过程,是"自然人"向"政治人"转变的过程。"'文化性'与'政治性'的兼具,内在地规定着思想政治教育这种人类政治社会中普遍存在的实践活动应该普遍遵循的重要运行规则,即思想政治教育应该同时肩负文化目标与政治目标,同时兼用文化资源与政治资源,同时兼循文化逻辑与政治逻辑。"①因此,挖掘思想政治教育的文化价值和功能,明确其使命,总结其经验,实现其与大学文化的深度融合,对于社会主义核心价值体系教育具有重要意义。

第一节 大学文化的思想政治教育功能及其实现

立德树人是大学教育的根本任务,也是大学文化建设的核心。大学教育就是要为国家培养出具有正确的世界观、人生观、价值观,具有创新精神和实践能力的全面发展的高素质人才。

① 沈壮海:《关注思想政治教育的文化性》,《思想理论教育》2008 年第 3 期。

一、大学文化的思想政治教育功能

大学的精神文化、物质文化、行为文化和制度文化作为思想政治教育的重要载体,都对大学生的思想政治教育发挥着积极的影响和作用,具有思想政治教育的功能。

(一)精神文化的思想政治教育功能

人们一提到“思想自由,兼容并包”,就会联想到蔡元培、北大、北大人,身为北大人能体会到那份传承下来的北大精神和责任,这是大学赋予人的内涵。即便是已经离开大学,但是特有的大学精神会伴随你一生。大学精神文化是大学和大学人在长期发展过程中积淀形成的具有共同理想信念、道德准则、行为习惯和价值追求的总和,是大学一种凝聚力、向心力的体现。大学精神文化是大学文化的灵魂和核心,引领着大学物质文化、大学行为文化和大学制度文化,根植于大学生活的方方面面,体现着大学精神风貌和文化传统,其中包括大学的办学理念、根本使命和校风、教风、学风等。

大学精神文化对大学生思想政治教育的影响在于精神育人。大学精神之所以能一直传承延续是因为大学精神中始终保持不变的人文精神和科学精神。大学要发展要育人,既离不开人文精神也离不开科学精神。所谓科学精神就是崇尚学术,追求真理,是对事物的科学认识和对“是与非”“真与假”作出正确的判断。要崇尚学术,追求真理,就需要一种实事求是、独立思考的批判精神;要崇尚学术,追求真理,就需要一种敢于创新、突破陈规的探索精神。所谓人文精神就是健全人格、造福社会,是对价值的正确态度和对“善与恶”“美与丑”作出正确的分析。要健全人格、造福人类,就需要一种扬善求美的高尚道德情操,明确理想信念。大学的人文精神和科学精神犹如一枚硬币的两面,两者相互联系、相辅相成、相互渗透,需要结合和统一起来看待。大学人文精神和科学精神所支撑和承载的大学精神文化,要充分发挥其思想导向、熏陶塑造和凝聚整合的功能，把办学目标内化为学生的成长目标，把办学方向升华为学生的成才导向，把办学任务内化为学生的成长需求，使处在浓郁的大学精神文化氛围中的学生养成与群体相一致的文化意识和文化品位。总之，大学一直用追求卓越的人文精神和科学精神、独立自主的批判精神和探索精神，潜移默化地滋养着大学生的世界观、人生观和价值观，使其受到无形的感染和熏陶，培育其坚定的理想信念和弘扬以爱国主义为核心的民族精神。

理想信念是人类社会存在和发展的重要精神力量。民族精神是民族之魂，是一个民族实现共同理想、目标的精神支柱，也是大学生成长、成才不可缺少的精神动力和精神支柱。当代大学生生活在丰富多彩的世界里，同时也处在复杂的社会环境中，随着全球化时代到来，社会上出现了各种各样的思潮。虽然这些新鲜事物能够拓展大学生的视野、丰富大学生的思想观念，但是由于大学生自身也正处在成长的重要时期，容易受到错误思潮的影响，产生盲目跟从的思想。大学生能否树立正确的世界观、人生观、价值观，能否始终有着坚定的政治立场、正确的价值追求，能否把握成长成才的正确方向，是至关重要也是相当困难的。“大学精神文化正是以社会的先进文化为主导、深厚的文化底蕴为基础、广阔的人文知识为保障，帮助、引导大学生树立正确、坚定的理想信念，培养爱国主义精神和民族认同感，塑造学生崇尚科学，追求真理、自强不息的精神风貌。”①

（二）物质文化的思想政治教育功能

大学物质文化也称为大学环境文化，是大学存在和发展的物质基础，是大学精神文化的外在表现，也是大学综合实力的重要标志。一所好的大学应该具备整洁、优美的自然环境和校园建筑，其中包括校园内的各类服务设施，大到图书馆，小到实验室、一花一草等一系列学习、生活、工作和娱乐的硬件环境

① 王尧、蔡中宏：《论大学文化及其对大学生思想政治教育的影响》，《兰州交通大学学报》2012 年第 5 期。

以及校园的地形地貌、山水植被等自然条件,更好地实现人与自然的和谐发展。除此之外,校园文化环境还应具有高雅的人文气息。大学需要通过精心设计和合理布局,把蕴含着人文和学术内涵的大学精神注入自然环境和校舍建筑当中。一所大学拥有着鸟语花香的校园风景、布局合理的特色建筑、宽阔整洁的道路等设施齐全的校园环境,无疑会对师生产生润物无声的积极影响。良好的校园文化环境赋予了大学鲜活的生命和律动的美感,营造了生动活泼、健康向上的文化氛围,创造了文明、高雅的育人环境,能够促进大学生陶冶道德情操、增强学习兴趣、提升生活品位和身心健康发展。

大学物质文化对大学思想政治教育的影响在于环境育人。思想政治教育与大学物质文化建设息息相关,大学文化建设离不开载体,应着力加强一些具有标志性、特色性的基础设施载体建设。学校应加大对历史名人、历史事件及校史、校训的宣传力度,因为这些标志性事件承载和蕴含着丰富的大学文化内容。精心布置和设计标志性载体,将历史人物和事件以雕塑、书画、命名等标志形式展现出来,通过各式的艺术手段唤醒沉睡的历史和精神,赋予其美感,从直观上传递一种精神力量,激发学生学习兴趣和对真、善、美的追求,陶冶其热爱学校和热爱祖国的高尚品德。此外,建设一批集思想性、知识性、趣味性、服务性于一体的校园媒介载体,主要包括学校校报、校刊、校内广播电视以及校园网等,这些传播媒体要坚持正确的政治舆论导向,优化和规范传播内容,充分发挥媒体的宣传作用。

当今社会正处在信息高速发展的时代,特别要重视和加强校园网的平台建设,设置思想政治教育板块,开设时事热点、思想交流和心理咨询等专栏,以图、文、音像等丰富的传播手段呈现出来,主动占领网络思想政治教育新阵地,将网络作为弘扬主旋律的新手段、推进思想政治教育的新渠道,积极开展网络思想政治教育活动,形成网上与网下思想政治教育的合力,帮助大学生健康向上成长。优美的校园文化环境有着“春风化雨、润物无声”的作用,促使大学生在优美的环境中受到感染和熏陶,激发他们对老师、对学校、对祖国热爱和感激之情，最终实现大学文化培养全面发展的高素质人才的教育目标。

（三）行为文化的思想政治教育功能

大学行为文化是全体大学人在教学活动、学术活动、娱乐活动等其他服务活动中所表现出来的精神风貌、行为操守、文化品位的具体表现和具体反映。行为文化是大学精神文化、大学物质文化、大学制度文化的现实表现，它是在一定文化感染和熏陶下，内化为个人素质后在行为上表现出来的一种文化形式。行为文化是大学文化的动态折射。大学精神的继承和创新、大学物质文化的建设与丰富、大学制度的制定与运行都是大学人的行为活动。

大学行为文化对大学生思想政治教育的影响在于服务育人。大学是培养人才的基地，不仅要教会学生所需的科学文化知识，更为重要的是培养学生掌握获取科学文化知识的能力。优良的大学行为文化，需要大学生积极参加丰富的校园文化活动和社会实践活动，从中得到锻炼自己、提高自己的机会，同时增强集体意识和组织协调能力。2004 年，中共中央、国务院发布的《关于进一步加强和改进大学生思想政治教育的意见》指出，要“大力加强大学生文化素质教育，开展丰富多彩、积极向上的学术、科技、体育、艺术和娱乐活动，把德育与智育、体育、美育有机结合起来，寓教育于文化活动之中。要善于结合传统节庆日、重大事件和开学典礼、毕业典礼等，开展特色鲜明、吸引力强的主题教育活动”，同时指出，“社会实践是大学生思想政治教育的重要环节，对于促进大学生了解社会、了解国情，增长才干、奉献社会，锻炼毅力、培养品格，增强社会责任感具有不可替代的作用”。大学行为文化主要是以校园文化活动的方式呈现出来，包括校园内学术、科技、体育、艺术和娱乐活动以及这些活动在校园外的开展——社会实践活动。校园文化活动是大学文化的载体，大学生是校园文化活动中最富有生机与活力、想象力和实践精神的主体力量。丰富多彩的校园文化活动能激发出师生员工的主动性、积极性和创造性，增强大学的科学人文底蕴，营造浓郁的学术文化氛围，使他们在耳濡目染中产生追求真理的乐趣,体会到大学文化的精神和内涵。实践表明,掌握科学文化知识越多和实践能力越强的学生群体与内容丰富、质量较高的校园文化活动有着必然的联系。因此,要精心设计和认真组织开展一批以学术科技、文体娱乐和思想政治教育等为主题的校园文化活动,将师生的理想信念和聪明才智植入到活动当中去,努力营造良好的校园文化氛围。

在社会实践活动中,大学生可以得到深入社会、深入基层的机会,让大学生在实践中认识自然,了解国情,了解民情,亲身体验人民群众的劳动实践,提高对中国特色社会主义的认识。同时,大学生通过接触群众,可以加深对群众的感情和认识,充分体会到人民群众在社会历史发展中的巨大作用,以此来增强他们的政治思想、道德素质和社会责任感,帮助他们形成全心全意为人民服务的人生观和价值观。此外,大学生通过社会实践活动,可以更加全面地了解社会、了解所学专业,进一步提高社会适应能力和实际动手能力,对自己的学习有一个新认识,为今后的学习生活指明方向。

(四)制度文化的思想政治教育功能

人向往自由,就需要接受文化对人的规范,而规范并不是人们所理解的那些限制个人自由、扼杀个人思想的条条框框。相反地,这些规范恰恰保障了人的自由发展。正如一场体育赛事,大家都期待运动员能够有精彩的发挥,但是一场精彩激烈的比赛顺利进行,却在于完善的竞赛规则和精准的裁判判罚的保障。同样,大学要运行也需要制度的保证,完善的规章制度是大学存在和发展的重要保障。

近年来,国家更加关注现代大学制度建设问题,并相继颁布实施了《国家中长期教育改革和发展规划纲要(2010—2020年)》《高等学校章程制定暂行办法》等,这些文件的出台对于落实大学办学自主权,完善中国特色现代大学制度,特别是加强大学章程建设具有重要的现实意义。大学制度应是以马克思列宁主义、毛泽东思想、中国特色社会主义理论体系、习近平新时代中国特色社会主义思想为指导，以宪法、法律法规为依据，以文化传承创新、人才培养、科学研究、服务社会为基本任务，是全体大学人共同遵守的办事规程和行为准则。

大学制度文化是指大学人对大学规章制度的创建和遵守所持的认同态度、价值观念，它是由外部环境和内部环境所决定的。外部环境是指政府和教育部门制定的方针、政策对大学的规范和约束；内部环境是指大学自身内部的组织结构、运行机制和规章制度。除此之外，大学精神文化、大学物质文化和大学行为文化都需要与之相适应的大学制度文化来予以保证。一方面，它规定和保障了大学的各项重要内容，如大学的办学方向、办学理念，学生、教职工的合法权益，学校的治理结构、管理模式，等等；另一方面，它规范着所有大学人的思想观念、行为方式和生活习惯，培育着大学人的良好行为习惯。

大学制度文化对大学生思想政治教育的影响在于制度育人。制度本身具有鲜明的导向性，是育人的重要手段，而其育人目的是在大学人理解和掌握规章制度的基础上，帮助他们自觉形成遵守规章制度的思想基础，促进他们养成良好的个人行为习惯。由于制度育人的作用依赖于规章制度的学习和传递。所以，大学需要通过开展一些针对规章制度的专题讲座或者其他方式的活动，来加大对学校规章制度的宣传力度，促进大学人自觉遵守规章制度，真正地实现制度的育人作用，这样才能把大学制度这种“外在文化”内化为全体大学人的“内在文化”。例如，通常新生一入学，大学的第一门课程就是组织学生进行《学生手册》的学习，也就是对大学生进行学校规章制度教育，告诉学生在校期间应该做什么，不该做什么，做什么最好。经过学校规章制度教育的大学生能够在亲身感受和体验中自觉约束自己的行为，久而久之地养成良好行为习惯，这不仅是社会的要求，也是学生成长成才的关键所在。由此看来，制度育人对于个人的发展和社会的要求都具有重要的意义：第一，有利于大学生将外在的道德规范内化为大学生自身的道德观念；第二，有利于提升自身的思想意识和分辨是非的能力，及时自觉纠正自己的错误思想和行为；第三，有利于大学生养成良好的行为习惯,在今后的工作和生活当中受益。总之,大学制度应本着“以制度规范人,以文化熏陶人”的原则,设置合理的大学组织系统和完善的大学规章制度,构建先进的现代大学文化。

(五)网络文化的思想政治教育功能

校园网络文化作为校园文化在互联网时代的升级产物,是网络信息技术作用于校园,以微信、微博、论坛等数字化互动媒体为载体,师生员工共同参与,以发送和接收数字化信息为核心内容的文化。在互联网时代,高校要充分认识到网络文化建设在全面提高大学生素质中所起的重要作用,网络文化建设是强化当代大学生思想政治教育的有效途径。要加强网上思想文化阵地建设,净化校园网络环境,充分发挥校园网络文化的育人功能。

首先,实现校园网络文化育人功能是加强高校思想政治工作的重要体现。2017 年,中共中央、国务院印发的《关于加强和改进新形势下高校思想政治工作的意见》中指出,高校要加强“两微一端”建设,运用大学生喜欢的表达方式开展思想政治教育。高校育人工作必须贴近师生和实际,增强时代性和针对性,正视网络对师生的影响,主动适应网络的发展要求,积极利用网络带来的机遇,创新人才培养方式,丰富育人内容和形式,发展积极向上的网络文化,改进思想政治工作手段,着力打造一批高校网络传播平台,以内容优势赢得师生,增强高校网络文化的传播力、引导力、影响力、凝聚力和公信力,提高网络育人的成效。

其次,校园网络文化育人功能是实现高校人才培养目标的重要举措。作为互联网用户中极为重要的群体,学生网民的思想政治工作是互联网工作中非常重要的组成部分。大学生正处在成长成才的关键时期,辨别是非的能力还有待加强,因此,加强网络文化建设,完善网络信息服务,维护网络意识形态安全,及时清理校园网络可能出现的不良信息,严密防范网上意识形态渗透,为学生形成正确的世界观、人生观和价值观营造良好的网络育人环境,是当下加强高校思想政治工作的当务之急。

最后,实现校园网络文化育人功能是提高人才培养质量的必然选择。强化高校思想政治工作,提高人才素质,是当前高校的重要任务,这就要求各高校加强网络道德建设,创造优良的校园网络文化,培育更多满足社会需要的优秀人才。高校要充分认识网络文化的育人作用,加强校园网络文化建设和管理,建设优秀的校园网络文化。

二、加强大学文化建设以实现立德树人目标

大学文化建设作为一个系统完善的工程,要求在立足实现人才培养根本目标的基础上,一方面要明确其总体要求和任务,另一方面要吸收大学思想政治教育的基本经验,唯有如此,才能发挥大学文化在社会主义核心价值体系教育和社会主义核心价值观培育践行中的积极作用。其中,核心是被称为大学灵魂的大学精神文化建设,基础是大学物质文化建设,制度文化建设为大学文化建设提供保障,行为文化建设是大学文化建设的外部形象,网络文化建设是新内容。

(一)大学文化建设的内涵和原则

大学是高等教育机构,也是文化创新发展的中心。现代大学具有四大功能,即人才培养、科学研究、社会服务和文化传承创新。在经济全球化和文化多样化的时代背景下,大学承担着传承优秀文化、创新思想文化,推动文化传播与交流的重任,大学文化建设意义重大而深远。

1. 大学文化建设的内涵

大学文化是大学与文化的有机结合,具有丰富的内涵。现代高校要着力建设文化传承与创新相结合、科学精神与人文精神相统一,具有时代特征和学校特色的一流大学文化。大学文化建设要以马克思列宁主义、毛泽东思想、中国特色社会主义理论体系、习近平新时代中国特色社会主义思想为指导,坚持

社会主义先进文化的发展方向,积极培育和践行社会主义核心价值观,立足学校教育实际,紧紧围绕学校发展战略和人才培养目标,以提高学校的办学水平和综合实力为重点,打造优良的校风、教风、学风,优化校园文化环境,不断满足广大师生日益增长的文化需求。

2. 大学文化建设的基本原则

大学文化建设的基本原则:传承创新、立德树人、统筹协调、提升品质。

第一,传承创新是大学文化建设的重要内容。面向学校发展战略目标和国家建设需要,不断赋予学校文化以时代精神,既要发掘传承学校的历史与文化,又要解放思想、勇于创新。在秉持科学精神的同时,发展人文精神;在弘扬中华民族优良传统的同时,加强国际交流与借鉴。

第二,立德树人是大学文化建设的根本任务。大学文化对师生的行为方式、价值观念等方面具有潜移默化的影响。要把文化育人作为学校高素质拔尖创新人才培养的重要组成部分,引导师生追求真理、自强不息,鼓励创新、宽容失败,诚信合作、学术民主。

第三,统筹协调是大学文化建设的实现方式。大学文化建设是一项复杂的系统工程,要做到整体规划与分步实施相衔接,共性文化与个性文化相协调。既注重顶层设计,也要做好任务分解和责任落实;既彰显大学文化的共同特征,也鼓励基层单位结合自身特点开展个性文化建设。

第四,提升品质是大学文化建设的主要目标。注重学校文化内涵发展,把促进师生全面发展、适应学校建设需要作为衡量文化建设质量的根本标准。实施精品战略,组织好文化创作和文化活动,培育高质量文化产品,提高品牌活动对师生的感染力,提升文化的引领作用和育人效果。

(二)大学文化建设的主要任务

大学文化建设的主要任务在于着力构建大学文化建设新格局,不断提升学校文化软实力,全面落实立德树人的根本任务,推动和促进学校事业的全面协调可持续发展。

1. 讲好大学故事

要关注学校的人、物、事，研究学校发展脉络、办学理念、大学文化特色、核心价值观和知名人物、重大事件等。组织校友采访团，专题采集知名校友口述资料，征集实物文献，及时整理出版。成立校史校情讲解团，通过精心策划校史馆参观项目和校园讲解项目，讲述校园历史、校园景观、学校发展、校园风貌和励志故事等。采用编撰学校文化系列丛书，拍摄校史纪录片、校园纪实片，演绎原创舞台剧，拍摄微电影、微视频等多种形式，声情并茂地讲述发生在学校的大小故事，增强大学文化的吸引力和感染力。

2. 弘扬大学精神

通过梳理大学发展历史脉络，凝练大学精神，完善校史校情宣讲机制，传颂校徽、校训、校歌内涵，传承学校文化精神。重视和加强校风建设，培育良好教风、学风，形成对教职工具有凝聚作用、对学生具有陶冶作用、对社会具有示范作用的优良校风。深化社会主义核心价值观教育，坚持文化育人，将独特的、得到师生广泛认同的学校精神内化于心、外化于行，成为全校师生基本行为规范和共有精神家园，推动学校和谐健康发展，增强大学文化的感召力和凝聚力。

3. 传递文化力量

探索并践行现代大学精神，以高度的文化自觉和自信，凝聚学校文化精髓，鼓励和倡导多元文化融合，积极学习借鉴国内外大学优秀文化成果，将创新精神贯穿于文化建设全过程，推动学校文化的可持续发展。增加中华优秀传统文化课程内容，开展优秀文化教育普及活动。开展形式丰富的各类中外师生文化交流项目，建立面向国际一流大学的文化交流互鉴和共享机制，增强大学文化的辐射力和渗透力。

4. 打造文化精品

组织开展形式多样、内容健康、格调高雅，具有学校特色的文化活动，坚持创新性、原创性和品牌化原则,为广大师生全方位的发展提供更为广阔的视野和空间,构建大学文化品牌体系,打造文化建设的新平台、新亮点,拥有系列文化精品活动,形成独具特色的品牌。全面推进重点项目的实施,广泛宣传,多角度立体传播,提升学校的知名度和美誉度,增强大学文化影响力和软实力。

(三)大学文化建设的途径

大学精神,在于文化;大学文化,重在建设。推进大学文化建设,要从精神文化、制度文化、行为文化、物质文化和网络文化建设五个方面入手。

1. 精神文化建设

一是大力弘扬优良传统。深入挖掘学校历史和文化资源,开展学校历史文献整理与研究,不断提炼具有学校特色的大学文化特征。加强校史校情教育,发挥校史育人作用。拓展校友文化,加强校友会建设,充分利用校友的文化信息资源,传扬学校优秀文化传统。加强校训的宣传教育,拓展实践载体,发挥校训的感召力、凝聚力、向心力与影响力,使之成为全体师生工作、学习和生活的内在要求和外在规范。

二是着力提升育人理念。全面深化“全员育人、全程育人、全方位育人”的育人理念,加大教育教学工作改革,推进人才培养模式改革,提高人才培养质量。把社会主义核心价值体系教育融入学校育人全过程,通过第一课堂、第二课堂和思想政治理论课、社会实践等多种渠道,推动习近平新时代中国特色社会主义思想进教材、进课堂、进学生头脑,培养学生的爱国精神和社会责任感。宣传学校的办学思路、办学特色和发展规划,促进师生、校友对办学理念的高度认同,成为师生的行动指南和精神动力。

三是提高师生人文素养。进一步明晰人文学科的发展定位和思路,促进学校人文类学术机构、学术组织、学术期刊的发展,加强人文社会科学课程建设,注重发挥国家大学生文化素质教育基地的示范、辐射作用,推动社会科学和自然科学的交叉融合,促进科学教育与人文教育相融合,达到文理渗透、相得益彰,全面提升师生的人文素养,培养师生的科学精神和人文精神。

2. 物质文化建设

一是优化文化景观建设。结合现有条件,做好校园环境与景观的整体设计,规划建设若干与校园环境相融合、体现学校传统、彰显学校精神与办学理念的重点文化景区,不断优化校园自然环境和人文环境。加强校园的绿化、美化、净化、亮化和综合治理、安全稳定工作,建设健康文明、安定和谐的校园。

二是完善文化设施建设。加强现有各类文化设施的规范管理和日常维护,提高使用效率。推进公共文化教育和活动场所的建设。完善网络等新媒体阵地建设,不断拓展大学文化建设的渠道和空间。注重信息化校园建设和互联网管理,加快数字化转型。加强学校校报、广播、电视、网络、手机客户端等多种媒体建设,充分发挥各类文化设施的传播作用。

三是注重品牌形象建设。规范使用学校名称、标准色、标准字体以及校标、校徽、校旗、校歌等文化标识,加强名片、办公用品、纪念品等学校文化产品的开发、使用和推广,开展学校形象识别系统使用。做好新建楼宇等校内建筑的内部装饰,突出彰显大学文化的传统、特色和内涵。

3. 行为文化建设

一是深入开展校风建设。充分挖掘学校历史传统的宝贵资源,结合学校发展战略规划,根据学校办学思想和教育理念,加强校风建设,形成对教职工具有凝聚作用、对学生具有陶冶作用、对社会具有示范作用,具有时代特征和学校特色的良好校园风气。通过加强优良校风、教风、学风和工作作风建设,提升学校文化品位,挖掘文化育人内涵,孕育文化活动品牌,形成与学校办学理念相结合、富有特色、生动活泼的行为文化。

二是不断加强师德建设。加强教职工思想品德和学术道德教育,不断完善师德规范,严格师德管理,宣传师德建设先进典型,着力建设志存高远、爱国敬业,为人师表、教书育人,严谨笃学、与时俱进的优良教风。健全教师行为规范、职业道德规范及考核评价办法。强化全员管理育人、服务育人意识,倡导爱岗敬业、恪尽职守、勤政廉洁、求真务实的工作作风。

三是提升校园文化品质。精心培育具有学校特色、反映学校师生价值追求的优秀文化活动品牌,努力形成符合广大师生实际需求、思想性和艺术性相统一的优秀文化活动体系。积极汲取社会先进文化元素,邀请文化大家、学术大师来校举办高水平的讲座、报告,邀请高水平文艺团体来校演出,提升文化活动的艺术水准和文化品位,指导各二级单位结合自身实际和学科特点,建设和发展各具特色的学院文化和部门文化。

4. 制度文化建设

一是完善现代大学制度。按照建设现代大学的总体要求,制定符合高等教育发展规律、体现学校特色的现代大学制度体系,建立相对完备的管理运行规则,使学校各项工作有章可循、有据可查、有法可依,逐步实现规章制度与学校长远发展目标之间的深度契合。通过制定大学章程,探索建立具有中国特色的现代大学制度,建设科学、规范、促进学校可持续发展的制度体系,形成各项制度高效、有力执行的良好局面。

二是优化内部治理结构。按照现代大学治理体系建设的要求,形成党委领导、校长负责、教授治学、民主管理的内部治理模式,实行以校、院两级管理为主的内部管理体制。坚持和完善党委领导下的校长负责制,健全议事规则与决策程序,依法落实党委、校长职权。突出教授治学原则,确保学术权力与行政权力的科学划分与独立行使。积极推进二级单位党政共同负责的管理方式。

三是着力营造民主氛围。坚持和完善教职工代表大会制、学生代表大会制,保障师生对学校管理的知情权、参与权和监督权。坚持广开言路、民主管理,健全民主党派和无党派人士建言献策、监督学校发展的长效机制。完善信息公开制度,推行党务、校务公开,营造民主和谐的校园氛围,激发师生参与学校民主管理的自觉性和积极性。注重对领导干部制度执行能力的培养,确保制度规范公正高效地执行。强化对制度的监督检查,维护制度的严肃性和权威性。做好制度执行情况的信息反馈，推动制度体系的规范化、科学化发展。

5. 网络文化建设

网络文化对于高校的思想政治教育是一把“双刃剑”：用好了，对于高校人才培养工作将起着非常大的促进作用；用不好，将会对育人工作产生负面的影响。因此，高校应创新模式不断探索创新网络育人的多种形式与途径。

（1）用制度建设实现校园网络文化的育人功能

充分发挥校党委的领导核心作用，坚持以社会主义核心价值观引领校园网络文化建设，成立校级网络文化建设管理领导小组。高校在学校中长期发展规划和年度建设规划中要将网络文化建设写进规划，在人、财、物等方面大力支持网络建设，为网络文化建设提供强有力的保障。健全网络文化建设相关规章制度，为打造健康清朗的校园网络空间提供制度保障。为此，应建立网站备案制度，健全网络发布的审查制度，加强对网络舆情的监控。高校应出台网络信息发布与舆情管理的相关管理办法和条例，对舆情管理工作内容、工作制度、监测制度、上报制度、舆情事件处理、突发事件的信息发布、舆论引导、校内网络空间管理、校外媒体支持等进行明确规定。

（2）用阵地建设实现校园网络文化的育人功能

在平台建设中，要以占领和开拓网络文化建设阵地为主要任务，注重积累，融合发展，充分开发网络资源，将教育、管理、服务等功能进行融合。注重学校主页、二级网站的思想内涵提升和知识信息扩充，打造一批具有时代特色、大学精神、品位高雅的网站。高校要构建综合、联动、高效的网络思想政治教育工作平台，旗帜鲜明地宣传社会主义核心价值体系和核心价值观，深入学习与宣传习近平新时代中国特色社会主义思想。高度重视新媒体平台的建设和发展，重点建设“两微一端”，充分意识到新媒体平台的重要性，利用APP客户端、微信、微博等网络平台积极培育和践行社会主义核心价值观。重视建设学校官方“双微”平台，通过官方“双微”平台第一时间发布学校的权威信息，采用新媒体的方式向师生、校友、社会各界介绍学校的悠久历史和当前发展，更好地向社会公众宣传和展示学校。要通过新媒体联盟对各党群组织、行政部门、院系、直属单位等组织开办的“双微”等新型网络媒介进行统一管理,创建集群系统化、网络化的新媒体工作格局,提升高校宣传合力。此外,高校新媒体应掌握网络文化育人的主动权,针对当前大学生普遍存在的困惑和问题,主动发声,组织专家、学者主动参与讨论、发表言论,引导青年学生与党中央保持高度一致。

(3)用内容建设实现校园网络文化的育人功能

校园网络文化内容建设要坚持内容为王,创新取胜,充分发挥网络文化作品在宣传真理、传播文化、弘扬正气等方面的作用,提升网络文化作品的思想教育价值。高校要利用多平台、多渠道进行内容建设。要坚持社会主义先进文化的发展方向,从青年学生关心的社会热点问题、学校新闻、校园生活等角度切入,把握契机、抓住开学季、招生季、毕业季、特殊事件等关键时间节点,鼓励原创,打造优秀原创网络文化产品。将思想政治素质、人文素质、科学素质和艺术素质的培育融入网络文化产品的制作中,制作网络文章、微电影、微视频等多种表现形式的网络文化产品,并通过学校官网、新闻网、“双微”平台等多渠道进行宣传报道,以青年学生乐于接受的方式传播网络正能量,唱响网上思想文化的主旋律,在潜移默化中引导青年学生树立正确的理想信念。

(4)用队伍建设实现校园网络文化的育人功能

为进一步做好网络文化育人工作,高校要形成一支分层负责、分工明确、协同配合、反应迅速的网络管理队伍。学校主要领导总负责,各单位主要领导负直接责任。网络硬件的配置与维护由网络中心负责,网络文化由党委宣传部负责。选拔相关职能部门、专家、教师、职员、学生骨干等人员组成一支优秀的网络文化管理队伍,并通过培训提高他们的法治意识、政治意识、责任意识和网络管理工作技能。在高校网络文化管理中,要有底线思维,坚持法律法规底线、社会主义制度底线、国家利益底线、公民合法权益底线、社会公共秩序底线、道德风尚底线和信息真实性底线,做好网络育人的主流话语表达,掌握网上舆论工作的主动权。

第二节　思想政治教育的文化价值和新使命

思想政治教育具有重要的文化价值。思想政治教育的文化价值,集中地体现为思想政治教育作为一种培养人的社会实践活动,在促进社会文化的发展和创新中,具有多方面的功能。

一、思想政治教育的文化价值

加强大学文化建设和思想政治教育,必须准确地把握和充分发挥思想政治教育在维护主流文化、批判异质文化、传承优秀文化、整合多元文化和创造先进文化五个方面的文化价值。

(一)思想政治教育维护主流文化

思想政治教育的文化价值首先表现在维护作为上层建筑的主流文化。从某种意义上说,思想政治教育的本质就是“思想掌握群众”的过程,这个“思想”即一定社会占主导地位的思想,即主流意识形态。思想政治教育是中国共产党的优良传统,也是中国共产党领导革命、建设和改革取得胜利的重要保证,正是通过思想政治教育,中国共产党获得并充分利用了意识形态认同的力量,把广大人民群众团结在自己周围,取得了革命的胜利和现代化建设的辉煌成就。

文化的核心是意识形态,主流文化的内核和灵魂就是主流意识形态。因此,思想政治教育维护和巩固主流意识形态的过程实质上是彰显其维护主流文化价值的过程。社会主义核心价值体系是社会主义意识形态的本质体现。维护主流文化关键是要确立和旗帜鲜明地传播社会主义核心价值体系。在思想政治教育过程中,要始终确保社会主义核心价值体系在意识形态领域的主导性,这是维护主流文化的重中之重。具体而言,就是要强化马克思列宁主义、毛泽东思想、中国特色社会主义理论体系、习近平新时代中国特色社会主义思想在意识形态领域的主体地位,坚持不懈地用马克思主义中国化最新成果武装全党、教育人民,用共产主义远大理想、中国特色社会主义共同理想凝聚力量,巩固全党全国各族人民团结奋斗的共同思想基础。唯其如此,以主流意识形态为核心的主流文化才会更具说服力、凝聚力和吸引力。

(二)思想政治教育批判错误思潮

思想政治教育实践置身于宏观的社会文化背景下进行,它所维护、传播的是社会主流文化。社会思潮、价值观念等文化因子,如果与思想政治教育的价值目标取向相一致,思想政治教育就会以积极的姿态吸纳、维护和传播。反之,思想政治教育则会对之过滤、甚至批判和摒弃。从这个意义上说,思想政治教育本身具有文化选择功能:选择、传播同质文化,过滤、批判和抵制错误思潮。

经济全球化带来的不仅是世界经济市场及其活动方式,在全球化背景下,多元文化相互激荡、相互冲突。“文化输出战略”已成为西方敌对势力进行意识形态渗透的重要手段,他们一方面利用话语和技术强势向世界各国尤其是社会主义国家兜售西方文化,另一方面在对外贸易中直接通过图书、电影、游戏等文化产品的输出大肆进行“文化渗透”。这使我国的文化安全整体态势面临异常严峻的挑战。因此,思想政治教育就要对各种各样的错误思潮进行过滤,对反映时代发展要求的先进文化予以发扬光大。要充分调动利用各种思想政治教育资源,特别是通过互联网等先进的信息传输媒介高扬社会主义先进文化的主旋律,树立“阵地意识”,做到“守土有责”,对错误思潮进行有力地批判,这是提升我国文化软实力、维护我国文化安全和总体国家安全的关键所在。

（三）思想政治教育传承优秀文化

从文化的角度来看，思想政治教育的过程同时也是优秀文化得以传承的过程。一般而言，文化传承是文化特质或者文化元素从一个社会传递到另一个社会，从一个区域传递到另一个区域，是文化向外传递、扩散而超出其产生地区的一种流动现象，归根到底是一种文化与人的互动。思想政治教育对优秀文化的传承，就是思想政治教育把优秀文化与人的观念、智慧、意志、情感建立起内在联系，使社会规范成为人们维持良好社会生活秩序的准则；使健康的审美情感成为丰富人们生活的内容和方式，使创造和学习文化成为人们的生存方式，使人激发出参与社会生产和社会生活的强大精神力量。

教育本身是一种文化活动，这种文化活动的开始是使正在成长的个人心灵与优良的“客观文化”的适当接触，把客观文化安置在个人心灵之中，使其成为“主观文化”。这里所说的客观文化是指人类世世代代创造的文化，主观文化是指这种人类文化在每个时代人们心目中的存在形式。① 正是这种在思想政治教育实践中所实现的从客观文化不断向主观文化的转移，千百年来人类所创造的灿烂文化才得以流传。思想政治教育传承的文化不仅包括各种知识形态的文化，还包括意识形态化的文化，如马克思主义的世界观、人生观和价值观。教育不但传承各种理性形态的文化，而且还传递各种非理性形态的文化；不但传承各种意识层面的文化，而且传承潜意识层面的文化，如健康向上的文化心态和社会时尚等。思想政治教育是指社会或集团运用一定的思想观念、道德规范对其成员施加有目的、有计划、有组织的影响，使他们形成符合一定社会或一定阶级所需要的思想品德的社会实践活动。这里的“思想观念、道德规范”就是一种文化，一种特殊形式的文化，即政治文化、伦理文化。它所达到的目的是实现个体的政治、道德的社会化，也就是实现人的社会化。

① 参见沈根华：《试论思想政治教育的文化价值》，《南京政治学院学报》2002 年第 5 期。

可见,思想政治教育对优秀文化的传承是在对各种形态的文化进行选择过滤的基础上的传承,是社会文化的积淀,是在社会文化世代连续性过程的同化基础上的文化迁移。

(四)思想政治教育整合多元文化

思想政治教育对多元文化的整合,是指思想政治教育通过各种不同的方式展示文化的整体意义,对选择、过滤性的文化进行整理,使不同的文化相互借鉴、吸收、融化、调和而趋于一体化的过程。

任何社会都存在多种不同类型的文化,在文化多元化背景下的社会主义也不例外,必须正确区分以下两个概念,即"社会主义社会的文化"和"社会主义的文化"。前者指的是社会主义社会文化的总体,包含主流文化与非主流文化;后者指的是社会主义社会文化总体中的一部分,即以马克思主义为指导的社会主义的先进文化,它是当代中国社会的主流文化。由于在社会主义社会的文化中,存在一些非主流文化,决定了主流文化必然是在与非主流文化的斗争中巩固其主导地位的,但是并不意味着主流文化一味地排斥其他人类文明的优秀成果,主流文化必须批判地吸收其他人类文明的优秀成果,兼容并蓄其他文化合理、科学的成分。思想政治教育应该以"扬弃"为原则吸收各种亚文化中的合理成分,以形成对主流文化有益的补充,促进主流文化的发展和思想政治教育自身的发展。思想政治教育应该对亚文化合理成分进行整理,使其与社会主义主流文化形成互不冲突的整体,从而为促进社会主义文化的发展服务。同时,各亚文化圈中的非主流文化也呈现出良莠不齐的复杂性。因此,思想政治教育应充分发挥其文化整合功能,将社会主流文化渗透到各种非主流文化当中,用社会主流文化引领非主流文化,调节社会文化冲突,创造良好的文化交流、文化吸收和文化交融的氛围,使它们成为先进文化的有机成分,进而为促进社会主义文化的繁荣发展服务。当然,思想政治教育对多元文化的整合并不是简单机械地把各种文化集合起来,而是在思想政治教育的宏观协调下使各种文化相互作用，整合为主流文化的价值模式。

（五）思想政治教育创造先进文化

文化的先进性是维护文化安全的天然屏障。思想政治教育作为一种特殊的教育活动，一定意义上能够促使既有文化改变其内容和结构，不断超越自身，产生先进文化。从这个意义上讲，思想政治教育具有创造先进文化的价值。

思想政治教育之所以对文化具有创新价值，首先，这是由思想政治教育传承文化的特点决定的。思想政治教育是以行为和语言的形式传播价值观念、思想意识的，是对受教育者的知识结构、个性特点和行为方式等产生影响的过程。在这个传播过程中，教育者根据自己的经验、知识等主观意向重新解释、评估、确定文化的意义，在此基础上繁衍出许多新的文化意义。从受教育者这个角度而言，当受教育者接受某种文化信息时，也总是根据自己的经验重新理解和把握这种文化信息的价值和意义。由于人们各自的社会经验、文化意识和价值观念不同，对一种文化信息的理解、认识也会有差异。因此，思想政治教育实践活动在对文化传承的同时，丰富和更新了原有的文化系统，改造了原有的文化结构。其次，这是由人的文化主体性决定的。人既是已有文化的继承者，又是新文化的创造者，也是文化的享用者。人类为了自身的生存与发展，必须不断地更新与创造文化。思想政治教育通过传播已有文化，使受教者不断被“文化化”，并培养与文化发展相关的个性和创造力，从而使文化能够得以发展和更新。也就是说，思想政治教育培养出来的具有先进价值观念与开拓创新品质的人，这是文化创新无尽的动力源泉。最后，这是由文化变迁的过程决定的。各种异质文化的互动是文化变迁的重要动因。通过思想政治教育，人们在与有着不同价值取向的多种异质文化频繁接触的过程中，无形中就会对有着不同规范体系的各种文化产生较高的“承受阈值”，形成弹性的文化适应性，有利于各种不同文化在互动中发生变迁。而文化变迁的过程就是文化自身否定之否定的过程,也就是先进文化被创造的过程。

当然,思想政治教育与文化价值的生成是双向互动的过程,即思想政治教育可以发挥其独特的文化价值,而文化也是思想政治教育价值实现的重要因素。因此,一方面要在思想政治教育的整个过程中实现其文化价值,充分挖掘思想政治教育的文化价值潜力;另一方面要大力加强社会主义文化建设,包括无形的文化事业建设和有形的文化产业的建设,为思想政治教育提供更多更好的教育资源,从而推动思想政治教育文化价值的实现。

二、培育文化自信和价值观自信是思想政治教育新使命

培育高度的文化自觉自信和价值观自信,是建设文化强国最重要保证。党的十七届六中全会提出:“培养高度的文化自觉和文化自信,提高全民族文明素质,增强国家文化软实力,弘扬中华文化,努力建设社会主义文化强国。”①党的十八大再次提出,“树立高度的文化自觉和文化自信,向着建设社会主义文化强国宏伟目标阔步前进”②。党的十九大报告指出:“文化自信是一个国家、一个民族发展中更基本、更深沉、更持久的力量。”③因此,高校思想政治教育必须担负起涵养文化自信和价值观自信的新使命,培育大学生坚定的文化自信与价值观自信,实现文化自信与价值观自信的有机结合。

(一)文化自信与价值观自信互融互通

厘清文化自信与价值观自信的辩证关系,是培育当代大学生坚定的文化自信与价值观自信的前提。文化自信是价值观自信的基石,价值观自信是文化自信的核心。

① 《十七大以来重要文献选编》(下),中央文献出版社 2013 年版,第 562 页。

② 《中国共产党第十八次全国代表大会文件汇编》,人民出版社 2012 年版,第 31 页。

③ 习近平:《决胜全面建成小康社会 夺取新时代中国特色社会主义伟大胜利——在中国共产党第十九次全国代表大会上的报告》,人民出版社 2017 年版,第 23 页。

1. 文化自觉自信是价值观自信的基石

一方面，文化是价值观的重要来源。凡价值观都隶属于某种文化，价值观的提炼、形成与坚守都离不开一定的文化。具体而言，中华优秀传统文化是孕育社会主义核心价值观的沃土，在中国革命、建设、改革的伟大实践过程中孕育的革命文化和社会主义先进文化是滋养社会主义核心价值观的甘霖。另一方面，文化自信是价值观自信产生的前提。文化是价值观的涵养之源，文化自信是价值观自信的生发之源。文化自信是文化发展进程的重要影响因素，是文化兴盛的底气所在。在众多自信中，文化自信是更基础、更广泛、更深厚的自信，文化自信是产生价值观自信的重要前提。

2. 价值观自信是文化自觉自信的核心

文化的内核是价值观，当代中国文化的自信，取决于对价值观特别是社会主义核心价值观的自信。价值观自信特别是社会主义核心价值观自信，是实现其他所有自信的根本。社会主义核心价值观是中国特色社会主义文化的内核，中国特色社会主义文化自信中最核心的是社会主义核心价值观自信。一方面，价值观是文化的内核和灵魂。价值观处于文化的最深层次，是文化的内核，决定着一种文化的性格、气质、吸引力和感召力。价值观体现一个民族和时代的特点，是区别不同民族文化和不同时代文化的最重要标志。因此，价值观是文化软实力的核心内容，是文化软实力建设的价值支撑和精神资源。另一方面，价值观自信是文化自信的内核。文化自信有着多方面的构成和表现，但根本上是价值观自信，价值观自信是文化自信的有力保证，没有价值观自信，断然不会产生文化自信。

（二）培育文化自觉自信是高校思想政治教育的新任务

1. 文化自信培育与思想政治教育相互耦合、相互补益

（1）文化自觉自信是思想政治教育所倡导的社会价值和规范的源头

作为文化表现形式的结构特征，可以归纳为三个层次，外在的直观层次包括所有文化形态,包括物质文化、制度文化、环境文化等,是文化的最直观形态。直观层次所内含的内层文化,是文化中能够具有规范意义和价值指向意义的文化形态,是能够对人的理性信念和价值追求产生直接影响的文化系统,诸如道德文化、哲学思想、政治理论、宗教信仰、艺术教育等。文化的最深层次是文化所具有的精神和意义表现,是社会价值和价值规范的文化基础与文化根源。文化自觉与文化自信就是处于这一层面的认识和理性态度。这表明文化自觉和文化自信的深层蕴涵就是价值导向,社会的核心价值观和价值体系就是凝结在文化之中的文化之核和文化之魂。这一文化之魂一旦形成,就会在制约文化的质的规定性,决定文化的发展方向,形成文化的深层要素上发挥作用。

任何一个国家和民族的文化,其实都是他们共同拥有和追求的价值观。基于此,我们可以说,文化自觉的要义,就是对文化价值认知的深刻性;而文化自信的要义,突出表现为对自己民族的优秀文化传统以及这种文化传统凝聚而成的理想信念、价值观的坚定信念。这种信念是坚定不移的,是一种对核心价值体系的信任,是发自内心的坚守和尊奉。这种对理想信念和核心价值观的信任和尊崇,与其说是对价值观体系的依赖和敬重,不如说是对其背后所倚重的文化的信奉与坚守,是对其背后文化的本质属性和文化导向性的肯定。

文化自觉和文化自信所表现出的这种价值体系构建与价值导向的本质,与思想政治教育的目的和功能是一致的。如果说文化自觉和文化自信的本质在于精神构建的话,那么思想政治教育的本质就在于精神构建基础上的价值导引与人格塑造,将两者内在地结合在一起。对此,思想政治教育需要作出积极的回应,在培育文化自觉和文化自信的观照下,对思想政治教育本身的内在结构、形态演变和领域发展进行文化哲学的思考,透过文化视野对思想政治教育的基本理论和实践样态进行审视与考量,形成基于文化自觉和文化自信培育的发展路向。这种发展是从文化自觉和文化自信的视角审视思想政治教育的未来发展,是"基于文化情境下的思想政治教育研究和基于深刻的文化关怀意识下的思想政治教育研究”①,其目标就在于以此来探讨思想政治教育的文化功能。

(2)文化自觉自信是提升人的社会感悟力和道德责任感的前提

文化对人的影响在很大程度上表现为对整个人类以及国家和社会前途命运深切的把握与关怀的广度和高度上。文化能引导人们对人类的命运有着更深切的把握和关怀。文化不仅能够使人对科学问题有一定的敏感性,而且能够使人对社会问题保持高度的敏感性,进而对人类和社会的命运形成深切的把握和关怀。所以,如果说现在我们的思想政治教育在科学人才和社会感悟力的养成中还需要继续完善的话,一个重要路径就是要通过教育促使学生进入文化这个精神世界,使文化自觉和文化自信所包含着的精神,始终成为他们价值观的基础,成为他们理解人类、自然和自身的途径。如果我们忽视培养高度的文化自觉和文化自信,就很容易把学习引入背离文化的路径。

因此,文化自觉与文化自信是提升人的社会感悟力和道德责任感的基本源泉和直接动力。在现实社会,虽然对提升人的道德素质的影响因素很多,从生产力水平的提高到社会关系的改善,以及社会环境建设、社会风尚优化、文化艺术熏陶、科学技术的发展等,这些都必然是重要方面。认真思考后不难发现,这些因素不是从终极意义上发挥作用就是间接地产生影响。能够直接作用于人的道德需要和道德意识的,还是文化以及由此产生的文化自觉和文化自信所具有的价值导向。正是社会中存在的不同文化的价值导向的差异,直接影响并决定着人们对价值取向的判断和价值意识的选择。由此形成的道德感悟往往又能够反作用于人所面对的社会文化,并能够在一定程度上影响文化的价值导向行为。

总之,思想政治教育是在培养人的德性、开发和利用先进文化的过程中发挥作用、寻找价值归依的。这就要求思想政治教育在现代人才培养中,不仅注

① 段海超:《文化自觉和文化自信的培育与思想政治教育发展向度》,《国家教育行政学院学报》2015 年第 1 期。

重养成高尚的道德境界,还要注重提升良好的文化品位,涵养文化自觉和文化自信,从而使人能够以精神的力量形成深切的道德感悟力和人文关怀,成为社会的良知。因此,思想政治教育的文化育人与文化传承功能、文化自觉与文化自信培育功能,将会成为思想政治教育的重要功能和新的使命。思想政治教育不仅要发挥人的精神和理性的优势,直接为经济社会发展服务,而且必须通过文化自觉与文化自信的培育,为知识的创造、人才的培养提供价值导向,自觉承担起运用文化自信引领社会进步的重大使命和社会责任。

2. 思想政治教育要肩负起文化自信的重任

大学生文化自觉自信的培育对其价值观自信的培育具有先导作用。在当前多元文化的时代背景下,思想政治教育在弘扬和传承文化的同时,还肩负着强化大学生文化自信的重任。

(1)培养文化自觉自信是思想政治教育未来发展的战略考量。从历史发展看,教育是文化发展的产物,所有教育内容所承载的也离不开文化的属性。所以,从本质上看,教育可以视为一种文化传承和文化创新过程。作为教育重要维度的思想政治教育,也同样具有文化属性,传承的内容和形式都可以视为一种文化现象。因此,需要在未来发展中确定思想政治教育相应的文化价值观和文化认知方式。思想政治教育如果不能确定文化在思想政治教育方面的价值引导作用,无疑容易割裂和遮蔽它与人类文化之间的内在联系。因此,在未来思想政治教育创新发展的战略考量中,需要从文化的视野关注思想政治教育问题,从文化情境出发,在文化意识的观照下探讨思想政治教育的文化功能。这不仅是因为注重文化自觉和文化自信的培养,是思想政治教育对当代中国文化建设发展规律的历史性把握的必然要求,也是进一步强化思想政治教育时效性,使之从文化基础和文化导向中得到实践性提升的现实需要。将培养高度文化自觉和文化自信作为未来思想政治教育发展的战略考量,体现了当代思想政治教育在文化时代所作出的重要抉择,表明思想政治教育对于文化价值深刻认识的理性升华,也彰显了思想政治教育遵循文化建设规律,构建社会主义核心价值体系的高度文化自觉和文化自信。

思想政治教育作为社会科学中具有高度理论自觉品质的学科，应该具有高度文化自觉和文化自信。思想政治教育需要站在新的发展点上，形成新的文化思维，把文化作为人们形成思想道德品质和核心价值观的前提和基础，深刻认识文化在思想政治教育创新发展中的重要价值，切实把握文化在思想政治教育创新发展中的特殊作用，将文化以及文化导向视为自身超越性和创造力的重要源泉，成为全球化进程中竞争发展的重要因素和促进人的全面自由发展的重要支撑。同时，置身于全球化进程和我国改革开放具体实践的思想政治教育，既要大胆借鉴世界思想文化的有益成果，又要大力弘扬民族精神和本民族思想文化的优秀传统，从增强文化自觉和文化自信出发，形成思想政治教育创新发展的新思维和新境界。

(2)明确思想政治教育的文化哲学指向，提升价值导向上的自觉自信。第一，要确定思想政治教育的文化认知方式。对现代思想政治教育来说，应该具有自觉学习进步文化的态度，有自觉认同和自觉运用进步文化的追求。这种对文化的认知方式的实质，就是在认识文化的价值性与重要性的基础上，坚持文化所体现的价值导向，在推进文化的创新发展的同时，用凝结在先进文化之中的价值取向构筑社会主义核心价值体系，以中华优秀传统文化培育良好德性，塑造健全人格。

第二，为思想政治教育理论与实践发展提供具体的文化方式方法。文化自觉和文化自信的培育以及由此产生的价值导向是文化实践活动和文化价值导向的一个基本方式和重要内容，它与具体的文化建设、文化生产和文化教育等文化实践紧密相连。文化自觉的价值导向方式是在有目的的人类各种文化实践活动中形成并发展的，它的本质就是形成以特定的是非、善恶、正义等价值观念评判并确定行为选择。这种方式能够涵盖人类文化活动的各种行为领域，渗透于所有人类文化活动之中，并能够反向促进文化向一定的方向发展。因此，思想政治教育必须遵循文化建设规律，强化对于文化价值的深刻认识和理性升华,提供具体的文化育人方法,通过文化自觉和文化自信培养,不断确立并强化科学的核心价值观,使之成为社会主义核心价值体系构建的价值导向和重要动力源泉。

思想政治教育必须把握好文化指向的价值向度,强化文化引领功能。现实社会中文化软实力的产生,必须依赖于长期形成的核心价值体系的威望与魅力。这就要求思想政治教育在文化的发展中,必须注重文化立场、文化取向和文化选择的把关,强化思想政治教育文化引领和保障功能,发挥思想政治教育主体及其活动对一定社会文化的导引、塑造和建构作用。这些功能和作用的存在基础在于文化自觉和文化自信尽管是价值意识和价值规范产生的根据,但当价值意识和价值规范形成之后,又能够反作用于文化,影响文化发展。对此,思想政治教育一方面要把握文化育人的价值向度,矫正文化发展、文化育人过程中的价值偏差;另一方面还要通过新的理念、理论、方法等文化形式,强化对文化建设的引领和当代文化的定位与创建,推进文化沿着正确的方向发展,使文化自觉和文化自信真正成为培育民族精神,构建核心价值体系,凝聚精神动力,促进人的全面发展和社会全面进步的重要动力。

(3)明确思想政治教育的文化使命担当,强化其文化育人功能。思想政治教育必须注重文化传承创新与文化育人的责任担当。植根于中华优秀传统文化沃壤之中的我国思想政治教育,不仅要从文化自觉和文化自信中获得自身发展的文化动力,还要意识到其作为一种文化传承现象所具有并且能够发挥的特殊使命。这包括“发展文化的社会与历史责任有主动的担当,以及对文化建设的引领,包括对传统文化的批判与继承,对世界各种文化的判断与吸收,对历史经验教训的总结与汲取,对当代文化的定位与创建,也就是达到文化的自我觉醒、自我反省、自我超越”①。这也正是思想政治教育自身具有的精神生产力和文化创造力的集中体现和必然要求。

---

① 张耀灿等:《现代思想政治教育学》,人民出版社2006年版,第165页。

积极主动的文化使命担当，是思想政治教育文化视野的题中应有之义，是文化育人功能中的基本要求，也是思想政治教育走向成熟且在今后发展中具有强大生命力的重要标志。因为文化传承创新与文化育人能够将一些基本的信念和价值观传递下来，使先进文化和科学价值理念以及所表征的精神，在整体上的发展能持续下去，进而从各个方面促进人的觉悟水平和社会的发展进步，社会的价值目标与核心价值观也才有实现并被遵循的希望。没有这种传承创新和文化担当，社会进步是难以想象的。文化的传承与创新主要是通过教育体现出来的，思想政治教育义不容辞地要承担这个责任。

思想政治教育的文化担当，就是要承担起文化传承创新与文化育人的责任，使先进文化和科学价值理念以及所表征的精神，在整体上的发展能够持续下去。通过文化的传承创新与文化育人，保证人们将文化所具有的价值观念和价值信念不断延续，保证人才具有先进的文化涵养，进而从各个方面促进人才的觉悟水平和社会的发展进步，社会的价值目标也才有实现的希望。

总之，文化自觉和文化自信所具有的价值导向功能与思想政治教育相辅相成。而且，思想政治教育作为一种文化现象，有其独特的文化品位和教育理念，思想政治教育对文化所具有的传承、整合、创新与熔铸的特质，使得思想政治教育必然具有潜在的“文化力”。同时，思想政治教育与文化自觉和文化自信共同的信念和主张，必然促使思想政治教育的文化整合功能逐渐完善，并形成思想政治教育发展的新视野、理论的新境界和实践的新形态。

（三）培育价值观自信是高校思想政治教育的核心任务

价值观自信在文化自信中具有核心地位，因此，高校思想政治教育亦要着重培育大学生的价值观自信。为此，高校要积极引导大学生认清社会主义核心价值体系的先进性，强化大学生社会主义核心价值观认同教育，在此基础上培育大学生牢固的价值观自信。

1. 引导大学生认清社会主义核心价值体系和核心价值观的先进性

社会主义核心价值体系和核心价值观,是中国共产党人对中国自近代以来的社会变革实践和社会价值演变的深刻反思和科学总结,也是对新的世界形势和时代价值特点的深刻把握与科学反映,它实现了对中华优秀传统价值观与世界文明价值观念的完美整合和整体性创新超越,具有极为明显的先进性特征。事实已经证明,社会主义核心价值体系和核心价值观是实现中华民族伟大复兴的精神支柱和力量源泉。高校思想政治教育的一项重要工作就是引导大学生认清社会主义核心价值体系和核心价值观的这一先进性。

2. 加强大学生社会主义核心价值体系和核心价值观认同教育

增强大学生的价值观自信,必须强化其对社会主义核心价值体系和核心价值观的认同教育。仅仅让大学生记住社会主义核心价值体系和核心价值观的内容是远远不够的,高校思想政治教育工作者必须要探索让社会主义核心价值体系和核心价值观渗透到大学文化和大学生日常生活中去的有效方法,使之内化于心、外化于行,对社会主义核心价值观像呼吸空气一样“日用而不觉”。为此,要充分发挥思想政治理论课的主阵地作用,将社会主义核心价值体系和核心价值观融入课程教学全过程。要充分发挥大学网络文化的育人功能,将社会主义核心价值体系和核心价值观的教育变抽象为具体、化枯燥为生动,进一步增强思想政治理论课课堂教学的趣味性和生动性。

(四)在思想政治教育中实现文化自信与价值观自信的有机统一

对于高校来说,要充分发挥文化高地的“灯塔”作用,成为增强文化自信的基地和弘扬社会主义核心价值观的阵地。为此,首先,要理直气壮地讲解中国文化和核心价值观,切实把社会主义先进文化特别是社会主义核心价值体系和核心价值观贯穿于大学生活的方方面面,通过教育引导、舆论宣传、文化熏陶、实践养成、制度保障等,使社会主义核心价值体系和核心价值观内化为师生的精神追求,外化为师生的自觉行动。其次,思想政治教育工作者必须明确自身在增强高校文化自信和价值观自信过程中的使命和责任，注重中华优秀传统文化的讲授与传播，注重社会主义核心价值观的讲解与弘扬，要以身作则，帮助大学生不断增强对社会主义文化和社会主义核心价值观的认同。最后，思想政治教育工作者要紧跟时代的步伐，充分利用先进的教育手段和载体，占领文化价值观传播新阵地。

第三节　大学文化建设与高校思想政治教育的融通性

大学文化是开展思想政治教育的有效载体，缺乏大学文化支撑的思想政治教育必将陷于形式化和空心化。思想政治教育则为大学文化建设提供正确的价值引领，没有思想政治教育引导的大学文化建设必将偏离正确的发展轨道，二者之间互融互通、相辅相成。

一、大学文化建设与思想政治教育互融互通、相辅相成

大学文化建设与高校思想政治教育存在着相互融合、相互促进的关系。

（一）大学文化建设与思想政治教育的教育目标具有一致性

尽管大学文化和思想政治教育在育人的表现形式、方式手段、载体途径等方面存在差异性，但二者的共同目的都是培养高素质的人才。一方面，现阶段提出加强大学文化建设，用社会主义先进文化和社会主义核心价值体系引领大学文化，打造和谐的人文环境，建设充满活力、富有特色的大学文化，从审美和理想的高度培育大学生崇高的思想品质和道德修养，其目的就是为开展大学生思想政治教育活动营造良好的人文环境和浓厚的文化氛围，最终促使人格的完善与升华。另一方面，思想政治教育也是以人为教育对象，坚持以马克思主义理论为指导，按照培养社会主义事业建设者和接班人的要求，引导大学

生树立科学的世界观、人生观和价值观,提高大学生的分析鉴别能力和思想政治及文化素质,进而实现人的全面发展。由此可见,思想政治教育的主客体就是大学文化的主要创造者,二者将坚持立德树人和促进大学生的全面发展以及培养社会主义事业的建设者和接班人视为共同责任和使命。

(二)大学文化建设与思想政治教育的价值取向具有趋同性

无论是大学文化还是思想政治教育,二者的价值取向是趋同的。大学文化和思想政治教育都属于先进文化的产物,它们都是社会主义先进文化的组成部分,都属于社会主义意识形态范畴。中国大学的办学方向是社会主义的,其建设的大学文化必然是大学精神与时代精神、民族精神的积淀和凝聚,也必然是坚持社会主义道路、认同社会主义核心价值体系和核心价值观、体现社会主义意识形态的文化,而思想政治教育本身就是党的事业的生命线,肩负着引领方向、舆论导引、思想保证等重要作用。大学文化与思想政治教育都承担着育人的功能,都是在价值取向上引导大学生更好地认识自我、了解人生价值,进而形成科学的世界观、人生观和价值观,最终促进人的全面自由发展。此外,大学是实现文化传承与创新的重要平台,也是借鉴并传播世界先进文化的重要基地,实现文化的传承与创新自然而然地成为高校思想政治教育的重要内容之一。因此,思想政治教育和大学文化建设都担负了文化传承、融合与创新的任务。

(三)大学文化建设与思想政治教育的内涵拓展具有融通性

大学文化的内涵结构主要包括精神、制度、行为、环境和网络等五个维度,其所秉承的先进科学的大学理念和凝练的向上向善的大学精神,正是高校思想政治教育所追求和倡导的方向;而思想政治教育对大学生进行思想导引、凝聚激励以及开展的理想信念、思想政治和伦理道德教育等内容,也正是大学文化建设的主要内容。

（四）大学文化建设与思想政治教育的手段共用、内容共生

思想政治教育与大学文化建设的育人手段和路径的共用，不仅促进了二者的互融互通，也实现了其内容的共生共荣。一方面，思想政治教育可以为大学文化建设提供方向引领和保证。大学文化本身应是符合社会主义核心价值体系和核心价值观的思想体系，而思想政治教育将有利于大学文化建设在纷繁复杂的社会环境中保持坚定的立场与执着的追求，这也是思想政治教育本身应该坚持和追求的。另一方面，大学文化是一种无形且重要的思想政治教育资源，学生无形中会受到优良校风和学风等大学精神的感染和熏陶，同时思想政治教育也影响着大学生的正确价值取向的形成和行为选择，增强对文化的辨别能力。

二、推动大学文化建设与高校思想政治教育的有效融合

在新的形势下，高校以社会主义核心价值体系引领大学文化建设，充分发挥思想政治教育的文化育人功能，推动大学文化建设与高校思想政治教育的有效融合，以实现育人的根本目标。

（一）坚持文化传承与育人相结合，实现以文化人、育人育心

文化是民族的血脉，是人民的精神家园。当今时代，文化越来越成为民族凝聚力和创造力的重要源泉。中华文化博大精深、源远流长，富有独特魅力，是世界文化百花园中的奇葩，越来越成为中华民族发展壮大的强大精神力量。高校是文化传播的主阵地，教育工作者是中华优秀传统文化的传承者和民族精神、时代精神的弘扬者。高校与教育工作者特别是思想政治教育工作者有责任也有能力为实现中国特色社会主义文化大发展大繁荣，用文化凝心聚力，用民族精神和时代精神育人育心作出应有的贡献。在思想政治教育实践中就要做到：一是积极充当中华优秀传统文化的继承者与传播者。努力学习、深刻

理解中华优秀传统文化的精华,在育人过程中,主动将文化传承与以文化人有机统合,积极运用中华文化所彰显的民族精神和时代精神感染、武装和鼓舞学生。二是深入推进社会主义核心价值体系进教材、进课堂、进头脑。高校应充分发挥思想政治理论课课堂主渠道作用,将社会主义核心价值观与人才培养目标、学科建设、课程建设有机统一起来,使社会主义核心价值观贯穿人才培养的全过程,真正实现大学生思想政治教育的全员育人、全方位育人、全过程育人。

(二)坚持文化建设与育人相结合,提升育人实效

“创新是民族进步的灵魂,是一个国家兴旺发达的不竭源泉,也是中华民族最深沉的民族禀赋”①。文化建设需要在与文化创新的交互作用中深入挖掘优秀文化资源、着力打造文化精品、不断丰富文化内容。只有坚持以文化人,不断推出更多彰显中国特色社会主义先进文化的优秀文化精品、丰富广大青年学生精神头脑的文化精品,才能有效提升文化育人的育人实效。一是加强校园物质文化与精神文化建设。在校园文化建设中,使校园设施完善、布局合理、特色凸显,增强校园物质文化的感染力和吸引力,进而增强校园学人的爱校情怀。而校园精神文化直接彰显着学校的精神风貌,体现着学校的校风、教风、学风和班风,代表着校园文化的最高层级。在加强校园精神文化建设中,注重体现学校历史传统,塑造学校主体认同的生活观、价值观、文化观。二是挖掘地方特色的红色文化资源。红色文化以中华优秀传统文化为生存与发展的根基,具有强烈的民族特性,时刻彰显着民族情怀,在加强大学生思想政治教育、引领大学生自觉投身于中国特色社会主义建设伟大实践中具有重要的意识指引与力量凝聚的价值与作用。三是打造红色文化精品,树立红色文化品牌。红色文化是在革命战争年代,由中国共产党人、先进分子和人民群众

① 《习近平关于青少年和共青团工作论述摘编》,中央文献出版社 2017 年版,第 46 页。

共同创造并极具中国特色的先进文化，蕴含着丰富的革命精神和厚重的历史文化内涵，体现了人们对美好生活的追求，在革命战争年代发挥了团结力量、克敌制胜的重要作用。在中国特色社会主义建设与发展时期同样需要发挥红色文化凝心聚力、催人奋进的作用。因此，高校应当发挥地域优势，结合本地区的革命历史与文化传统，深入挖掘红色文化资源，打造红色文化精品并适时融入思想政治理论课教学之中，发挥其对加强高校学生思想政治教育以文化人的思想感染力、精神震撼力，使学生产生强烈的历史使命感和社会责任感。

（三）坚持文化育人与实践育人相结合，增强服务社会能力

思想政治理论课是加强大学生思想政治教育的主要渠道和重要载体。加强对思想政治理论课教学改革，在教学内容和教学方式上进行大胆探索与尝试，将理论教学与实践教学相结合，才能将文化育人与实践育人相统一。要坚持文化育人多维度统合，将文化育人与理论育人、实践育人有机融合并适当延伸①。坚持将世界及中华民族优秀文化精华适时融入思想政治理论课教学中，坚持做优秀传统文化的传承者、弘扬者。在思想政治理论课文化育人的过程中，用鲜活的形式向学生展现深厚的民族传统文化、科学的马克思主义文化、励志的红色精品文化，以增强学生的民族凝聚力和民族自豪感，从而更加坚定共产主义远大理想和中国特色社会主义共同理想，激发学生的民族精神和爱国情怀。

实践育人作为文化育人的延伸和拓展，是高校育人工作的重要环节，是思想政治教育不可替代的重要方法，对于培养大学生理论联系实际的能力、学以致用的能力，具有重要作用。要将学生科学文化的理论学习与实际运用有机结合起来，将文化育人与实践育人有机统一起来，在知行合一、突出活动实效基础上提升实践育人效果。社会实践既是大学生综合素质得以提高和发展的

① 杨全海：《构建高校思想政治教育文化育人机制》，《光明日报》2015 年 9 月 20 日。

有效途径,也是大学生社会责任感、创新精神和实践能力得以形成的重要载体。通过文化育人与实践活动的有机结合,进一步坚定大学生的马克思主义理想信念,深刻认识共产主义远大理想和中国特色社会主义共同理想,加深对党和人民群众的情感,进而激发他们报效祖国、奉献社会、服务人民的热情。

第四章　社会主义核心价值体系教育与高校思想政治教育

把社会主义核心价值体系和核心价值观融入大学教育全过程，实质是要将其融入高校思想政治教育全过程。社会主义核心价值体系和核心价值观教育与高校思想政治教育之间有着非常密切的关系，思想政治教育需要依靠社会主义核心价值体系作为其开展各项工作的目标和检验效果的指南，社会主义核心价值体系建设同样需要大学生思想政治教育来落实，同时思想政治教育也是社会主义核心价值体系教育的主渠道和传统路径。

第一节　社会主义核心价值体系是思想政治教育的根本指针

社会主义核心价值体系和核心价值观与高校思想政治教育高度契合。社会主义核心价值体系和核心价值观与高校思想政治教育都是大学文化建设的重要组成部分，二者高度契合。一方面，社会主义核心价值体系和核心价值观是建设大学文化的主旋律和主心骨，是大学文化的根本使命，同时还是思想政治教育把握文化主旋律的航标，影响高校思想政治教育实施的全过程，没有社会主义核心价值体系和核心价值观的引导，思想政治教育会迷失方向、缺乏动力。另一方面,思想政治教育是构建大学文化的重要内容和途径,是社会主义核心价值体系和核心价值观在大学有效传播的最佳途径。

一、明确高校思想政治教育的目的和方向

任何社会、任何国家的教育都要通过倡导一定的思想来实现自己的培养目标,达到自己办教育的目的。教育目的和培养目标决定思想政治教育的内容,思想政治教育的内容是为实现一定的教育目的和培养目标服务的。不同社会历史条件下教育目的和培养目标的不同,决定了它们有不同内容的思想政治教育。因此,社会主义核心价值体系规定思想政治教育的方向,在一定意义上,社会主义核心价值体系和核心价值观教育就是思想政治教育。

大学生思想政治教育的目的是指通过思想政治教育活动,在大学生的思想和行为以及社会生活的有关方面所要达到的一种未来状态。大学生思想政治教育目的确立的依据主要是社会发展的客观需要、党和国家的奋斗目标以及受教育者精神世界发展的需求以及思想实际。坚持和发展中国特色社会主义是我国发展的主题,确立这一主题是我们党根据时代发展潮流和当代中国现实,从中国特色社会主义事业总体布局出发而作出的重大战略决策,它开辟了建设中国特色社会主义的新境界,体现了全党全国各族人民的共同愿望。建设中国特色社会主义的重要任务是建设文化强国,而建设文化强国的根本是建设社会主义核心价值体系。因而,我们可以看出社会主义核心价值体系和核心价值观是当前确立大学生思想政治教育目的和任务的一个重要依据。大学生思想政治教育的根本目的是不断提高大学生的思想道德素质,提高人们认识世界和改造世界的能力,为建设中国特色社会主义、实现共产主义而努力奋斗。从大学生思想政治教育根本目的可以看出,大学生思想政治教育目的的确立需要用社会主义核心价值体系和核心价值观来充实和完善。

社会主义核心价值体系和核心价值观是达到大学生思想政治教育目的的催化剂,为大学生思想政治教育目的的确立指明了方向。在我国现阶段,就是

要使大学生自觉认同我们党的政治主张和政治信仰，并且充分看到广大人民群众的利益与自身利益的一致性，使建设中国特色社会主义的理想成为他们的共同理想。所以，评价大学生思想政治教育工作效果的一个重要标准，就是要看党的政治主张、政治信仰和现阶段我国各族人民的共同理想是否为广大青年学生所认同。能不能培养出一代又一代有觉悟的时代新人，既是衡量大学生思想政治教育效果的重要标准，更是关系到社会主义和共产主义远大目标能否实现的关键。大学生思想政治教育目的应该是全方位的、具有时代性的。社会主义核心价值体系和核心价值观是指导思想、社会理想、精神动力和道德规范的集合体，它引导大学生思想政治教育目的与建设中国特色社会主义接轨，使得高校思想政治教育目的更加明确，更加具有时代特色，同时也为思想政治教育目的的确立提供了良好的素材。将社会主义核心价值体系和核心价值观融入高校思想政治教育，更加有利于培养担当民族复兴大任的时代新人这一目标的实现，从而也使高校思想政治教育的目标更加全面。

二、规定高校思想政治教育的任务和内容

大学生思想政治教育的主要任务是用马克思列宁主义、毛泽东思想、中国特色社会主义理论体系、习近平新时代中国特色社会主义思想教育广大学生，培育和造就担当民族复兴大任的时代新人。宪法明确规定："国家倡导社会主义核心价值观，提倡爱祖国、爱人民、爱劳动、爱科学、爱社会主义的公德，在人民中进行爱国主义、集体主义和国际主义、共产主义的教育，进行辩证唯物主义和历史唯物主义的教育，反对资本主义的、封建主义的和其他的腐朽思想。"①这是根本大法对思想政治教育任务的具体规定，是我们开展思想政治教育最新的根本法律依据。因此，高校思想政治教育就是用马克思列宁主义、毛泽东思想、中国特色社会主义理论体系、习近平新时代中国特色社会主义思

① 《中华人民共和国宪法》，人民出版社 2018 年版，第 17—18 页。

想武装大学生头脑,其教育内容主要是世界观、政治观、道德观。

首先,世界观教育。马克思主义世界观教育是思想政治教育的核心内容,因而以马克思主义为指导充分体现了马克思主义世界观教育的核心地位。习近平总书记指出:“新的征程上,我们必须坚持马克思列宁主义、毛泽东思想、邓小平理论、“三个代表”重要思想、科学发展观,全面贯彻新时代中国特色社会主义思想,坚持把马克思主义基本原理同中国具体实际相结合、同中华优秀传统文化相结合,用马克思主义观察时代、把握时代、引领时代,继续发展当代中国马克思主义、21 世纪马克思主义!”①可见,在全面建设社会主义现代化国家新征程中,我们仍然要坚持马克思主义中国化时代化,只有坚持用发展着的马克思主义武装全党,教育广大青年学生,才能真正发挥马克思主义认识世界和改造世界的思想武器的作用,马克思主义才能真正成为大学生的行动指南。这就要求我们把坚持和发展马克思主义自觉地统一于中国特色社会主义伟大实践之中。

其次,政治观教育。政治观教育是大学生思想政治教育的一项基本内容,是起主导作用的内容。进行政治观教育是为了帮助大学生树立坚定的政治立场和政治方向,提高政治素养和政治能力。爱国主义教育是大学生政治观教育的一项经常性的教育内容,习近平总书记指出,要“广泛开展理想信念教育,深化中国特色社会主义和中国梦宣传教育,弘扬民族精神和时代精神,加强爱国主义、集体主义、社会主义教育”②。大学生是民族生生不息、薪火相传的建设者和接班人之一。爱国和民族精神是大学生应有的基本素质,因而高校大学生思想政治教育担负着弘扬爱国主义和民族精神的重大任务;既要让大学生学习博大精深的中华民族传统文化,又让他们紧跟时代步伐,学习各种先进的知识,自觉维护国家、民族的利益和尊严。只有培育出真正爱国、有民

---

① 习近平:《在庆祝中国共产党成立 100 周年大会上的讲话》,人民出版社 2021 年版,第 13 页。

② 《习近平谈治国理政》第三卷,外文出版社 2020 年版,第 33 页。

族精神的人才，国家富强、民族振兴才会具有坚定的人才基础。

最后，道德观教育。思想道德素质是一个非常重要的因素和衡量准则。从大的方面看，它是一个民族的灵魂和支柱；从小的方面看，它是评价一个人素质高低的重要标准。大学生道德素质的高低关系到作为新时代中国特色社会主义事业的建设者和接班人的素质高低，关系到中华民族整体道德素质水平，因而大学生的道德素质需要一个标准来衡量评价。实践表明，道德评价具有直接、明确、易掌握、效果佳的特点，而社会主义核心价值观个人层面的价值目标作为衡量标准符合大学生思想道德素质的评价要求。通过这一价值目标可以及时作出肯定与否定、赞扬与批评等评价，这样就规范了大学生的行为，加强了其道德修养。可以说，道德观教育重在培养大学生的道德素质，而社会主义核心价值观中的个人层面的价值目标——爱国、敬业、诚信、友善是对道德观教育效果的评价，也是道德观教育内容的经典概括。

大学阶段是大学生确立自我、实现人生目标的关键时期，引导大学生树立高远的志向，是思想政治教育的核心内容。共同的理想信念是一定社会主体共同价值目标的集中体现，当代中国大学生思想政治教育的实质就在于从思想政治理论的高度，使大学生充分认识到共产主义远大理想、中国特色社会主义共同理想的科学性，使大学生不仅在情感上，更能从世界观的角度，理性接受和认同中国特色社会主义的价值目标；使他们看到中国特色社会主义事业所具有的旺盛生命力，在全面建设社会主义现代化国家的新征程中奋发有为、建功立业。所以，共产主义远大理想、中国特色社会主义共同理想教育是当代大学生思想政治教育的灵魂和基础，决定着大学生思想政治教育的基本性质和发展方向。

三、体现高校思想政治教育的价值和原则

社会主义核心价值体系和核心价值观是高校思想政治教育价值的体现，也是思想政治教育价值实现的动力，符合思想政治教育价值发展的趋势。思

想政治教育是在推动社会发展与个人发展的良性循环中逐步实现其社会性价值与个体性价值。培养大学生形成完整健全的人格,从而自觉成长为具有创新精神和实践能力的高素质人才,这是我们进行思想政治教育的重点,也是思想政治教育个体性价值之所在。思想政治教育的社会性价值是为大学生实现社会理想而服务的,对社会存在和发展起着不可估量的作用。共产主义理想是人类社会最崇高的理想,是为实现人类社会最美好的社会制度服务的,充分体现了先进性和超前性,具有强大的感召力和凝聚力。当代高校思想政治教育通过引导大学生政治方向、激发大学生精神动力、规范大学生思想行为、塑造大学生健全人格等全面发展其个体价值,促进大学生全面发展。

改革创新是思想政治教育价值实现的途径。思想政治教育要“弘扬民族精神和时代精神,加强爱国主义、集体主义、社会主义教育,加强马克思主义唯物论和无神论教育”①。当前,我们形成了与以往时代鲜明不同的时代精神,而改革创新则是这一时代精神的核心。当代思想政治教育就是要充分利用改革创新为核心的时代精神,在解决和回答一系列新问题中创造出新内容、新途径、新方法,积极探索大学生思想政治教育的新规律,与时俱进推动思想政治教育内容体系和教学模式的创新,使思想政治教育学科获得理论发展创新,使大学生的政治理论素养和思想道德水平得到提高,不断增强大学生思想政治教育的实效性,从而实现思想政治教育自身的价值。

社会主义核心价值体系和核心价值观是大学生思想政治教育基本原则确立的重要依据。2004 年,中共中央、国务院发布的《关于进一步加强和改进大学生思想政治教育的意见》明确提出了加强和改进大学生思想政治教育的基本原则,即:坚持教书与育人相结合;坚持教育与自我教育相结合;坚持政治理论教育与社会实践相结合;坚持解决思想问题与解决实际问题相结合;坚持教育与管理相结合;坚持继承优良传统与改进创新相结合。这些原则是马克思

① 《中共中央国务院印发〈关于新时代加强和改进思想政治工作的意见〉》,《人民日报》2021 年 7 月 13 日。

主义立场、观点和方法的直接体现,马克思主义是科学与信仰、真理与价值、规律与规范的统一,它既包含一种崇高的价值追求,显示出一种公正的价值判断,又包含着一种进步的价值准则。社会主义核心价值体系包括了指导思想、社会理想、精神动力和道德规范四个方面。这四个方面集中体现了大学生思想政治教育的基本原则,它们是大学生思想政治教育基本原则的具体体现。

第二节　以社会主义核心价值体系引领高校思想政治教育

社会主义核心价值体系和核心价值观是高校思想政治教育的逻辑基础和精神动力,高校思想政治教育是社会主义核心价值体系和核心价值观教育的主阵地和关键环节。以社会主义核心价值体系和核心价值观统领高校思想政治教育,就是将其有针对性地融入大学生思想政治教育中。为此,既需要对社会主义先进文化引领高校思想政治教育的经验进行总结,在此基础上又需要依托一个贴近实际、贴近学生的工作载体,从而增强思想政治教育的吸引力、感染力,更为有效地使大学生从中接受、认同社会主义核心价值体系和核价值观,因此,融入的关键在于载体的选择与运用。

一、社会主义意识形态导引高校思想政治教育的基本经验

意识形态是建立在一定经济基础之上的观念上层建筑,通常包括哲学、思想政治观念、道德、法律、宗教、艺术等,核心是人们的世界观、人生观、价值观。以社会主义意识形态主导大学文化教育阵地,是新中国大学教育的成功经验和文化传统。2015 年,中办、国办印发的《关于进一步加强和改进新形势下高校宣传思想工作的意见》指出,意识形态工作是党和国家一项极端重要的工作,加强高校意识形态阵地建设,是一项战略工程、固本工程、铸魂工程。新中国成立以来特别是改革开放以来,高校思想政治教育坚持社会主义意识形态

教育,取得了良好效果和宝贵经验,这对于新时代高校社会主义核心价值体系教育和培育践行社会主义核心价值观具有重要的借鉴意义。

(一)必须以党的教育方针为根本指针

“党和国家的教育方针,是以高度概括的形式明确回答了为什么培养人、如何培养人、培养什么人这三个教育的根本问题。”①思想政治教育要在实现立德树人根本目标的过程中把党的教育方针加以贯彻落实的。

1. 为什么培养人

党的教育方针把我国教育的目的规定为“为社会主义现代化建设服务,为人民服务”之所以是正确的,就在于它体现了遵循社会发展客观规律和维护人民根本利益的统一。我们必须牢固树立以人民为中心的发展思想,要准确把握思想政治教育工作的目的问题,必须始终坚持教育为社会主义现代化建设服务、为人民服务的根本目的,一刻也不能淡忘或偏离这一根本目的。只有以党的教育方针来辨别各种错误的思想和观点,才能保证我国思想政治教育工作的正确方向。

教育以人为本,集中体现为教育以育人为本。“正确理解思想政治教育或德育的目的,必须坚持社会主义集体主义的原则和为人民服务的思想,从人民的根本利益出发来维护受教育者的利益,促进学生的发展。这才是真正的以人为本。”②在实际工作中,要纠正把教育“为社会”还是“为个人”当成一种非此即彼的单项选择题。思想政治教育工作应该“以个体发展为基础、以社会进步为主导”,这是我国教育事业发展的基本取向,也是大学生思想政治教育工作的价值取向。

---

① 田心铭:《简论思想政治教育的目的、培养目标和教育内容——兼评“德育非政治化”的观点》,《思想理论教育导刊》2011 年第 6 期。

② 田心铭:《简论思想政治教育的目的、培养目标和教育内容——兼评“德育非政治化”的观点》,《思想理论教育导刊》2011 年第 6 期。

2. 如何培养人

坚持教育“与生产劳动和社会实践相结合”，是对教育实现途径及其规律认识的深化，对于如何培养人具有重大的理论和现实意义。我们必须根据中国特色社会主义建设实践对劳动者素质提出的新的要求，在具体的教育实践中探寻人才培养的有效途径。实践观点，是马克思主义认识论首要的基本的观点。马克思主义认为社会生活在本质上是实践的。社会生活的领域是十分广泛的，社会实践的内容也是非常丰富的。因此，在教育方针中既坚持教育与生产劳动相结合，又强调教育与社会实践相结合。

教育方针强调“教育与生产劳动和社会实践相结合”具有重要意义。我国正在建设世界上最大的学习型社会，建设提升人力资源国际竞争力的终身教育体系和满足全体人民全面发展的终身学习体系，学习型社会将为教育与生产劳动和社会实践相结合提供广阔的前景，终身教育体系的构建将为教育与生产劳动和社会实践相结合提供根本保证。与生产劳动和社会实践相结合，是思想政治教育工作的根本途径。加强社会主义核心价值体系建设，是大学生思想政治教育工作的重大现实课题。培育和践行社会主义核心价值观，不仅要靠理论教育，而且要靠实践。大学生思想政治教育工作要注重实践养成，就是要让社会主义核心价值观内化于心、外化于行，最重要的就是通过实践来实现其根本目的和培养目标。

3. 培养什么人

思想政治教育以“德智体美劳全面发展的社会主义建设者和接班人”为培养目标，这是人才培养的素质规格和基本要求，这也是由教育“为社会主义现代化建设服务，为人民服务”的根本目的决定的。说到底，就是因为社会主义现代化建设需要的正是这样的人，是因为学生成长为这样的人，既符合国家、社会和人民的需要，也符合学生个人发展的需要，既是人民的根本利益所在，也是受教育者个人的切身利益所在。因此，立德树人是思想政治教育的根本任务。

高校作为人才培养的基地和意识形态建设的阵地,也是培育践行社会主义核心价值观的重要阵地。大学生思想政治教育工作,就是要提高大学生的价值判断能力,帮助他们形成正确的世界观、人生观和价值观,树立远大理想和坚定信念,从而为他们的全面发展确立正确的方向。同时,要为培养大学生的创新意识、创新精神和实践能力,提供精神动力和科学思维方法。因此,大学生思想政治教育工作必须始终瞄准“培养德智体美劳全面发展的社会主义建设者和接班人”这个基本培养目标,而不能偏离这个目标,要始终把立德树人作为思想政治教育工作的根本目标和任务。

高校思想政治教育工作,必须全面贯彻落实党的教育方针,以社会主义核心价值体系建设和社会主义核心价值观教育为着力点,努力培养大学生的价值观自信和文化自信。“在我国全面对外开放的条件下,必须高度重视社会意识形态建设。巩固马克思主义在意识形态领域的指导地位,加强文化建设和社会主义核心价值体系建设尤为紧迫和重要。要深入开展中国特色社会主义宣传教育,把全国各族人民团结和凝聚在中国特色社会主义伟大旗帜之下。要加强社会主义核心价值体系建设,积极培育和践行社会主义核心价值观,全面提高公民道德素质,不断巩固全党全国人民团结奋斗的共同思想基础”①。

(二)大学文化中融入党的领导的理念教育

“大学事业接受和坚持中国共产党的领导,这不仅是一个领导体制问题,更是一个根本政治制度、政治理念问题,是大学文化理念的一个重要内容。大学精神中是否融入接受共产党领导的理念,是新中国大学区别于旧中国大学的重要政治标志和文化标志。”②

① 蔡中宏:《教育与社会发展研究——基于文化和人的视角》,中国社会科学出版社 2013 年版,第 161 页。

② 周玉清、王少安:《社会主义核心价值体系引领大学文化建设论纲》,人民出版社 2011 年版,第 125—126 页。

我国在1954年和1982年颁布的宪法中，先后制定了国家发展社会主义教育事业的条例，如国家举办各种学校，通过普及理想、道德、文化、纪律和法治教育加强社会主义精神文明的建设等一系列措施。我们党领导新中国大学教育事业的理念，引发了新中国大学教育观念的根本性变革，也改变了中国大学及其文化发展的政治方向。为保证和完善党对大学的领导，1958年9月，中共中央、国务院发出《关于教育工作的指示》，在所有大学中实行学校党委领导下的校务委员会负责制。这实际上规定了党在大学的核心领导地位。

社会主义革命和建设时期，在党委的领导下，大学对旧的教育内容和教育方法进行了革命性的改造，逐步构建起了社会主义大学教育内容体系。在政治和思想理论教育方面，强化关于新中国、新制度、新道德的教育，建立和完善思想政治理论教育课程体系，大力开展与国际主义相结合的爱国主义教育；在教育方法上，着力贯彻理论联系实际的原则，通过劳动、军训以及教学与生产、科研相结合等途径对大学生进行思想教育。这期间的大学文化教育，培养造就了具有坚定的社会主义信念和为人民服务思想的一代新人，也就是后来我国社会主义建设事业的中坚力量。党的十一届三中全会后，邓小平同志要求高校参照科研机构的领导体制，尽快实行党委领导下的校长负责制。1978年10月颁布的《全国重点高等学校暂行工作条例（试行草案）》明确规定，大学的领导体制是党委领导下的校长分工负责制，要求大学的教学、科研、后勤工作中的重大问题一定要经过党委讨论。这一时期，大学全面贯彻党的教育方针，使大学文化和大学教育蓬勃发展。

1989年7月12日至15日召开的全国高等学校工作会议指出，坚持教育的社会主义方向，就必须坚持和加强党对学校的领导，保证党组织在教育工作中的领导和政治核心作用。党在大学的领导核心地位再次得到强化，从根本上保证了大学文化发展的正确方向。

1998年8月29日，第九届全国人民代表大会常务委员会第四次会议通过了《中华人民共和国高等教育法》，对大学的组织体系作出了法律上的规定,“国家举办的高等学校实行中国共产党高等学校基层委员会领导下的校长负责制。中国共产党高等学校基层委员会按照中国共产党章程和有关规定,统一领导学校工作,支持校长独立负责地行使职权”。这就把大学党组织的地位以法律条文的形式明确规定下来,使党在大学的领导拥有了法律依据。

2015 年,中办、国办印发《关于进一步加强和改进新形势下高校宣传思想工作的意见》强调指出,意识形态工作是党和国家一项极端重要的工作,加强高校意识形态阵地建设,是一项战略工程、固本工程、铸魂工程。因此,大学思想政治工作必须把坚持党的领导放在首位。

总之,从 20 世纪 90 年代以来,由于加强了党对大学的领导,大学思想政治教育和文化建设获得了稳步健康的发展。这一时期,大学文化教育方向始终与社会主义先进文化的发展方向保持一致,坚持党的教育方针,以立德树人为根本任务,以建设优良的校风、学风、教风为目标,以树立科学正确的世界观、人生观和价值观为基本向导,以净化校园文化环境为重心,弘扬社会主义的主旋律,彰显大学人文精神,提升大学文化品位,为培育社会主义建设所需的优秀人才和接班人提供了强大的精神动力和智力支持。

(三)大学教育坚持社会主义的办学方向

社会主义教育方针是党和国家对教育工作提出的基本指导思想,大学是我国教育的高端组织,坚持和贯彻党的教育方针的基本原则和精神,是大学的基本任务和责任,也是办好社会主义大学的根本保证。

我国的教育方针回答了大学为谁培养人、培养什么人、怎样培养人的教育根本问题,是大学教育本质规律的科学概括,在大学文化精神中占据核心地位。因而,坚持党的教育方针的原则和精神,就是在总体上坚持正确的教育价值观,坚持大学文化建设与发展的基本精神和正确方向。新中国大学文化的不断发展,既体现于教育方针的不断发展完善,也得益于教育方针的不断贯彻落实。

新中国成立以来,党和国家对如何培养人才、培养怎样的人才等一系列问题的认识不断深化。1949 年 9 月,中国人民政治协商会议第一届全体会议通过的《中国人民政治协商会议共同纲领》明确指出:“中华人民共和国的文化教育为新民主主义的,即民族的、科学的、大众的文化教育。”这也是新中国成立初期国家对教育性质地位的初步肯定。为贯彻当时的会议精神,同年年底教育部召开了第一次全国教育工作会议,提出了新中国成立初期的教育发展方向就是“为人民服务,首先为工农兵服务,为当前的革命斗争与建设服务”。在当时的教育思想指导下,国家开始接手大学的建设并实施改造计划,最后成功地建立了我国的大学教育模式,为教育发展打下了坚实的基础。

20 世纪 90 年代,社会主义教育方针得到进一步确定,党中央、国务院通过召开全国教育工作的各种重要会议提出了明确的指示。党的十三届七中全会通过的《中共中央关于制定国民经济和社会发展十年规划和“八五”计划的建议》提出继续贯彻教育必须为社会主义现代化服务,必须同生产劳动相结合,培养德、智、体全面发展的建设者和接班人的方针,进一步端正办学指导思想,把坚定正确的政治方向放在首位,全面提高教育者和被教育者思想政治水平和业务素质。

每一次重要会议的召开和决定的颁布,都将教育观念提升到一个新的高度,为社会主义教育事业增添了新的时代内涵。2002 年,党的十六大提出:“全面贯彻党的教育方针,坚持教育为社会主义现代化建设服务,为人民服务,与生产劳动和社会实践相结合,培养德智体美全面发展的社会主义建设者和接班人。”①教育所谋求的是人类的利益、国家的利益、民族的利益、社会的利益和人民的利益。把为人民服务纳入教育方针进一步赋予了教育以新的使命,体现了教育的根本目的和本质要求,拓展了教育的社会功能。2007 年,党的十七大提出:“要全面贯彻党的教育方针,坚持育人为本、德育为先,实施素

---

①　江泽民:《全面建设小康社会 开创中国特色社会主义事业新局面——在中国共产党第十六次全国代表大会上的报告》,人民出版社 2002 年版,第 40 页。

质教育,提高教育现代化水平,培养德智体美全面发展的社会主义建设者和接班人,办好人民满意的教育。"①2012年,党的十八大特别强调把立德树人作为教育的根本任务。2017年,党的十九大报告指出,建设教育强国是中华民族伟大复兴的基础工程,必须把教育事业放在优先位置,深化教育改革,加快教育现代化。这些都是对社会主义教育方针的进一步丰富和发展,成为新世纪新阶段我国大学教育发展和文化建设的根本指针和行动指南。

改革开放以来,在党的教育方针的指引下,全国高校为适应社会主义经济建设和社会发展的需要,坚持党的教育方针,不断加强思想政治教育工作,把立德树人作为大学教育的根本任务,把德育与智育、体育、美育有机结合起来,寓教育于文化之中,开展文化素质教育,培育大学生的道德素质、科学文化素质和身体素质;把实践教育融入人才培养的各个环节,大力倡导创新精神、实践能力和社会责任的培养,推动大学文化健康发展。

(四)充分发挥大学文化的育人功能

坚持以人为本,强化人文精神教育。现代教育是全员育人、全程育人、全方位育人的教育。现代大学一切工作的出发点和落脚点就是培养人,充分调动人的主观能动性进而促进人的全面发展并满足人的发展需求,是以人为本所必须坚持的。这首先要求保证学生的主体地位,一切以学生的发展为目的;其次要创新育人机制,把教师育人和发扬学生个性结合起来。除此之外,人文精神在校园硬件建设中也很重要。大学校园是高水平和高层次的人化自然,在体现自然的同时,也要体现人文特征。大学校园必须创设浓厚的人文氛围,提升科学内涵,激励大学生去提高人文素质和科学素养。

构建和谐教育环境,营造良好育人氛围。在维护社会和谐稳定的过程中,大学应当起到模范作用。和谐的校园环境是全体师生重要的教育环境和生活

① 胡锦涛:《高举中国特色社会主义伟大旗帜 为夺取全面建设小康社会新胜利而奋斗——在中国共产党第十七次全国代表大会上的报告》,人民出版社2007年版,第37页。

环境，是实现更好地为师生服务、为人的全面发展服务的前提。建设和谐校园是学校实现高水平发展的客观需要。组织的建立与发展，都需要把硬实力和软实力结合起来。对于软实力而言，主要包括凝聚力建设、精神建设以及文化建设。学校教师致力教育教学研究，学生能做到刻苦学习，大学的和谐才有希望。此外，建设和谐校园是培养合格接班人的需要。在和谐的教育环境下，大学生能够树立起正确的价值观念，塑造良好的个性品质，从而养成良好的思想政治素质。

加强课堂教学主渠道，发挥教师主导作用。要合理设计专业课程，努力体现教学艺术。把情感教育和教育教学相结合，在传授知识的同时，将情感元素作为教育的重要手段。要根据课程的安排，合理创设课程内容情境，利用多种教育方式，通过新颖生动的教育情境让学生学到知识，并通过情感教育促进学生心理健康。教育工作者时刻与学生打交道，具备较高的情商也非常重要，这包括人际交往能力、理解能力、情绪的控制能力、适应能力等。教师作为情感教育的实施者，只有加强自身修养才能更好地完成教育教学目标，发挥情感育人在教育教学中的作用。此外，还注重优化育人的环境，努力拓展情感教育培养途径。实施情感教育，需要一个与之相适应的环境。要大力加强校园环境建设，注重教学楼、学生宿舍、图书馆和校园绿化等设备设施中的精神文化与内涵，借助大学校园文化传播渠道渲染和传播健康向上、积极进取的大学文化。

开展行之有效的管理育人工作。良好的制度文化能为大学生提供公正、有序的教育环境，为大学生的日常行为提供规范要求，有利于大学生形成价值认同。组织管理制度是学校有序运转的重要保障。组织管理制度具有鲜明的价值取向和主体性特征，能够有效推动和促进大学文化的形成与发展。大学管理者不仅是组织管理的倡导者和塑造者，而且也是组织的管理者。大学管理应注重以人为本，突出人文关怀，更加注重为广大师生服务。人事管理制度是教师发挥作用的重要保证。大学应全方面掌握人才的特长，能够根据岗位的要求及其特点合理安排人员，使其能够在岗位上不断创新。人事管理的好处就是最大限度地追求人性化,调动人的积极性和创造性,形成人尽其才的良好局面。日常行为管理是规范学生行为的重要内容。传统的学生管理方法单纯把学生当作被管理对象,一般通过直接发号施令的形式来传达教育内容和目标。随着大学生自我意识的不断成熟,这种传统的管理方式很难达到预期效果。因此,高校要根据新的发展要求,结合自身实际,重新制定相关的管理制度,使其既能保障学生的利益,又能够加强其主动性,使学生的全面发展成为可能。特别是与学生学习和生活密切相关的制度,例如奖励与处罚制度、学籍制度等,这些新制定的管理制度能够尊重学生的切身利益,更好地服务于学生的成才成长。坚持大学文化育人的理念,不断探索新的实现路径和方法,积极推进大学文化建设,这对于实现大学文化育人的根本任务具有重要的意义。

二、社会主义核心价值体系和核心价值观引领高校思想政治教育的途径

加强社会主义核心价值体系教育,培育和践行社会主义核心价值观,是高校思想政治教育的重要使命和根本任务。社会主义核心价值体系和核心价值观引领高校思想政治教育,就是把社会主义核心价值体系和核心价值观融入大学生思想政治教育的全过程。为此,需要创新高校思想政治教育方式方法,整合高校思想政治教育资源,以实现社会主义核心价值体系教育的目标和实效。

(一)把社会主义核心价值体系和核心价值观融入思政课课堂教学中

对大学生而言,思想政治理论课是进行思想政治教育最直接、最重要、最常用的载体和主渠道,也是帮助大学生树立正确的世界观、人生观和价值观的最重要途径。在社会主义核心价值体系和核心价值观融入高校思想政治教育的全过程中,不仅不能放弃理论课,反而要重视思想政治理论课这一载体的建设。把社会主义核心价值体系和核心价值观融入思想政治理论课课堂教育教

学之中，不仅要求把核心价值体系和核心价值观纳入课堂的教学内容，改进教法，而且还要求全体教育工作者都发挥作用，实现全员育人的整体效应。

首先，从教学内容上进行相应的改革，完善课程体系，在教材内容中充分体现马克思主义中国化的最新理论成果，进一步推动社会主义核心价值体系和核心价值观的基本内容进教材、进课堂、进学生头脑。要充分利用思想政治理论课课堂教学及课程实践，系统地开展核心价值体系和核心价值观教育，加深大学生对核心价值体系和核心价值观内涵的理解，做到真学真懂真实践，从而帮助他们掌握和运用正确的立场、观点和方法，真心拥护、真正树立和实践核心价值体系和核心价值观，在纷繁复杂的社会形势下作出正确的选择，培养出中国特色社会主义事业的合格建设者和可靠接班人。

其次，从教育教学的方法上，应以学生为中心，将普遍讲授和专题讲授结合起来，强化政治理论课的实践环节，采取丰富多彩、科学现代的教学方式和手段，使学生能够直观生动地领会学习的内容。

此外，需要不断加强政治理论课教师队伍的建设，培养一批合格的指导者和引路人。思想政治教育队伍是加强和改进大学生思想政治教育的组织保证。要把社会主义核心价值体系和核心价值观有效地融入高校思想政治教育，就必须培养一支坚持以马克思主义为指导，具有正确的政治方向和较高思想道德修养、理论功底扎实和真正掌握社会主义核心价值体系和核心价值观内涵的队伍，使他们发挥更大作用，帮助大学生树立正确的世界观、人生观和价值观，成为大学生健康成长的指导者和引路人。鉴于此，需要在聘请高学历专门人才的基础上，建立和完善教师队伍的培育机制，提升教师整体素质，提高政治理论课的教学水平，真正做到让学生想听、爱听，听得懂、听得进去。

（二）把社会主义核心价值体系和核心价值观融入校园文化建设中

校园文化是一种校内文化与社会文化相互碰撞、交互发展而产生的特殊文化,是青年学生自我教育、自我管理、自我服务的精神家园。校园文化建设是课堂教育的补充和延展。丰富文化载体,寓教育于文化环境建设中,使学生在不经意间开阔视野、受到熏陶、提升素质,从而使教育者完成教育目标。因此,高校要充分发挥校园文化的正向功能,使之成为提升大学生思想道德素质的有效载体。一方面,由于校园文化具有影响面广、渗透性强、持久性强、吸引力强等特点,因此,加强校园环境建设,从校园整体规划到张贴海报、悬挂条幅和相关的制度建设,处处都要蕴含教育意图。校园文化在本质上是人文精神和科学精神的统一。高品位、大视野的校园文化,能够陶冶学生的情操,锻炼学生的意志,净化学生的心灵,促进学生的人生观、价值观、世界观的健康发展。在开放兼容的高校文化氛围中,大学生可以在各类知识性和娱乐性的活动中充分地发现特殊的兴趣、丰富的情感和独特的个性,有效地挖掘自己的潜能,增强主体意识和自我认知。另一方面,由于校园文化也具有隐性教育的特点,因此,要通过营造积极健康的文化氛围,强化文化载体的作用,从而潜移默化地影响、教育学生。在校园文化建设中要以社会主义核心价值体系和核心价值观为指导,引导校园的精神文化和思想道德建设沿着正确的方向前进。为此,要积极开展以社会主义核心价值体系和核心价值观为主题的课外文化实践活动,通过文化娱乐、体育竞赛和社团活动等多种形式的校园文化活动,把社会主义核心价值体系和核心价值观的内容渗透于高校校园文化建设的各个方面,从而把大学生培养成为德才兼备的高素质人才。

(三)把社会主义核心价值体系和核心价值观融入社会实践活动中

在社会实践中育人,这也是高校提高教学质量和教学水平的重要保证。实践教育既是培养师生改造客观世界能力的活动,也是提升师生改造主观世界能力的活动。社会实践是加强高校思想政治教育的有效途径,尤其在增强思想政治教育的实效性和说服力上更是具有不可替代的作用。思想政治理论课实践教育既是知与行有机统一的过程，也是内化转化和体现为外化以及外化推动和巩固内化的过程。高校必须重视社会实践对于提高大学生思想理论水平和提升道德境界的重要性，将社会主义核心价值体系教育渗透到具有时代性、实践性的活动中，指导学生开展实践性强、时代性强，学生感兴趣的活动，充分发挥第二课堂的作用，使学生积极走出校门，积极参与到具体的社会实践活动中。通过社会实践等加强学生的国情教育、民族教育；通过诚实考试、信守助学贷款合同、助人为乐、见义勇为、社会实践调查、勤工助学、志愿服务等实践教育锻炼学生树立正确的价值观；通过现实的体验，增长知识和拓宽视野，从而通过社会实践活动增强大学生对社会主义核心体系和核心价值观的认同。开展社会实践活动，往往使教育效果事半功倍。因此，走出校园、走进社会的活动都能使学生在实践中得到心灵的净化、思想的熏陶，也是他们将社会主义核心价值体系和核心价值观自觉外化为自身行为的载体。

（四）把社会主义核心价值体系和核心价值观融入管理载体建设中

优化管理方式，转变管理观念，使思想政治教育成为教师与大学生之间的互动活动。过去的管理多是一些条条框框，往往显得简单、机械，个别地方已经不适应当代大学生思想政治教育的要求，因此必须进行优化。

优化管理手段，首先，在对大学生进行管理的过程中，要树立以学生为中心的管理理念，开展制度管理与学生自主管理相结合的方式，充分发挥大学生的主观能动性，用社会主义核心价值体系和核心价值观的核心精神引导学生，让学生在掌握其内在精神的基础上指导自身参与管理，从而体验社会主义核心价值体系和核心价值观的教育内容。其次，把人文关怀精神寓于管理载体建设中，管理者应以德感人、以情动人，切实从人文关怀中体现出管理育人。此外，教育者和被教育者要建立畅通的沟通交流平台，制定相应的谈话、走访寝室制度等，及时听取学生的意见，了解学生的需求，准确把握学生思想动态，以平等的姿态实施管理,提高管理育人的有效性。特别是,教育者要有效利用大众传媒,充分发挥网络、手机的作用,提高教育的时效性。例如,可以通过论坛、校内QQ群、班级网站等召开年级会,通过短信评选先进等,这些都是实施教育和管理最为快捷的方式。要将社会主义核心价值体系真正融入学生生活中,挖掘现代科技联络工具的作用,如通过“手机课堂”使学生在相对不再呆板、固定的教育环境中接受教育。轻松的短信更有益于内容的传播,也可以使我们的教育无处不在。

第五章　大学文化建设与社会主义核心价值体系教育

大学是多元文化表现最为集中的地方。社会主义核心价值体系和核心价值观作为社会主义意识形态的本质体现,必须成为我国大学办学治校和人才培养的指南。社会主义核心价值体系教育是大学文化建设的新使命,必须以社会主义核心价值体系和核心价值观引领大学文化建设,将其渗透、贯彻和融入大学文化建设。

第一节　社会主义核心价值体系教育:大学文化建设的新使命

大学是优秀文化传承的载体和思想文化创新的基地。大学文化是一所大学赖以生存的精神支柱,是知识、能力、人格的升华和结晶,体现着大学的学术传统和精神内涵,凝聚着大学的办学理念和办学特色,引领着大学的价值追求和行为方向。建设好大学文化,不仅对于大学发挥人才培养和文化传承创新的办学功能,推进大学高质量发展具有重要的现实意义,而且对于建设中国特色社会主义先进文化具有示范、辐射和引领作用。

一、坚持大学文化建设的社会主义性质和方向

大学文化是大学作为社会创新型组织的本质属性,是大学人特有的活动和存在方式。大学文化是我国先进文化的重要组成部分,是高校在长期办学过程中形成的历史积淀、创新品格和价值取向,既包含和反映着历届师生对大学本身的总体认知、理想追求和实践探索,又是凝聚师生的精神纽带。它以潜移默化的方式影响师生的思想和行为,在传承与再造中不断实现自我超越,贯穿并渗透于大学发展的各个方面。当代中国大学文化建设,必须坚持社会主义的先进文化方向,以社会主义核心价值体系和核心价值观作统领。

(一)社会主义性质的文化是大学文化的本质属性

大学文化的属性,从根本上说应该与我们所处的时代相适应,与我国的社会主义意识形态和文化大背景相一致。立足于中国的现实,中国特色社会主义先进文化是以马克思列宁主义、毛泽东思想、中国特色社会主义理论体系、习近平新时代中国特色社会主义思想为指导,反映我国社会主义性质和特征的文化形态。大学文化作为我国先进文化的重要组成部分,只有坚持社会主义先进文化的正确方向,并以中国特色社会主义先进文化内涵为理论基础,才能为大学的改革和发展、为和谐校园建设营造良好的精神、物质环境,才能为高等教育实现培养高素质人才、创造高水平成果、更好地服务社会这三大目标提供文化底蕴和精神支撑。

(二)社会主义核心价值体系和核心价值观是大学文化的价值取向

大学文化是一所大学的灵魂,从本质上深刻地反映了一种价值观念体系。大学文化坚持以先进文化为根本方向,就必须坚持把正确的政治导向放在首位,以社会主义核心价值体系和核心价值观作为根本价值取向。社会主义核

心价值体系和核心价值观是社会主义先进文化的根本，也是推进大学文化建设的核心所在。在大学文化建设过程中，坚持以社会主义核心价值体系和核心价值观为价值取向和理论指导，重点就是要引导师生员工树立正确的世界观、人生观、价值观，在师生中牢固树立共产主义远大理想和中国特色社会主义共同理想，弘扬和培育以爱国主义为核心的民族精神和以改革创新为核心的时代精神，培育和践行社会主义核心价值观，在办学实践中充分体现大学人这一特殊社会群体的精神风貌、文化品格和社会责任。

（三）培养高素质创新型人才是大学文化的根本使命

当代大学的一个重大历史使命，就是要成为培育和造就适应未来发展的高素质创新型人才的“孵化器”。习近平总书记指出：“要坚持走中国特色社会主义文化发展道路，弘扬社会主义先进文化，深化文化体制改革，推动社会主义文化大发展大繁荣，增强全民族文化创造活力，让一切文化创造源泉充分涌流。”①党的十八大强调要把立德树人作为教育的根本任务。为此，对于高校而言，开展大学文化建设就必须以培养高素质的社会主义事业的合格建设者和接班人为根本出发点与落脚点，大学各项工作的每一环节都应把实现培养高素质创新型人才的目标放在首要位置。大学只有把立德树人作为教育的根本任务，紧密结合培养人这个中心任务，才能坚持其正确的方向与导向，才能发挥大学文化的社会辐射力、影响力、创造力和凝聚力。

（四）以人为中心、追求卓越是大学文化的核心理念

以人为中心、追求卓越，既是对大学文化提出的总体要求，是对深入开展大学文化建设的方向、目标、风格、途径、内容、措施的总体定位，又是大学文化

① 《习近平关于社会主义文化建设论述摘编》，中央文献出版社 2017 年版，第 186 页。

时代性的集中体现,是大学文化的内在精神气质和深刻内涵的本质要求。先进大学文化的核心价值和基本理念就在于,在时代的变迁中勇于承担社会责任,充分认识大学存在的社会意义,积极适应国家和社会发展的需求来调整办学方向,营造自由、包容、理性的校园文化氛围,努力建立起一种崇尚人文、育人为本、注重特色、追求学术、倡导创新和鼓励个性发展的良好环境,牢固树立以人为中心、追求卓越的大学文化发展理念,自觉为国家和社会作出应有的贡献。

(五)以师生为中心是大学文化的核心价值追求

马克思说:“历史不过是追求着自己目的的人的活动而已。”①“追求着自己目的的人的活动”是人自身全面而自由发展的需要,这一需要同人类有意识、有目的地改造客观世界的活动与社会文化发展的有机统一密不可分。社会文化的成熟和发展需要一定的条件,其中最重要的就是以人为中心。

把人的利益和需求作为各项工作的立足点和落脚点,是社会主义先进文化建设的核心价值追求。具体到大学,就是要树立以师生为中心的思想观念,把软环境建设摆在更加突出的位置,形成有益于促进大学师生自由而全面发展的、有益于科学创新的、充满生机与活力的和谐校园文化环境;就是要在大学文化建设中建立尊重、关心、支持师生发展、成长的文化模式,倡导以德为先的人格标准,为每个大学人的成功创造条件、铺设平台,不断提升校园硬件环境的文化含量与文化品位;就是要从师生的实际需要出发,充分调动师生参与的积极性、主动性、创造性,在建设大学文化的过程中提高师生的整体素质,发挥大学文化潜移默化的熏陶作用,与时代精神紧密相结合,起到影响人、感召人、引导人的良好效果,使大学文化的内涵不断传承、丰富、深化和发展。

---

① 《马克思恩格斯文集》第1卷,人民出版社2009年版,第295页。

二、大学文化建设对社会主义核心价值体系教育的价值①

（一）巩固社会主义核心价值体系和核心价值观的旗帜地位

我国正经历着社会结构调整、利益格局变动和完善社会主义市场经济的过程，面临着多元思想并存的挑战，在这种条件下，我们党确立了社会主义核心价值体系和核心价值观的主导地位，以发挥其思想灵魂、精神旗帜的作用，团结、引领广大人民群众开拓进取，实现自身社会价值。

大学文化建设就是要通过渲染氛围，探讨有效的方式、方法与途径，发挥其感召力的作用，巩固社会主义核心价值体系和核心价值观的旗帜地位，一方面，在利益矛盾凸显的当代社会，教育大学生学习领会马克思主义基本理论，因为马克思主义是指导思想，是社会主义核心价值体系的灵魂。另一方面，引导大学生提升对社会主义核心价值体系和核心价值观的认同感，增强社会主义核心价值体系和核心价值观的凝聚力。同时，用社会主义核心价值体系和核心价值观引导大学生正确对待各种价值观念，自觉弘扬正能量，褒扬真善美，培育社会主义核心价值观，在实践中熔铸以爱国主义为核心的民族精神和以改革创新为核心的时代精神，为实现共产主义远大理想、中国特色社会主义共同理想奉献力量，以巩固社会主义核心价值体系和核心价值观的旗帜地位。

（二）引导大学生认清不同价值观的实质

随着市场经济的发展和利益结构的变化，价值评价标准也随之变化。少数大学生在价值观念上出现模糊状态，影响学习和志向追求，甚至出现“拜金主义”“享乐主义”等价值观念，因此，必须引导大学生认清不同价值观的本质。大学文化建设必须促使大学生明确社会主义核心价值体系和核心价值观

---

① 参见刘丽波、杜沛：《大学文化建设对强化社会主义核心价值体系的价值思考》，《今日中国论坛》2013 年第 21 期。

是把个人价值融入社会之中,把国家与民族的兴旺发达确定为自己的人生目标,脚踏实地用自己的聪明才智为中华民族伟大复兴和全面建设社会主义现代化国家而不断奉献,是值得弘扬的价值观;大学文化建设必须引导大学生认清索取型、金钱型、享乐型价值观等观念的实质,确立正确的价值观念,引导大学生作出正确价值抉择。

(三)创造文明民主和谐平等公正的文化氛围,促进学生集体主义价值观的形成

集体主义价值观是社会主义核心价值体系和核心价值观的内核,高校应通过创造民主平等关心的文化氛围,促进大学生集体主义价值观的形成。一方面,在大学文化建设中,高校如果重视塑造民主、平等、关心的文化氛围,就能感染、激励大学生,于无形之中产生强烈的凝聚力。另一方面,高校若能时刻把学生的利益放在第一位,让学生感受到教育者的服务意识与奉献精神,就会潜移默化地促进大学生集体主义价值观的形成与发展。

(四)将社会主义核心价值观寓于大学文化之中,强化社会主义核心价值观教育

高校的大学文化建设应围绕“服务”这一主题,使社会主义核心价值观渗透到服务之中,想学生所想,急学生所急。一方面,大学教师要给自己重新定位,要意识到大学教师不再是象牙塔里的闭门造车者,而是将最新知识与实际相结合的专业前沿人士,是一名教育服务者,要有强烈的服务意识,对学生应热情周到,在服务中树立自己的威信。另一方面,强化管理人员的服务意识。管理人员在服务中明确“服务宗旨、服务需求、服务职责、服务规范、服务方式、服务效果”,使服务礼貌文明、热情周到、诚信满意,体现“服务育人”意识。高校应最大限度地发挥其育人功能,建立和谐的教育者和被教育者的关系,让大学生在接受教育的过程中感受到教师与管理人员爱国、敬业、诚信、友善等

精神，在感悟中自觉接受和强化社会主义核心价值观。

（五）凝练大学文化的主旋律，帮助大学生树立正确价值取向

无私奉献是大学文化的主旋律，是社会主义核心价值体系教育的重要组成部分。在大学文化的构建中，如果每个教育者都奉献一份爱心，多一份关照、支持，让大学生感受到关心，感受到学校大家庭的温馨，感受到奉献的温暖，这对他们来说无疑是最好的社会主义核心价值观教育。

三、大学文化建设是社会主义核心价值体系教育的新路径

大学作为国民教育体系中最高层次的教育机构，负有更为广泛的文化使命和社会责任。大学文化是社会主义核心价值体系和核心价值观教育的有效载体和新路径，社会主义核心价值体系和核心价值观要想对大学充分发挥引领作用，就必须寓于大学文化建设中。

（一）阐释宣传路径

社会主义核心价值体系和社会主义核心价值观，为建设社会主义价值体系提供了基本遵循。如何在理论上阐明社会主义核心价值体系内容的合理性及其关系，特别是如何在价值多元中凸显合理性，在尊重差异中扩大社会认同，在包容多样中形成思想共识，在各种思潮和实践比较中增强道路自信、理论自信、制度自信和文化自信，作为哲学社会科学研究重镇的大学担负着不可替代的社会责任。高校还要广泛搭建交流平台，扩大社会主义核心价值观的影响力。

高校应深入研究阐释社会主义核心价值体系和核心价值观的内涵、本质、性质、属性、内涵、脉络，深入剖析社会主义核心价值观与资本主义价值观及非科学社会主义价值观的本质差别，形成社会主义核心价值观理论研究的良好氛围，更好地为在大学生当中培育和践行社会主义核心价值观奠定理论基础，

从而增强大学生的理论自信、道路自信、制度自信和文化自信。

高校既要充分利用学校广播、电视台、报纸、网站等媒体构建全方位、立体化、多维度的宣传平台,又要发挥微信、微博等新兴媒体平台的作用,讲好学校故事。此外,应充分利用学校橱窗、宣传栏、户外广告等手段,使社会主义核心价值体系和核心价值观的内容处处可见,让社会主义核心价值体系和核心价值观真正转化为大学生自觉的行动,使之内化于心、外化于行。

(二)课堂教学路径

大学课堂教学是学校教育的主渠道,也是人才培养的主阵地,具有不可替代的作用,而思想政治理论课是高校加强宣传思想工作的主阵地、主渠道。因此,要不断创新和改革教学模式,使社会主义核心价值体系和核心价值观融入思想政治理论课课堂和专业课堂教学之中,必须保证其内容进教材、进课堂、进学生头脑,使思想政治理论课真正成为一门受学生喜爱和好评的课,进而深化大学生对培育内容的理解与认知,帮助其将理论由知识接受向信念认同转化。此外,作为第二课堂的校园文化活动也承担着至关重要的人才培养作用。要充分利用学生社团和学生会的作用,组织辩论、演讲、座谈、讨论等活动,吸引广大师生积极参加活动,深化他们对社会主义核心价值观的理解;也可通过征文、学术沙龙等形式,使广大师生投入理论研究,进一步澄清一些模糊认识;还可以开展以培育践行社会主义核心价值体系和核心价值观为主题的活动,如诚信考试、升挂国旗等,使社会主义核心价值观深入人心。

(三)社会实践路径

社会主义核心价值体系和核心价值观的培育践行需要知行合一,学习的目的在于实践。大学要全力推进实践活动育人工作,把实践活动环节纳入人才培养方案,规定学时学分,进一步创新社会实践的形式,丰富实践载体,拓宽实践领域,用科学的理论指导学生开展社会活动,让学生在实践中培育社会主义核心价值观，增强针对性和认同性。同时抓好专业实习实训，为以后步入社会打下良好基础。还应积极开展多种志愿服务活动，鼓励大学生积极参与社会实践和志愿服务，在培育大学生勇于担当品质的同时，充分发挥其对社会的示范和引领作用。为此，一要大力弘扬雷锋精神，推动学雷锋活动常态化；二要以城乡社区为重点，以相互关爱、服务社会为主题，组织开展各类形式的志愿服务活动；三要把学雷锋和志愿服务结合起来，建立健全志愿服务制度。另外，还应鼓励和选派优秀教师和青年干部到边远地区支教和开展公益活动，为边远地区提供智力支持和先进文化服务。

（四）文化熏陶路径

社会主义核心价值体系和核心价值观集中体现了中华优秀传统文化、以改革创新为核心的时代精神和以爱国主义为核心的民族精神。大学是文化的高地，大学师生的行为活动是社会风尚的风向标，既要把社会主义核心价值体系和核心价值观的培育弘扬和继承中华优秀传统文化有机结合起来，还要把社会主义核心价值体系和核心价值观的教育与大学文化、大学精神等有机结合起来。

要充分发挥大学的示范引领作用，就要首先加强校园文化建设，主动用社会主义核心价值体系和核心价值观占领校园主流媒体及新媒体阵地，通过校报、校园网、官方微博、微信等平台，打造风清气正、昂扬向上的校园文化，营造优化的育人环境，引领社会文化风尚。

大学精神是大学文化的灵魂，大学精神也是社会主义核心价值体系在高等教育中的体现。因此，培育大学精神是大学文化建设的核心和根本。大学校园文化是大学精神的具体载体，通过校园文化建设，营造大学文化氛围和文化特色来培养人才，使大学精神不断传承和发展。人才培养是大学的根本任务。在以人民为中心的发展思想指导下，大学所培养的人才应当是人格健全、具有深厚的人文关怀和社会责任感的全面发展的人才。通过大学人文环境的塑造和校园文化的建设,大学精神内化为人才的内在素质和自我期许,驱动着其求知、致善、臻美的外在活动。大学文化建设应当传承和发展大学精神,营造育人氛围,提升文化素质教育的品质,促进人才培养特色的形成。

(五)制度规约路径

一所大学能否做到制度健全、依法治校,本身就是践行社会主义核心价值体系和核心价值观的体现。培育和践行社会主义核心价值观是一项基础工程、灵魂工程、系统工程,是全党全社会的共同责任,高校党委要从战略和全局高度,充分认识在高校培育践行社会主义核心价值体系和核心价值观的特殊重要意义,把这项任务摆上重要位置,把握方向,制定政策,层层抓落实,建立健全党委统一领导、党政齐抓共管、全体师生积极参与的领导体制和常态工作机制。为此,需要坚持党委领导下的校长负责制,同时必须制定大学章程并严格贯彻落实,还要不断健全和完善各项规章制度,构建较为完善的制度体系,确保制度的权威和公平公正,使高校践行社会主义核心价值观的任务有制度可循,依制度落实,为制度所规约。

(六)典型塑造路径

典型塑造是开展高校思想政治教育的有效途径。通过鲜活的榜样人物和典型事例可以帮助师生置身具体的情境之中,产生强烈的道德共鸣与价值认同。对于培育践行社会主义核心价值体系和核心价值观而言,教师和管理人员发挥着重要的示范带动作用,可以在教师和管理工作者中广泛开展教学、科研、服务中的先进人物评选活动,教师和管理人员必须身体力行,用实际行动作表率、立标杆,成为全校师生的榜样。另外,学生党员、学生干部是学生中的骨干和中坚力量,也是学校开展大学生思想政治工作的核心要素,需要他们带动广大学生践行社会主义核心价值观,可以在学生中广泛开展各类先进表彰工作,让先进典型触手可及。与此同时,加大典型的宣传力度,采用师生喜闻乐见的方式进行学习宣传，引领师生向身边的优秀人物学习。还要建立学校荣誉体系，将先进评价纳入人才培养的综合考查体系，形成典型塑造感化的长效机制。

（七）协同教育路径

价值观教育是一种社会性的教育，其参与的人越多，参与的面越广，培育的力度就越深，收到的实效也更好。社会、家庭都对大学教育产生影响，培育践行社会主义核心价值体系和核心价值观需要学校、社会、家庭互补互助。要大力协调整合并构建社会培育、学校培育、家庭培育和自我培育“四位一体”的合力育人新模式新机制。通过社会培育，积极营造良好社会风气与社会舆论，充分利用重大节日和重要纪念日等，举办庄重庄严、内涵丰富的群众性庆祝和纪念活动，因势利导地开展各类教育活动，让大学生在社会实践当中感悟社会主义核心价值观；通过大学期间的培育，在充分发挥主流价值意识内化主导作用的同时，实现对大学生社会主流价值取向的塑造；通过家庭教育，让学生从小养成良好的习惯和人格风尚，自觉弘扬中华优秀传统文化，树立社会新风尚，主动践行社会主义核心价值观；自我教育是主观的教育和接受过程，在很大程度上更能决定培育的效果。因此，要注重激发调动受教育者的主体能动性和创造性，发挥自我教育的重要作用，注重自我发展、自我完善、自我提升，挖掘群体激励、群体竞争、相互对比、相互效仿等群体教育方式。开展礼节礼仪教育，使礼节礼仪成为培育社会主义核心价值观的重要方式。

第二节　坚持以社会主义核心价值体系引领大学文化建设

大学文化建设中的社会主义核心价值体系教育，就是要用社会主义核心价值体系引领大学文化建设，将社会主义核心价值体系渗透、融入和贯穿到大学文化中。只有这样,才能克服社会主义核心价值体系与大学文化建设相脱节的弊端,从而将引领作用落在实处。

一、社会主义核心价值体系引领大学文化建设的路径

高校只有始终不渝地坚持以社会主义核心价值体系引领大学文化建设,才能确保马克思主义在高校意识形态领域的指导地位,才能保证大学生健康成长和全面发展,才能实现为党育人、为国育才的目的。

(一)以大学文化灵魂为抓手,将社会主义核心价值体系渗透到大学精神培育中

大学之大,实质在于大学精神之伟大。大学精神是大学文化的灵魂与核心,它包括自由精神、民主精神、人文精神、创造精神、批判精神等,时常被简述为人文精神和科学精神。以科学精神和人文精神为抓手,将社会主义核心价值体系渗透到大学精神的培育之中,需从以下两方面着手。

第一,从社会主义核心价值体系的内涵中发掘科学精神和人文精神的资源,并将其融入大学文化建设中。社会主义核心价值体系具有丰富的内核和深层精神,马克思主义的精髓和核心就是一切从实际出发,实事求是,理论联系实际,在实践中检验和发展真理,这些是现代科学精神的集中体现;而马克思主义关于人的全面发展的理论,共产主义远大理想、中国特色社会主义共同理想等,都闪烁着人文精神的光芒。因此,将社会主义核心价值体系融入并引领大学文化建设,不仅水到渠成,而且会卓有成效。

第二,通过挖掘中华传统文化的精华,寻找社会主义核心价值体系与现代大学精神的契合点。社会主义核心价值体系及其丰富的内核,是中华传统文化精华的凝练和体现,而传统文化特别是儒家文化蕴含着丰富的人文精神,如厚德载物、诚实守信、自强不息、贵和尚中、崇仁重义、礼让达观以及“天下兴亡,匹夫有责”的社会责任意识等。这些内容对于构建当代大学以人为中心、

开放兼容、和谐有序、崇德守朴、诚信敬业、求真务实的大学精神有着重要的借鉴价值。

(二)以文化传承创新为契机,将社会主义核心价值体系融入大学文化建设中

如果一个大学没有传承社会主义先进文化的精髓,那么培养出来的大学生就不会是合格的社会主义接班人。这就要求大学要牢牢把握中国特色社会主义先进文化的前进方向,通过宣传橱窗、广播、校报、文艺表演等方式,大力宣传社会主义核心价值体系,弘扬主旋律,传播社会主义核心价值观,形成积极向上的校园文化氛围,让大学生在潜移默化中得到校园文化的熏陶和感染,使大学生做到知、情、意、行的统一,真正把社会主义核心价值体系内化于心、外化于行。

大学是文化传承与创新的重要阵地。首先,大学具有传承和创造文化的职能。在人类的各种社会组织中,大学是最经得起时间考验的组织形式之一。大学一直以研究文化、创造文化和传播文化的方式满足着人们永恒的精神需求,并以文化影响和改造着社会。其次,大学的教育力量具有文化影响。大学文化的价值就在于转化为内含着教育意图的校园环境,从而达到润物无声的教育效果。最后,社会主义大学的根本任务是立德树人,为社会主义现代化事业培养有理想、有道德、有文化、有纪律的建设者和接班人。大学虽然具有一定的政治属性、经济属性,但就整体而言,在大学体内流淌着的还是文化的血液。因此,大学作为传承和创新文化的重要平台,不仅承担着传授科学、技术和知识的责任,而且还是先进文化的研究者、创造者和传播者。

传承与创新是大学文化建设的两个必备环节。只有将社会主义核心价值体系贯穿到大学文化的传承和创新之中,才能发挥其引领作用。

首先,要用马克思主义的立场、观点和方法指导大学文化的传承和创新工作。这就要求以马克思主义唯物史观和辩证法为指导,处理好传承和创新之

间的关系,保证大学文化的健康发展。一方面,传承是大学文化的重要功能,既包括对本国传统文化的研究、承接和传播,也包括对世界优秀文化的选择、吸纳和接受。只有真正传承中华优秀传统文化,才能使我国大学成为中国的大学,而通过对世界优秀文化的吸纳,中国大学才能引领中华民族走向世界。另一方面,创新是大学文化的重要特征和崇高使命。大学是一个充满理性和批判精神的场所,大学文化对人类文化进行严格的选择、认可、加工、整合和创新,充分发挥其对文化的积淀与开拓作用。总之,离开了文化传承,创新就会成为无源之水、无本之木。

其次,将中华优秀传统文化作为大学文化的传承内容和创新基础。文化的传承创新,更深层次上是对文化魂脉的继承。通过文化自觉,深入挖掘中华优秀传统文化、民族精神中蕴含的人文精神,使其成为大学课堂和校园文化的传承内容和创新基础,以有力保障我国大学的社会主义方向和民族特色。

最后,用社会主义核心价值观引领大学文化的传承与创新。社会主义核心价值观是文化的核心和灵魂,文化和社会主义核心价值观之间的这种内在关联决定了社会主义核心价值体系在大学文化建设以及文化传承创新中的重要性。

(三)明确大学文化的主客体,将社会主义核心价值体系贯穿大学文化建设的全过程

大学文化由精神文化、环境文化、行为文化、制度文化和网络文化五要素构成,五要素之间相互依存、相互补充,以精神文化为核心,形成一个有机系统。大学文化建设的关键元素是明晰文化建设的主客体。管理者、教师和学生是大学文化建设的主力军,是大学文化建设的主体。因此,组织一个由优秀学生、专家名师和高校管理者等构成的“大学文化建设领导、策划和咨询组织”,是调动大学人文化建设积极性并保证大学文化建设卓有成效的重要举措。从大学文化构成的五要素出发,社会主义核心价值体系引领大学文化建

设,可以通过下列五个途径来实现:

第一,以社会主义核心价值体系引领大学精神文化。大学精神文化包括民主精神、自由精神、批判精神、人文精神、创造精神和宽容精神等。通过挖掘马克思主义和中华优秀传统文化中蕴含的自由、民主、人文、创造、批判、宽容等思想元素,并将其贯穿于课堂教学和第二课堂的各个环节,渗透于管理者的行政管理和教师的学术活动之中,同时,建立相应的激励机制,鼓励大学师生追求思想精神的独立与自由、学术活动的批判与创新、人际关系的合作与宽容。

第二,以社会主义核心价值体系引领大学环境文化。大学环境文化,也就是校园文化,包括大学的硬环境,如建筑物、校训碑文、宣传标语、校园网络等;软环境,如人际氛围、精神风貌等。在实践层面,要将社会主义核心价值体系、中华优秀传统文化和世界优秀文化中蕴含的人文精神和科学精神融入高校的硬环境和软环境中,体现在使命追求、目标定位、校训、建筑设计、标语制作、网络文化和人际氛围等要素中。

第三,以社会主义核心价值体系引领大学行为文化。从文化自觉视角看,用社会主义核心价值体系引领大学行为文化,就是将马克思主义的世界观和方法论、中华优秀传统文化和民族精神中蕴含的人文精神和科学精神融入大学的学生、教师和管理者的日常行为中。具体来讲,要以人文精神和科学精神为着力点,建设管理者求真务实和以人为本的良好政风,形成教师从严执教、严谨治学、寓德于教、爱护学生的良好教风,打造学生奋发向上、追求真理、勇于担当、崇仁尚义、报效祖国的良好学风。

第四,以社会主义核心价值体系引领大学制度文化。将社会主义核心价值体系中蕴含的人文精神和科学精神融入高校的教学制度、科研制度以及各种管理制度中。建立大学文化的学术范式,必须以学科文化为基点,明确学者的主体意识和学科的主体地位,尊重人才,以培育良好的学科环境,构建体现科学精神和人文精神、激励创新型人才成长的制度文化,以引导师生崇尚科学、追求真理、探索规律、奉献社会、关爱人民,用大学精神和大学文化引领和推动社会的文明与进步。

第五,以社会主义核心价值体系引领大学网络文化。网络日趋成为大学生日常生活的重要组成部分。网络环境的健康与否直接影响大学生价值观的培育和形成。因此,要规范大学生网络道德,就必须以社会主义核心价值体系引领高校网络建设,从而确立符合社会主义现代化建设事业要求的、符合大学生健康成长的、为大学生普遍认同和自觉遵守的行为规范。高校网络建设必须用先进、科学和健康的价值体系给予引领。社会主义核心价值体系作为我国的主流意识形态,应该占领大学网络主阵地,充分发挥历史使命,引领高校网络建设的方向,让社会主义先进文化在网络中发挥作用,以抵御西方敌对势力的网络渗透,使网络成为当代大学生接受先进思想文化的重要渠道。在社会主义核心价值体系引领下,高校需要从以下几方面着手进一步加强高校网络建设:

首先,要加强校园网建设,建设一批校园主网站。使校园网成为加强以社会主义核心价值体系引领大学生思想政治教育的新阵地、传播社会主义先进文化的新渠道、全面服务大学生的新平台,进而把社会主义核心价值体系融入高校思想政治教育之中,牢牢把握网络思想政治主动权。

其次,掌握校园网舆情,以社会主义核心价值体系引导网上舆论。各高校要通过校园网络及时而有效地了解大学生思想动向,准确把握所在校园网整体舆情动态。同时,校园网要丰富思想政治教育宣传内容,形成网上正面舆论宣传形势,以社会主义核心价值体系占领校园网主阵地。

最后,重视校园网思想政治教育平台建设。开展以社会主义核心价值体系为主题的网上论坛、网上讨论、网上交流、网上教学等活动。通过网络为教师与学生之间搭建新平台,利用网络所具有的自身优势,实现教育者和大学生真诚的、平等的、实时的思想交流,进而坚定大学生的理想信念,树立正确的世界观、人生观和价值观,进一步促进社会主义核心价值体系融入高校思想政治教育之中,增强网络在高校思想政治教育中的影响力。

总之,只有发挥社会主义核心价值体系在网络文化建设中的引领作用,才能为网络文化和思想政治教育的发展提供良好的生态环境,才能打造出符合社会主义意识形态要求的思想政治教育平台。否则,如果失去了社会主义核心价值体系对校园网络建设的引领,校园网络阵地建设就会迷失方向、失去根本。

二、社会主义核心价值体系引领大学文化建设的机制

大学文化建设,必须坚持以社会主义核心价值体系引领发展方向。在大学教育中应探索社会主义核心价值体系教育的文化机制,目前应着力加强价值主导、渗透融通、践行强化、环境规范等机制的建构与优化。

(一)价值主导机制

社会主义核心价值体系,是我国社会主义意识形态性质和方向的集中体现,大力加强社会主义核心价值体系建设,则是针对当前我国社会思想文化领域尤其是价值观领域现实状况提出的重要任务,是社会主义市场经济条件下进行社会文化建设和思想道德建设的基本要求。校园文化建设的核心是校园文化中的精神文化因素即校园精神,最终目标是以社会主义核心价值体系为指引,确立学校发展的核心价值观,引领师生员工树立正确的世界观、人生观和价值观,养成良好的道德品质和文明行为,促进学校人才培养、科学研究、社会服务工作有序、和谐、高质量发展。

校园精神是校园文化的灵魂,它集中反映一个学校的特殊个性、价值取向及精神面貌,对学校各项工作及师生员工的思想行为发挥价值导向作用。大学处在多种社会思潮、多样文化观念、多元价值观的复杂环境中,如果没有正确的思想理论体系发挥价值主导作用,任何大学恐怕也难以凝练出让师生普遍认同的学校核心价值观及其以此为核心的校园精神。为此,大学都应该以

社会主义核心价值体系统领学校价值观和以学校价值观为核心的校园精神。

坚持以社会主义核心价值体系引领大学校园文化建设,首要问题是能否建立起价值主导的机制,从指导思想、领导体制等方面保证社会主义核心价值体系对大学校园文化建设的有效引领。我们认为,建构社会主义核心价值体系引领大学校园文化建设的价值主导机制,主要应在学校办学指导思想、人才培养目标、校风学风建设等方面体现社会主义核心价值体系的基本要求,通过科学的领导方式、学校治理结构、制度规范体系保证社会主义核心价值体系对学校事业发展、校园文化建设的统领与引导。具体来说,一是要坚持党对学校事业的坚强领导,确保学校建设与发展的社会主义方向;二是加强优良校风、教风、学风建设,继承和发扬学校的优良办学传统与成功育人经验,培育体现学校特色和时代精神的学校核心价值观和校园精神;三是加强和改进大学生思想政治教育,积极引导大学生逐步树立马克思主义信仰、共产主义远大理想和中国特色社会主义共同理想,培养民族自尊心和自信心,自觉抵制拜金主义、享乐主义和极端个人主义;四是在法律和制度的框架下营造民主、进取、创新、和谐的制度文化氛围,以制度和规范保证学校各项工作与学校核心价值观相一致。

(二)渗透融通机制

社会主义核心价值体系对大学校园文化建设引领的实质与核心是价值主导,但这种价值主导作用必须有效地体现到大学校园文化建设的具体过程之中。因此,建构起一种把社会主义核心价值体系全过程、全方位渗透、融入校园文化建设的有效机制,把社会主义核心价值体系的教育渗透到高校学习、科研、工作和生活的各个方面,充分发挥课堂育人、实践育人、环境育人、活动育人的综合作用,有效发挥所有教育者和教育载体的教育作用,充分整合教育资源,形成教育合力。

渗透融通机制,就是通过整合学校各方面的力量以及办学与教育资源,把社会主义核心价值体系的基本要求、基本内容全面渗透、完整融入、有效贯通到校园文化活动和校园文化环境的建设之中，尤其是全面渗透、完整融入、有效贯穿到学校人才培养和学生思想政治教育工作之中，形成体现社会主义特点、时代特征和学校特色的校园文化。

大学要重视环境育人的作用，自觉把社会主义核心价值体系的基本理念与科学内容渗透到校园人文环境建设中去，比如，定期组织校风、学风建设活动，坚持正确舆论引导，树立先进典型，规范日常行为表现，反对学术不端行为，形成积极进取、求实创新和知荣辱、讲奉献的良好风气；用校史和校史资料陈列、实物展示等手段生动形象地反映学校办学历程与办学传统，通过讲校训、唱校歌、戴校徽、用校标等方式宣传、弘扬学校愿景和学校精神，激励师生热爱学校、热爱祖国、立志成才、报效国家；采取请进来、走出去的方式，请优秀校友中的劳动模范、道德楷模及奋斗在各行各业的先进工作者宣讲自己的人生经历和感悟、创业历程和成就，激励师生勤奋学习、努力工作，自觉投身学校发展与社会建设，做社会主义核心价值体系的忠实践行者。与此同时，加强校园规划和建设，做好校园绿化美化工作与人文景观建设，使校园的山、水、园、林、路以及建筑、景观等起到激发热情、陶冶情操的作用，使之既达到使用功能、审美功能和教育功能的和谐统一又能成为大学校园文化和建设社会主义核心价值体系的有效载体。

内容丰富、形式新颖、吸引力强的思想政治、学术科技、文娱体育等校园文化活动，是大学校园文化突出的外在表现形式，是校园文化建设的经常性内容。社会主义核心价值体系只有真正渗透、贯穿到校园文化活动过程之中，才能有效地发挥引领作用，使大学师生在活动参与中坚定马克思主义信仰，树立正确的理想信念，熏陶思想情感，充实精神生活，升华道德境界。近年来，不少高校在重大节庆日、重要纪念日以及中华民族的传统节日开展主题教育活动，经常性开展“文明校园、文明单位、文明班级、文明宿舍”的师生文明创建活动，实施基层单位创建先进典型和“大学生素质拓展计划”，在生动、具体的校园文化活动中贯穿正确政治立场、先进思想观念和良好道德行为等方面的要求,唱响了校园主旋律,加强了社会主义核心价值体系建设,提高了广大教师和学生的综合素质。今后,更要充分发挥学校重大仪式、网络等新型媒体和学生社团、网络虚拟群体等新型大学生组织的重要作用,精心设计开学与毕业典礼、奖励与表彰先进、校庆与重要学术活动等具有特殊教育意义的活动,积极开展健康向上、丰富多彩的网络文化与社团文化活动,开拓社会主义核心价值体系融入大学校园文化的新载体,加强有效引导,确保校园文化建设与发展的正确方向。

构建社会主义核心价值体系渗透融通到校园文化建设的有效机制,还要着力解决校园文化活动与思想政治理论课、党校教育、党团组织生活的衔接问题。思想政治理论课、党校教育、党团组织生活等,是高等学校进行社会主义核心价值体系宣传、教育、普及的主渠道、主阵地。通过科学设计和合理安排,把社会主义核心价值体系教育有机地贯穿到大学生思想政治理论课教学、党校培训和党团组织活动之中,有效地解决师生对社会主义核心价值体系真学、真懂、真信的问题,为在校园文化活动中融入贯通社会主义核心价值体系的基本内容,为师生在校园文化活动中自觉践行社会主义核心价值体系的基本要求奠定坚实的思想理论基础。与此同时,学校安排校园文化活动要主动与思想政治理论课教学、党校培训、党团组织活动的内容相互衔接,在形式上相互补充,发挥校园文化活动的实践性功能,在组织引导师生践行社会主义核心价值体系方面做好文章,更自觉地在校园文化建设中渗透、融入社会主义核心价值体系的要求,更好地发挥社会主义核心价值体系对校园文化建设乃至整个学校工作的价值主导作用。

(三)践行强化机制

社会主义核心价值体系引领大学校园文化建设的践行强化机制,就是通过动员、组织师生参与社会主义核心价值体系传播、宣传、实践活动,在参与各项校园文化活动和各种校园文化建设项目的过程中，巩固、强化社会主义核心价值体系对校园文化建设价值主导与渗透融通的效果。社会主义核心价值体系引领大学校园文化建设的践行强化机制，要解决的核心问题是如何引导和组织广大师生在校园文化建设中按照社会主义核心价值体系的要求自觉行动。我们认为，建构践行强化机制，具体应该包括动员、参与和考评三个方面的机制建设，其中，参与机制建设是重点，有效的动员机制和考核评价机制则是广泛组织师生参与的前提和保证。

这里所说的动员机制，是指确立某些经常、持久的影响因素与影响方式，作用于师生的态度、价值观与期望值等方面，使他们能够在校园文化建设实践和日常学习与工作中明确方向、激发热情，自觉地践行社会主义核心价值体系。显然，一方面，要在校园文化建设的规划、部署中体现践行社会主义核心价值体系的要求，经常性地进行思想发动与行为激励；在校园文化活动计划和进行过程中安排社会主义核心价值体系的实践活动，有目的有组织地吸引大家关注和参与。另一方面，动员方式也要与时俱进，不断地进行改革创新。既要改进传统动员方式，更要善于发挥现代媒体和竞争性活动的动员功能，通过校园网络、校园广播、宣传橱窗等媒体的宣传动员以及组织开展知识竞赛、活动评比、达标争优等活动提高大家的思想认识，激发和调动广大师生自觉践行社会主义核心价值体系的主观能动性。

我们认为，组织参与、项目参与、活动参与是师生参与社会主义核心价值体系实践活动的主要参与形式。依托学校正式与非正式群体组织，以理论学习社团、志愿者协会等实践学习社团、文学艺术等兴趣爱好社团和工会小组、党团支部、学生班级等为单位组织开展学习践行社会主义核心价值体系的主题活动即视为组织参与。学校有关部门围绕学习践行社会主义核心价值体系这一主题，设计提出一些校园文化建设项目，组织开展多样化的校园文化与社会实践活动，发动和吸引广大师生员工参与到项目建设和活动中来，在项目建设和活动参与中践行社会主义核心价值体系的基本要求，并逐渐形成自己的行为习惯,巩固社会主义核心价值体系的学习成果。

为保证师生践行社会主义核心价值体系的效果,有必要建立相应的检查、考核、督导、评价机制,纳入学校校园文化建设乃至学校整体工作的检查督导体系之中。具体来说,将师生践行社会主义核心价值体系情况纳入单位年度工作目标和个人年度考核内容,把在校园文化建设和校园文化活动中组织师生践行社会主义核心价值体系的情况纳入学校各项工作检查、评估的内容范围和指标体系,通过经常性的督促检查和考评奖惩,把践行社会主义核心价值体系同学校校园文化建设以及教学、科研、管理各项工作有机结合起来,通过切合实际的考评内容与考评方式,使践行社会主义核心价值体系成为广大教师和学生的自觉行动。

(四)环境规范机制

社会主义核心价值体系对大学校园文化建设的价值主导、渗透融通、践行强化等机制,主要是着眼于引领工作系统的内部要素之间的有机联系与协调运行,而环境规范机制则是着眼于如何通过优化、协调校园文化建设的环境因素,在社会主义核心价值体系对校园文化建设引领中发挥规范、保障作用。社会主义核心价值体系引领校园文化建设的环境规范机制建构的思路是:

第一,形成良好氛围。突出"以正确的舆论引导人"的理念,通过校风学风、校园媒体、文化氛围建设和师生身边先进典型的宣传教育,促进广大师生在思想上自愿认同社会主义核心价值体系,在行为上自觉践行社会主义核心价值体系。校园典型,是校园这个特定文化区间内涌现出的正面榜样,是那些思想品质高尚,学习、工作成绩显著并为师生员工公认的具有较高威望的单位和个人,他们是师生员工忠实践行社会主义核心价值体系的先进代表。宣传他们鲜活的感人事迹,发挥先进典型的示范作用,可以营造积极进取、与时俱进的大学校园精神文化氛围。这样的氛围一旦形成,就能够有效规范师生思想行为表现,潜移默化地促进价值认同和行动统一,从而有效地保证社会主义核心价值体系对大学校园文化建设以及学校各项工作的引领作用。

第二，实行规范管理。运用有关教育法规和学校制度规范对师生行为的外在约束作用，通过学校管理手段规范师生行为，使师生在教书育人、学习成才的过程中自觉以社会主义核心价值体系要求自己，做社会主义核心价值体系的忠实践行者。我国的教育法规是社会主义大学建设的法律依据，规定了学校建设和发展的基本方向，学校的管理制度和行为规范则体现了大学的办学理念和办学特色，反映了大学治理的文化个性。在法律的框架下，建立健全学校运行与管理的制度规范体系并严格予以实行，营造一种学术自由、管理民主、办事公正、人际和谐的校园制度环境，就能有效地规范广大师生在学校工作和活动中的行为表现，使他们自觉坚持以马克思主义为指导，树立共产主义远大理想和中国特色社会主义共同理想，形成崇尚科学、追求真理、努力学习、勤奋工作和知荣辱、讲奉献的良好精神风貌。

第三，加强条件保障。教育主管部门和各高等学校都要加强对大学校园文化建设工作的领导和管理，不断完善校园文化建设的政策和措施，为切实解决校园文化建设过程中遇到的实际问题和困难提供组织与政策保障。学校要在人、财、物等方面加大投入，把校园文化建设经费纳入学校预算，同时在人员配备和设备、物质等资源分配上作出制度性安排，确保校园文化建设各项工作顺利开展，为社会主义核心价值体系引领大学校园文化建设提供人、财、物等条件保障。

第三节　社会主义核心价值观教育融入大学文化建设全过程

社会主义核心价值观教育，是一个涉及根本、影响全局的重大战略任务。党的十八大明确提出，倡导富强、民主、文明、和谐，倡导自由、平等、公正、法治，倡导爱国、敬业、诚信、友善，积极培育和践行社会主义核心价值观。因此，培育和践行社会主义核心价值观,是大学文化建设的根本使命和重要任务。在大学文化建设中培育践行社会主义核心价值观,就是将其融入大学文化建设的全过程。社会主义核心价值观融入大学文化建设是一项系统工程,并不能一蹴而就,需要大学做好各项建设、抓好各方面的工作,既做好整体规划,又加强局部建设,建立一个环环相扣的、严谨科学的、影响深远的系统来促进社会主义核心价值观融入大学文化建设。

一、社会主义核心价值观融入大学文化建设的基本原则

社会主义核心价值观教育融入大学文化建设中必须坚持正确的原则,为此,2013 年,中共中央办公厅印发了《关于培育和践行社会主义核心价值观的意见》,提出了培育和践行社会主义核心价值观的基本原则:坚持以人为本,尊重群众主体地位,关注人们利益诉求和价值愿望,促进人的全面发展;坚持以理想信念为核心,抓住世界观、人生观、价值观这个总开关,在全社会牢固树立中国特色社会主义共同理想,着力铸牢人们的精神支柱;坚持联系实际,区分层次和对象,加强分类指导,找准与人们思想的共鸣点、与群众利益的交汇点,做到贴近性、对象化、接地气;坚持改进创新,善于运用群众喜闻乐见的方式,搭建群众便于参与的平台,开辟群众乐于参与的渠道,积极推进理念创新、手段创新和基层工作创新,增强工作的吸引力感染力。

这四项基本原则,来自实践,是实践经验的科学总结,是被实践证明了的行之有效的基本原则,需要在实践中坚持和贯彻落实。

贯彻以上四项基本原则,培育和践行社会主义核心价值观,在日常工作中必须坚持以下“三个有机统一”,这是培育和践行社会主义核心价值观的基本遵循。

二、社会主义核心价值观融入大学文化建设的基本方法

社会主义核心价值观教育融入大学文化建设需运用以下一系列“有机统

一"的基本方法。

（一）坚持传承本来与开创未来的有机统一

我们党总结、提炼的社会主义核心价值观的科学内涵，不是主观臆造的结果，也不是抽象词汇的罗列，而是有着厚重的基础和依据，这就是它首先来自对中华优秀传统文化的传承。正如习近平总书记反复强调的，培育和弘扬社会主义核心价值观，必须立足中华优秀传统文化，"不忘本来才能开辟未来，善于继承才能更好创新"①。在人类文明发展史上，中华文明是内涵厚重、指向鲜明、从没中断、延续至今的古老而又年轻的文明。长达5000多年的中华文明史，滋养了一代又一代知识渊博、洞察精髓的思想家，孕育了涵盖各方、博大精深的思想理论。在这些思想家的学说和思想理论中，蕴含着中国人如何看待世界、看待社会、看待人生的独特的价值观，构成了内涵独特、影响深远的价值体系。正是这种独特而悠久的价值体系和精神世界，让中国人具有很强的民族自信心，也培育了一系列包括爱国、诚信、友善、奉献等范畴在内的民族精神和价值准则。社会主义核心价值观，正是在传承、弘扬中华文明中具有深厚内涵和时代价值的价值元素中凝练而成的。

因此，培育和践行社会主义核心价值观，必须立足于中华优秀传统文化，"深入挖掘和阐发中华优秀传统文化讲仁爱、重民本、守诚信、崇正义、尚和合、求大同的时代价值，使中华优秀传统文化成为涵养社会主义核心价值观的重要源泉"②。同时，我们又必须清醒地认识和坚持：传承本来绝不是照搬传统，更不是回到历史，而必须正确处理好传承和创新的关系，重点做好创造性转化和创新性发展，"坚持古为今用、推陈出新，有鉴别地加以对待，有扬弃地予以继承，努力用中华民族创造的一切精神财富来以文化人、以文育人"③。

① 《习近平谈治国理政》第一卷，外文出版社2018年版，第164页。
② 《习近平谈治国理政》第一卷，外文出版社2018年版，第164页。
③ 《习近平谈治国理政》第一卷，外文出版社2018年版，第164页。

(二)坚持内化于心与外化于行的有机统一

历史表明,一种核心价值观,要实现其应有的社会功能,发挥凝聚人心、陶冶性情、引领思潮、规范行为的社会作用,必须经历一个长期的内化于心的过程。通过家风传承、国民教育、先锋示范、大众效仿等一系列环节,使这种价值观潜移默化深入人心,逐步成为人们的价值认同,甚至成为人们的生活习惯。社会主义核心价值观,更加具有明确的导向性和高远的目标性,因此,更需要夯实培育和践行的思想基础,切实做好内化于心的工作。内化于心和外化于行不可分割,知行统一是认识论的基本原则,也是培育和践行社会主义核心价值观的基本路径。

为此,要把培育和践行社会主义核心价值观融入国民教育全过程,从青少年抓起、从学校教育抓起,坚持育人为本、德育为先、立德树人,把社会主义核心价值观纳入国民教育总体规划,贯穿于基础教育、高等教育、职业技术教育、成人教育各领域,覆盖到所有学校和受教育者,同时要拓展青少年学习和践行社会主义核心价值观的有效路径,注重发挥社会实践的日常养成作用;要把培育和践行社会主义核心价值观融入各类道德实践活动,以社会主义核心价值观的基本内涵为主线加强社会公德、职业道德、家庭美德、个人品德教育,形成爱国敬业、修身律己、崇德向善、礼让宽容的道德风尚,形成全社会重视、大家共同参与的涵养社会主义核心价值观的良好社会氛围;要把培育和践行社会主义核心价值观融入经济社会发展实践和国家治理实践,在促进社会主义市场经济发展中,大力倡导社会责任、社会效益、守法经营、公平竞争、诚信守约,在推进国家治理和社会治理中,大力倡导尊重自由、厉行法治、维护公正,形成国家和社会治理中的鲜明主流价值。总之,正如习近平总书记所说的:“一种价值观要真正发挥作用,必须融入社会生活,让人们在实践中感知它、领悟它。”①只有通

① 《习近平谈治国理政》第一卷,外文出版社2018年版,第165页。

过广泛社会生活和社会实践“使核心价值观的影响像空气一样无所不在、无时不有”①，才能真正做到既内化于心又外化于行，使社会主义核心价值观成为人们日常工作生活的基本遵循。

（三）坚持普遍要求与突出特色的有机统一

坚持普遍性与特殊性的有机统一，是促进矛盾向有利于事物发展的方向转化、推进事物顺利持续发展的最重要方法，是马克思主义认识论和辩证法的最基本原则。在新民主主义革命时期、社会主义革命和建设时期，我们党坚持把马克思主义普遍真理同中国具体实际相结合，寻求普遍真理与特殊国情的有机统一，从而开辟了马克思主义中国化的伟大航程，夺取了新民主主义革命、社会主义革命和建设的伟大胜利；在改革开放和社会主义现代化建设新时期，我们党坚持把马克思主义普遍真理同中国具体实际相结合，走自己的道路，从而实现了马克思主义中国化的新飞跃，开辟了中国特色社会主义道路。这一历史经验值得永远记取，是我们今天坚持和完善中国特色社会主义制度、推进国家治理体系和治理能力现代化。作为中国特色社会主义建设的一项基础性工程，培育和践行社会主义核心价值观，尤其应当紧密联系各领域、各地方、各单位的具体实际，将社会主义核心价值观的普遍性要求与特殊性特色有机地结合起来、统一起来。

习近平总书记指出，要“在落细、落小、落实上下功夫”②。所谓“落细”，就是要根据各领域、各地方、各单位的实际情况和发展需要，把社会主义核心价值观三个层面 24 个字的普遍要求细化为人们喜闻乐见、乐于接受、乐于参与的价值规范和价值准则，细致地做好培育和践行工作，春风化雨、点滴入土；所谓“落小”，就是要从大处着眼、小处着手，从细微处抓起、在点滴中涵养，“勿以善小而不为，勿以恶小而为之”，通过具有鲜明地域特色的具体价值规

① 《习近平谈治国理政》第一卷，外文出版社 2018 年版，第 165 页。

② 《习近平谈治国理政》第一卷，外文出版社 2018 年版，第 165 页。

范和价值准则来理解和遵循社会主义核心价值观的价值内核和价值精髓;所谓“落实”,就是要注重实效,养成习惯,一步一个脚印,一步一个效果,让人们在实际生活变化中体悟到社会主义核心价值观的巨大魅力,在现实的典型事迹和榜样力量中感受到社会主义核心价值观的社会正义力量。

除了上述三个“有机统一”外,还可以结合各个方面的实际需求引申出一系列的“有机统一”,比如坚持思想教育与实际涵养的有机统一、坚持典型示范与大众实践的有机统一、坚持眼前努力与长远目标的有机统一等。社会主义核心价值观来自中国特色社会主义伟大实践,又在不断培育和践行的过程中获得生机与活力。只要我们坚持理论与实践的有机统一,长期坚持、永不懈怠,社会主义核心价值观一定会成为增进价值共识、共筑价值高地、引领社会思潮、优化社会风尚的强大精神力量。

三、社会主义核心价值观融入大学文化建设的基本要求

深入推进社会主义核心价值观教育实践,积极培育和践行社会主义核心价值观,是高等教育坚持中国特色社会主义共同理想和共产主义远大理想,体现国家教育意志、教育理念和教育方针的根本要求。因此,必须把社会主义核心价值观作为核心内容贯穿于教育教学的全过程和各方面,只有通过社会主义核心价值观教育的具体实践,才能真正把社会主义核心价值观教育落到实处。

(一)要挖掘核心价值观在大学文化中的意蕴

把社会主义核心价值观融入大学文化建设全过程,除了把握社会主义核心价值观的内涵之外,首先要挖掘它在大学和大学文化中的内涵,只有做到这一点,才能为“融入”找到着力点并有效实现“融入”的目标要求。

1. 富强、民主、文明、和谐在大学文化建设中的意蕴

(1)富强:国家富强必须依靠人才建设,高校的首要目标在于为国家和社

会培养人才。富强在大学文化建设首先表现为人才强校。必须充分肯定人才在大学文化建设中的核心地位,树立人才是第一资源的理念。

(2)民主:在高校贯彻执行民主制度,建立现代性大学制度。充分发挥教授群体在高校中的主体地位,让他们积极参与高校的建设和发展。

(3)文明:校园文明建设主要包括环境文明和秩序文明。高校要体现高于社会的文明格调,建筑、景观布置、山水草木都给人以美的感受。学校的办学理念、历史积淀、学校风气都能从这些建筑、雕塑、景点设计上反映出来。校园文明建设必须建立在规范有序的校园秩序上,包括生活秩序、教学秩序和管理秩序。

(4)和谐:和谐高校建设,一方面,是人与人的和谐,这是高校和谐的基础。高校和谐相处的氛围,是高校校园文化建设良好的保障条件。另一方面,是人与自然的和谐。这必须通过生态校园建设来实现,通过人与自然的和谐,最终还是为了促进人的个体的和谐,促进个体的良好发展。

2.自由、平等、公正、法治在大学文化建设中的意蕴

(1)自由:学术自由是高校的核心理念,学术自由是思想自由的特殊形式。学术自由是进行科学研究和探索真理的自由。在合理的限度之内,尊重学者的学术自由,让学者思想自由在学术中充分地体现出来。

(2)平等:平等在大学文化建设中主要表现在两方面。一是高校群体人格的平等。高校的管理者和高校的教育者是平等的,高校的教育者和受教育者在人格上也是平等的。二是学术观点平等。高校应该允许学术争鸣现象的存在。

(3)公正:公正包含两个层面,一是按照同一标准和原则对待相同的人和事,即一视同仁;二是所付出和回报应是对等的、相适应的,如功过、奖惩、贡献和报酬应该是一致的。公正的核心是合理和均衡,是不偏不倚地对待人与事。

(4)法治:依法治校,是依法治国在高校领域的具体体现。法治高校,要求高校中的人们在校园各种活动中必须具备法治观念和法治思想,提高他们对法律的认知度和认同度。

3. 爱国、敬业、诚信、友善在大学文化建设中的意蕴

(1)爱国:一是学术报国。高校教育者必须专注于研究学术,促进文化繁荣发展,通过学术的渠道,展现自己的爱国情怀。二是通过校园文化载体表现出来,如升国旗仪式、通过演讲比赛和话剧演出等校园文化活动展现出来。

(2)敬业:高校管理者和教育者必须“在其位、谋其职”。高校教育者和管理者要爱岗敬业,尽心尽力地致力于高校行政管理、教学工作、学术研究和科学研究,这会对受教育者产生很大的影响。

(3)诚信:诚信在高校中最突出的表现是学术诚信,这是科研工作者必须坚守的底线。对于大学生来说,应该从低年级开始培养学术道德认知,进行学术道德诚信教育,树立学术诚信品质。

(4)友善:友善是社会交往的前提,友善是道德秩序的统一,是高校人与人之间和谐相处的重要保障,是高校群体基本的道德规范。

(二)要坚持以立德树人为根本任务

要坚持“德育为先、育人为本”的教育理念,积极推进一流大学和一流学科建设。2014 年,习近平总书记在北京大学师生座谈会上的讲话中,深刻阐述了社会主义核心价值观与德的关系:“核心价值观,其实就是一种德,既是个人的德,也是一种大德,就是国家的德、社会的德。国无德不兴,人无德不立。”①“国家的德”“社会的德”“个人的德”,从三个层面回答了我们要建设什么样的国家、建设什么样的社会、培养什么样的人的重大问题。坚持“德育为先,育人为本”的高等教育办学理念,内在要求就是要把社会主义核心价值观教育作为第一位教育贯彻高校教育教学始终。

当前,在高校中,有少数人认为核心价值观教育是非专业性的思想政治教

① 《习近平谈治国理政》第一卷,外文出版社 2018 年版,第 168 页。

育,是外加于专业教学的临时任务。虽然这种观点不是主流,但也反映出少数学者视高等教育为纯粹专业知识教育的错误认知。重不重视政治方向和思想品德教育,不是个别性的问题,而是涉及办学方向的本质问题。政治方向和思想品德教育事关“办什么学”“培养什么样的人”“培养的人跟谁走”的问题,具有极端的重要性。

坚持“德育为先,育人为本”的教育理念,要求高校坚持用社会主义核心价值观引领知识教育,把社会主义核心价值观融入教育教学全过程,积极引导广大青年学生勤学、修德、明辨、笃实,使社会主义核心价值观成为他们的基本遵循,形成优良的学风、教风和校风。

(三)要落实和履行好领导责任

高校社会主义核心价值观教育的第一责任人是党委书记和校长。现实中,高校的领导干部坚持什么样的办学路线,重用什么样的人,能不能发挥党组织的作用,在大是大非面前是否清醒,在学生中有没有应有的威信,实际上关乎高校走什么路、能否坚持社会主义大学办学方向等重大问题。高校党委书记和校长是统管全局工作的。社会主义核心价值观教育在高校有无地位,能否列入高校工作的重要议程并作出长远安排,能否持久地卓有成效地开展下去,完全取决于高校领导干部的思想水平、政治觉悟和工作部署。所以,高校党委书记和校长必须担当起第一责任人的责任。

实践表明,凡是社会主义核心价值观教育搞得生机勃勃、成效显著的高校,无不是学校党委和行政领导特别是“一把手”重视的结果。所以,高校党委书记和校长对社会主义核心价值观教育认识是否到位,是否有具体贯彻落实的思路、要求、措施与行动,决定着高校社会主义核心价值观教育的成效以及成效的大小。假若一所高校的党委书记和校长认识不到位,甚至连有关文件都不看,有关精神都不知,有关会议都不开,有关工作都不部署,或只走过场一般开开会、讲讲话,不身体力行,不深入学校教学工作一线开展调研、掌握情况、总结经验、发现问题、提出改进措施,思想政治理论课教师和各职能部门人员再努力,也难以有明显成效。

把社会主义核心价值观教育贯彻到高校教育教学的各个环节、各个方面,必须落实好高校党委书记和校长的政治责任和领导责任。首先,要从思想上认识到社会主义核心价值观教育是关系高校社会主义意识形态领导权、管理权和话语权掌握在谁手中的大事,是确保国家政治安全和意识形态安全的重要部分,是落实“四个全面”战略布局的精神动力。在这方面的失职是事关政治方向、办学方向的过错。其次,要建立长效机制,定期研究、有效指导、具体部署、督导检查,确保社会主义核心价值观教育在组织领导、学科建设、课程设置、科学研究、人才培养、队伍建设、后勤保障、综合管理、社会服务等各方面持续进行。最后,要密切关注高校教学,特别是哲学社会科学学科教学与研究领域的思想动向。对于在思想观念和价值取向上有偏差,在教育教学上弱化、淡化马克思主义指导地位,在科学研究上以学术探索为名宣扬错误思潮等不良倾向,都要及时给予批评和教育。对于个别经多次教育而坚持不改者,应果断采取组织措施,绝不能听之任之。

(四)要发挥好全员育人的合力

高校的社会主义核心价值观教育,是全体教职员工的共同责任。虽然思想政治理论课教师肩负着最直接最重要的责任,但是他们并不是唯一的教育任务承担者。高校所有教师包括哲学社会科学和自然科学领域的教师、管理人员等都肩负着这一重要责任,任何人不能置身事外。

就高校内部组织机构来说,也不是只有马克思主义学院(或思想政治理论课教学部)才担负着社会主义核心价值观教育的任务。应该说,推进社会主义核心价值观教育,学校所有院系、所有职能部门都肩负使命和责任,只是实施和体现这种教育的方式、内容、途径有所差别。一所高校对弘扬和践行社会主义核心价值观的认识深度和自觉程度,决定着它在社会主义核心价值观教育方面所取得的实际成效。

要真正发挥好高校所有职能部门与全体教职员工在社会主义核心价值观教育中的重要作用，第一，在思想上，要树立“教书育人、管理育人、服务育人”的全方位育人观念。高校的社会主义核心价值观教育，不仅体现在教书一个环节上，还体现在管理与服务等环节上。观念是行动的先导，只有高校各职能部门、所有教职员工在观念上真正确立起“教书育人、管理育人、服务育人”的全方位教育观念，才能真正消除社会主义核心价值观教育只是思想政治理论课教师（或马克思主义学院、思想政治理论课教学部）的责任的偏见，也才能在实践中形成各职能部门相互支持、所有教职员工相互配合的全方位育人格局，进而形成推进社会主义核心价值观教育的强劲合力。第二，在实践中，要真正发挥各职能部门的优势和全体教职员工的积极性、主动性与创造性，推动社会主义核心价值观教育走向深入。高校党委宣传部、学生工作部、团委等职能部门要联合马克思主义学院（或思想政治理论课教学部），以全面贯彻落实党的十九大和十九届历次全会精神为契机，采用师生喜闻乐见的方式，加强以社会主义核心价值观为主题的校园文化建设，把社会主义核心价值观的教育融入各种校园文化活动之中。

（五）要融入哲学社会科学教育之中

哲学社会科学教育在社会主义核心价值观教育中担负着重要任务，核心价值观“进教材、进课堂、进头脑”离不开高校哲学社会科学专业教育这一重要路径。要坚持思想政治理论课与哲学社会科学专业课相结合，注重发挥和落实哲学社会科学课程的育人功能与哲学社会科学教师的育人职责。

第一，要对哲学社会科学的本质与功能有清醒认识。高校哲学社会科学中，哲学、法学、政治学、社会学、历史学、经济学、管理学、文艺学等绝大部分学科都具有鲜明的意识形态属性。它们作为高校文科的基本学科和基础课程，以理论的形态表达着一定的世界观、人生观和价值观。当代中国的哲学社会科学理应服务于中国特色社会主义经济、政治发展的要求。为此,必须以社会主义核心价值观为灵魂,也必须把学习、研究和宣传社会主义核心价值观作为根本任务。

第二,要始终坚持马克思主义的指导地位不动摇。改革开放以来,特别是党的十八大以来,我国高校哲学社会科学有了很大的发展,为坚持和发展中国特色社会主义作出了重大贡献。但是,在其发展过程中也存在少数问题,高校要克服这些问题,排除前进中的干扰,最根本的是要弘扬和践行社会主义核心价值观,推进哲学社会科学教学科研骨干研修工作,组织广大哲学社会科学教师系统学习马克思主义理论和党的路线方针政策。高校哲学社会科学各学科都要把马克思主义理论研究和建设工程作为第一工程、铸魂工程,旗帜鲜明地把马克思主义作为自己学科的指导思想和理论基础,充分发挥高校哲学社会科学在社会主义核心价值观方面的教育功能。

第三,要充分发挥哲学社会科学的研究优势。一是要加强对社会主义核心价值观本身的研究,对社会主义核心价值观的形成、内涵与精神实质,对如何培育和践行社会主义核心价值观进行深入而系统的研究。二是要加强对社会思潮的研究,要对社会思潮产生的历史背景、理论来源、代表观点、社会影响等进行深入分析,尤其要对一些可能对大学生产生较大影响的错误思潮进行重点研究,理直气壮地驳斥其荒谬性,展现马克思主义的科学性与真理性,帮助大学生坚定马克思主义信仰。三是要支持马克思主义理论学科与其他学科开展交叉研究。对一些大学生比较关注的时代前沿问题进行联合攻关,加强马克思主义理论学科与其他学科之间的交流与合作,形成一批具有学科特色和广泛影响的理论创新成果,发挥好马克思主义对其他学科的指导和引领作用。

四、社会主义核心价值观融入大学文化建设的基本路径

大学如何适应新时代新要求,选择适合自己的发展战略,更好地担负起立

德树人的根本使命和任务，这已经成为每一所大学面临的重大现实课题。为此，必须以社会主义核心价值体系引领大学文化的建设，把社会主义核心价值观融入大学文化建设的全过程和各方面。

（一）社会主义核心价值观贯穿于大学精神文化建设

大学精神是大学永恒的追求，大学精神是对学术自由、科学真理、文化创新的精神向往。我国的大学精神肩负着中国文化的使命，是历史的沉淀，同时，也熏陶了大学里每一个人的修养与品质。

1.弘扬创新精神，培育创新人才

一所创新型大学必须努力培养创新精神，必须努力培育出适应社会发展的创新型人才，必须努力建设以创新为核心的大学人文环境。具体有以下三点：一是大学环境并非一成不变的，我们应该不断加强对校园环境的改造，大到教学楼宇建设，小到花草树木的设计，在规划的过程中可以提倡全校师生参与，集思广益结合人文特色建设新型的学习生活环境；二是通过形式各异、不同内容的校园文化活动传递校园新风气，从大型的学术活动到社团或其他集体活动，都能从不同的活动形式、活动风格中创新精神文化生活。在校园文化活动中，我们要关注和强调更新信息传递的频率。例如，可以结合不同的节日、不同民族与地域文化等特色展开相应的文化活动甚至文艺汇演，促使文化得到交融，让每一个大学师生接收到文化信息，突出校园精神文化的创新环境；三是可以鼓励大学环境里的人员在工作学习中创作推陈出新的作品。学校可以通过开展科技实践、学术科研、大型竞赛活动，鼓励参加人员的创新热情，培养参与者的创新思维，在校园内形成互相交流与学习的良好氛围，只有敢于创新，才能有助于校园创新环境的长远发展。

培养大学创新精神和创新人才必须做到理论与实践相结合，大学的创新理念体现在参与活动者的具体行为中。首先，大学生个人的阅历将指引自己的价值理念，通过学校提供的交流环境，在个人相互之间的促进和良性影响下最终反映出一所大学的创新理念。其次,通过大学人的具体实践,物质文化的沉淀一定程度上改变了精神文化。如校园建设的教学楼群、建筑标志、绿化环境等都是校园精神“物化”的直接表现。最后,在创新型国家建设和培养创新型人才的过程中,大学生主体的创新、精神生命的创新,才是推进校园文化乃至社会创新的关键。教育除了突破传统固有的思维模式,革新陈旧的教学方法,同时,还应该提倡营造宽松的文化氛围。在持续发展的校园精神文化建设中,应当确立建设性的批判思维。开放思想,敢于批判错误,追求科学真理,明确学术规范是学术研究工作者应有的职业素养,是保证学术正常交流、提高学术积累的必要条件。

国家实施创新驱动发展战略,要求高等教育工作者必须从创新大学精神入手,抓住文化创新这个根本,努力培育创新人才,助推国家创新发展。

2. 培育人文精神,提高人文素养

人文精神是一所大学对人格健全发展的肯定,体现了校园群体对人的尊严、精神、理想追求的关注和重视,是大学关于人类文化的灵魂与核心。因而,大学的人文关怀和育人精神是对大学生人生意义的探寻,培养学生的自尊心和责任心,教会学生如何为人处世。大学不仅是客观物质的存在,而且是一种精神的存在,学生在学习中领会了人与人、人与社会、人与自然万物间的关系,更重要的是确立了自己人生的价值观。

大学的育人精神,在很大程度上要靠培养。第一,管理者重视。学校领导要将以人为中心理念贯穿到治校、建设校园文化的全过程中。校党组织要加强以人为中心理念的宣传,将以人为中心的思想渗透到工作的各个方面。通过校园网络、专题讲座等形式使在校师生了解学校的办学理念和为师生服务的宗旨;实践证明通过开展丰富多彩的校园文化活动建设具有浓厚人文氛围的校园文化是达到育人教育目标的有效途径。第二,大学管理人员亟待转变教育观念。人永远是教育工作开展的中心环节,教育对象是大学教育事业的出发点和落脚点。教育以人为本的重点即要求师生间互敬互爱,使每一个学生理解和感受爱，以及培养学生“尊重人、关爱人、激励人、成就人”的人文情怀。学生是大学教育环节的重心所在，只有将学生教育结合到学生的尊严、自由、人生价值追求的高度，才能展现一所大学的人文情怀。另外，从物质文化到精神文化建设、从制度文化再到行为文化的建设，当代大学都应该提供一切有利于学生学习生活的环境，都应该尊重每一个学生的人生价值，都应该最大限度地服务每一个学生，以此锻炼学生的能力。如高校领导和教师应高度重视学生的个性发展问题，因材施教、因人施教，细心呵护和培养学生的好奇心、求知欲倡导独立思考，营造崇真、求新、独立思考、追求真理的学术氛围，为学生潜能的充分开发创造宽松的环境。经常举办丰富多彩的科技文化节、社团文化节、读书会等多种多样的科技、文化活动，从实践参与的角度看，提高了大学生掌握知识、运用知识的能力；从校园文化软实力的角度看，启迪了大学生思想、陶冶了大学生情操、升华了大学生精神、提高了大学生的科学文化素质，最终体现了校园育人精神的价值观。

（二）社会主义核心价值观渗透于大学物质文化建设

1. 突出“传统、和谐、绿色”的文化建设理念

在当代大学校园建设中，学校物质环境规划的成功与否将关系到学校的教育发展兴衰，在学校总体规划蓝图中应该积极展示独到的办学理念，只有文化环境和谐发展，才能助推教育事业稳步健康发展。

首先，大学物质文化建设应该突出本校的历史传承特点，以文化人，感染每一个人的心灵。大学校园的规划者应该从审美角度出发，发掘潜在的历史文化资源，反映出大学的历史价值观，在校园的一景一物、一草一木中赋予物质文化的灵魂建设，使每一个老师和学生都能身临其境，吸收优秀文化成果、净化心灵、提高修养、激发对知识的渴求。例如，继承了古典园林建筑的清华大学，历史沿革特征突出，其中列为“园中之园”的水木清华设计别具匠心，也因其优雅的环境，常被清华学子选为读书学习和小憩之地，值得一提的是，学

生们可以在这里读到校园的历史变迁。其次,规划校园建设的过程中,应当避免一时盲目,使新建的校园环境与原有的物质文化景观格格不入,破坏了校园的和谐环境。同时,在校园建设中要包涵人性化和生态化的建设构想,突出自己的办学特点、民族风格、地域特色等文化内涵,培养在校师生员工的爱校情怀,也为他们提供舒适的工作环境和学习环境。最后,大学物质文化环境建设应当清新典雅。校园绿化应推陈出新,展现自我特色,可以利用一些绿色植被搭造出一些物体,如一本书、一个励志形象等,在美化环境的同时,可以激发学生求知好学的兴趣。树大根深可以象征一所学校悠久的历史,因此,学校在绿化工作中应尽量保护校址内原有的树木。如果因学校地理位置的局限性导致校园建筑物产生不和谐效果时,可以采用花卉加以装饰点缀,避免影响视觉效果,使学校自然景观和人文景观融为一体。

2. 加强基础设施建设,营造人文环境氛围

高校要加大对基础设施建设的投入,建立设施齐全的活动场馆,如多功能音乐厅、游泳馆、体育馆、图书馆等,为师生的发展提供有力的物质保障。基础设施齐全了,还要对学生免费开放,这样这些设施的作用才能得到有效的发挥。

精神文化和物质文化是相辅相成的,大学精神文化的传承依靠校园建筑景观的建设,反之,校园物质文化建设可以创造出与之特征契合的人文精神。所以,应在校园环境中融入历史、民族、人文以及科学的建筑元素,使得每一个生活和学习在校园里的大学人在建筑环境折射的信息中实现文化共鸣。

基于大学校园的特殊环境,大学物质文化是教师和学生之间经过长期实践所创立的独特校园文化。继承了大学历史传统的同时,又具有引导大学人、美化大学人、陶冶大学人的作用,因此在建设创新型大学的时代,我们应当加强大学物质文化建设。

(三)社会主义核心价值观贯穿于大学制度文化建设

创建现代大学制度是中国高等教育改革的重要内容,旨在协调和改善大学与政府、大学与社会、大学内部行政权力与学术权力的关系。中国的现代大学制度建设，不可能脱离中国的具体政治体制和教育管理体制、具体的历史文化传统、特定的社会发展阶段和国际大环境。当大学文化结合大学制度讨论时，制度被赋予了主体性、柔性化的特色。制度文化在学校各种规章制度间调节大学主客体间的关系，反映了大学里不同身份大学人的内部关系的规则。要建立健全常态化的制度，用制度来规约社会主义核心价值观的培育和践行，使培育和践行社会主义核心价值观制度化、常态化。

1. 以制度保障培育践行的常态长效

制度凝结着实践、传递着理念，理论的切实运用需要以制度作为保障。培育和践行社会主义核心价值观，需要以制度运行贯穿其中。如果没有制度保障，社会主义核心价值观的实践运用很可能浮于形式，流于观念。这就需要为社会主义核心价值观的实践运用探索制度保障，建立长效机制，设置相关机构，使社会主义核心价值观的实践真正做到有章可循、有法可依、有司可管。只有按照社会主义核心价值观的基本要求，以制度为保障，健全各行各业规章制度，完善市民公约、乡规民约、学生守则等行业准则，社会主义核心价值观才能真正扎根于现实之中，才能成为人们日常工作生活的基本遵循。同时，把社会主义核心价值观融入并贯穿到现有的社会制度体系中，制度运行要充分体现社会主义核心价值观的运用，只有这样，才能避免流于枯燥的形式和空洞的口号。

强化制度保障，推动社会主义核心价值观建设的规范化。一要建立融入机制。要系统探索社会主义核心价值观融入经济、政治、文化、社会、生态文明建设和国民教育全过程的体制要求与制度设计，明确各个领域、行业、部门承担培育和践行社会主义核心价值观的具体职责，提高制度落实的可操作性，实现内外结合、呼应贯通。二要建立责任机制。各级党委和政府应加强组织领导，注重统筹协调，把培育和践行社会主义核心价值观与推进业务工作紧密结合起来，制定规划，完善措施，明确责任，扎实推进。三要建立督查机制。应深入调查研究,了解新情况,分析新问题,加强督促检查,完善检查评价推广体系,及时发现、总结和推广群众创造的新鲜经验,探索基本规律,改进方式方法。四要建立奖惩机制。加强激励驱动,褒扬一切符合社会主义核心价值观的集体和个人,使符合社会主义核心价值观的行为得到推崇,违背社会主义核心价值观的行为受到批评和惩戒。

2. 健全以人为中心的管理规章制度

管理工作对学生的在校学习和生活都将产生直接的影响,学校在制度建设推进的过程中,要注重关键环节,强调整体推进;要完善利益协调机制,尽可能减小改革的阻力。

一方面,现代大学制度的建设应当把改善政府宏观管理、完善大学领导体制作为首要任务来抓。大学管理者应当遵循教育规律和人才培养规律,避免政府对办学行为、学术事务的干预,依靠法治性和规范性进行自身行政资源配置。另一方面,当代高校管理人员应将优化大学组织结构、保障大学民主管理、制定规章制度、推进大学专业评价作为校园制度的重点任务来抓。大学应严格区分学术权力与行政权力的界限,突出学术组织的作用,可以通过完善校务委员会、学术委员会等制度,形成学术权力与行政权力共同决策的机制。如,高等教育法规定:大学学术委员会的职责是审议学科建设、专业设置,教学、科学研究计划方案,评定教学、科学研究成果等。在具体实践中,学术委员会的功能还需进一步加强。

与此同时,现代大学在制定大学章程时,可以集思广益,发挥师生智慧,在征求他们意见的基础上进行科学公正的决策;在涉及学校重大管理决定的时候,可以建立学生参与机制,实行公示制度,发扬民主精神,体现公开、公正原则。当制度制定后,要加大执行力度,广泛地开展宣传教育,做到学校各项工作有章可循。大学制度文化是由大学人共同实践创造的,因此制度文化理应服务于人、造福于人。例如,在日常校园生活中,可以转换口吻语气,将“禁止乱扔垃圾”改为“保持校园卫生,共创美好环境”等,这样一来,可以用更合理的方式减少校园内不文明现象的产生。长期稳定的制度建设才能促进校园文化和谐发展，因此，建立一个完整的制度考核方案也能避免制度实施过程中的漏洞，发挥制度文化服务于人的要求。作为学校的管理人员，要适时调整那些陈旧并且毫无制约作用的制度章程，去除一切不利于学校、学生发展的旧制度，采纳新观念，与时俱进，制定与时代同步、与学校发展相协调，利于学生发展的新制度。

3. 建立健全以人为中心的激励机制

“世界上最有效的管理就是对人的激励”①，激励机制是以人为中心管理的核心，调动师生员工的积极性和创造性是高校管理机制的重要原则。在方法和手段的处理方面，学校管理者应当实行激励为主的管理模式，在学生日常教育工作中，多以正面激励为主，减少语言批评，禁止体罚学生。例如，遇到个别学生犯错时，学校领导、教师应当用引导性的话语尽可能地教导学生，使其明白自己的错误和原因何在。在正确疏导学生心理障碍的同时，也要避免再次发生同样的问题。

优良的大学制度文化向师生传递的是人性的爱护，调动了校内师生员工的主观能动性，更推进了学校事业的稳定发展。例如，在学生的教育管理方面，学校最好不要硬性规定学生必须做什么、如何去做，而应该积极营造一种相对宽松的环境，尊重学生的自主选择权，为学生提供数量充足、品种丰富的教学资源和适合其身心发展的活动场所。在学科建设方面，学校要根据学生的发展和社会的需求开设各种各样与之相适应的课程供其选修，这样不仅能满足学生的个性需求，而且还能拓宽学生的知识面，增进彼此之间的交流，也有利于学生就业。

管理实施过程中，要体现管理者与被管理者地位的平等，双方要平等的交流沟通，给学生说话的权利。从教师的角度来讲，首先要尊重学生，信任学生，

---

① 李明杰：《浅析激励理论在高校学生管理工作中的运用》，《佳木斯教育学院学报》2012年第12期。

从内心相信学生具有自我管理能力,不能片面地认为学生在家长的呵护下,没有自我意识或者是自我管理能力很差;从学校的角度来讲,对表现突出的师生员工要给予表扬和鼓励,让他们继续发扬风格,带动周围的人共同进步。奖励方式应多种多样,可以对表现突出的师生员工给予公开表扬,颁发荣誉证书,开专门的先进事迹报告会等;对一些违反规章制度的人员,要查清问题原因,根据实际情况作出相应的处理结果。学校只有做到奖罚分明,灵活运用激励方式,才能有效提高在校师生的积极性和参与热情,点燃文化热情。

制度文化起着规范与调节每一个大学人行为的作用,是逐步塑造大学文化、培育创新人才的过程。大学制度文化首先应该摆正人与制度的位置,即人是制度的中心,所以一切制度必须为人的发展服务,而不是对人的发展的束缚。

(四)社会主义核心价值观体现于大学行为文化建设

行为文化是大学文化中最活跃、最生动、最形象的部分,是校园人的观念与思想的外在反映,是精神文化在校园人身上的具体表现。大学行为文化对社会主义文化建设具有重要的促进作用,要建设优秀的大学行为文化,使大学人的行为净化和引领社会行为朝着文明的方向前进。

1. 突出校训特色,建设优良校风

《辞海》解释校训:“学校为训育之便利,选若干德育条目制成匾额,悬见于校中公见之地,是为校训。其目的在于使个人随时注意而实践之。”大学校训是大学精神内核的凝练,体现了一所大学的精神,是学校特色的集中展现。大学校风则是“学校全体师生经过共同努力,在长期教育、管理中逐渐形成的相对稳定的精神状态和思想作风,是一个学校领导作风、教师作风、学生作风的集中反映”①。大学校风是对大学整体精神的总概括,是一所大学贯穿于学

① 戎丽霞:《以人为本:大学校园文化建设的灵魂》,江苏大学硕士学位论文,2007年。

校精神世界乃至全部生活的灵魂。

学校在制定校训时一定要坚持以人为中心的理念、体现大学自身的特色。第一，建立模范典型，开展特色活动。平日里，下意识的培养典型人才能有效增强校训的感染力。同时，通过开展本校具有一定实力的专业、课程的特色主题研究活动，可以理论结合实际，从学科建设的角度深化校训内涵。第二，强化独特性。可以根据不同大学、不同的历史制定独具一格的校训内容，彰显其文化特色。例如，始建于1911年的清华学堂是现今中国著名高等学府清华大学的前身。当时的清华人就提出了“以进德修业，自强不息为办学方针”的教育理念。现在清华大学的校训是“自强不息，厚德载物”。这八个字源于《周易》“乾”“坤”二卦的卦辞：“天行健，君子以自强不息；地势坤，君子以厚德载物。”这既体现了清华人发奋图强、宽容豁达的内在品格，也体现了中国传统文化中刚柔并济、和而不同的思想内涵。① 1912年，京师大学堂更名为北京大学之后，第一任北大校长严复先生就提出了“兼收并蓄，广纳众流，以成其大”的办学方针。蔡元培先生于1916年提出了“循思想自由原则，取兼容并包之义”的办学思想。新文化运动时期“科学”和“民主”的旗帜和以上办学思想已经成为了北大精神和大学精神内涵的最好注脚。② 第三，校训内容简明扼要。用最简练的文字表达最深刻的办学思想、教育理念是校训的特点。内容通俗易懂，言语方便记忆，无论停留在学校的哪个角落，校训都将时刻唤醒每一个励志奋发的青年大学生。

大学文化建设是一项系统工程，渗透于学校的教学、科研、管理、生活及各种校园活动等方面，良好的大学校风是全面推进大学文化建设的强大动力。从结构维度上看，校训就是一所大学的精神内核，而大学校风一般包括教师的教风、学生的学风和领导的管理作风三个方面，而优良校风的形成是需要靠全校师生员工的参与和持久全方位的努力。大学校风一经形成，就会对师生

---

① 参见吴崇恕主编：《世界知名大学校训校标》，湖北人民出版社2003年版。
② 参见吴崇恕主编：《世界知名大学校训校标》，湖北人民出版社2003年版。

员工的思想意志、道德品质、行为方式和精神风貌等产生潜移默化的、深刻而持久的巨大影响。

2. 强化学风、教风和作风建设,弘扬大学精神

学风、教风和作风是大学校风的灵魂和核心,是全面实施素质教育的重要环节;同时也是师生员工精神、意识、规范、作风、价值取向和行为规范的综合体现。良好的学风、教风和作风文化是巨大的精神力量,能在师生员工中发挥感染、熏陶的影响作用,潜移默化的同化作用,激励向上的促进作用和维护秩序的约束作用。

树立优良学风。学风是一种群体意识的形成和有意识培养的产物,能使群体中的每个成员不自觉地接受其影响,良好的学风一方面是在校学生学习态度和精神风貌的反映;另一方面它又可以影响和促进每个人学习积极性的提高,优化学生的行为情操。学风是学校育人的根本所在,是培养人才的灵魂和气质。大学的学风可以通过端正考风、考纪教育,促进浓厚学风的形成,带动学风的根本好转。学校还可以通过开展争优创优的各类学术报告、学习活动,激励学生刻苦钻研、努力学习。大学更要注重培养学生掌握科学的学习方法、端正学习态度,使每个学生通过自己扎实的学科基础真正学会学习和创造。

培养严谨教风。优秀校风的建立首先基于组建一支德才兼备的教师队伍,要给予教师充分的尊重和信任、让教师有的放矢地开展教学工作、关心教师的生活状况、注重对教师的培训,再次制定学校规章制度的过程中要考虑到教师的职业特点。在很大程度上,学风取决于教风。好的教风能够培养刻苦勤奋、脚踏实地、上进求真的良好学风;不良教风则助长得过且过、不求上进、浮躁放纵的学习风气。严师才能出高徒,如果教师能够以高的标准要求学生,以身作则,身先垂范,严格要求,学生很自然就会认真对待学业,认真学习,努力上进。

改变领导作风。大学领导的作风是反映高校校风的重要窗口。加强和改

进高校领导作风建设，必须从思想观念、理论学习、制度建设、服务精神、组织管理、办事效率、工作业绩、廉洁自律等工作作风的要素入手，在解放思想中抓住事业发展的新机遇，在创新观念中完善事业发展的新思路，在创造性开展工作中提升事业科学发展的新境界，这样才能实现大学的内涵式发展。

（五）社会主义核心价值观融入大学网络文化建设

媒介文化传播可以使大学和大学师生将学校和社会凝聚起来，实现大学价值观与社会价值观的整合。现代大学要高度重视并坚持用社会主义的网络文化教育和引导大学生树立正确的理念；采用科学的手段，正确发挥大学媒介文化的教育功能，提高媒介文化对大学文化建设和大学生成才的正面引导功能。

1. 加强校园网络环境建设，提供优质网络文化资源

网络环境是校园文化建设中的物质载体，而硬件设施又是校园网络的物质保障。加强网络硬件的投入，就是为网络环境下的校园文化建设提供物质基础。学校在改善网络硬件设施方面，既要通过各种可行的渠道加大网络建设的资金投入，又要购置网络建设所需的设施和设备。既要增设多媒体教室、公共网络机房等，为学生提供学习和上网的场所，又要在网络软件建设中加大投入。

要增加网络信息传输线路的带宽，保证网络信息传输的速度，为师生节省时间；要通过网络信息建设，让广大师生足不出户就能了解到国家大事；要建设好网上宣传体系，通过校园网络平台，展示本校的特色，让更多的人了解学校的发展，通过宣传自己达到招贤纳士的目的；要丰富学生的网络资源，让学生在学习、生活中享受到网络带来的方便和快捷。开设校园网络交流平台，例如教师独立网页、BBS 论坛等，方便师生之间的及时交流，提高大学生的参与热情。要完善学校各院校网页信息，让学生通过校园网更多了解各院系的相关情况。

2. 完善网络监督管理机制,保障网络文化健康发展

随着互联网的飞速发展,一些不良信息在网络上会乘虚而入。为有效阻止不良信息对大学生的侵害,高校在网络管理方面要加大力度。我们可以利用网络开展大学生的思想政治工作,这是传统模式所无法取代的。趋利避害,加强引导,把学生的德育教育工作与现代网络结合起来,利用网络的平等性、开放性和互动性的特点,寓教育于网络,通过网络来开展生动活泼的思想政治工作。从经验来看,目前加强大学生的网络道德素养应是当务之急。唯有如此,才能使大学生在网络虚拟空间中增强明辨是非的能力,养成道德自律的习惯,并在全社会网络道德建设中发挥重要作用。具体可以有如下做法:

第一,坚持弘扬主旋律。网站以登载党建信息和思想政治教育课的相关内容为主,帮助和引导大学生学习党史知识、掌握科学理论;坚持弘扬社会正气、宣传科学真理、塑造美好心灵,形成积极向上的主流舆论。

第二,发挥大学生的主观性。在校大学生是一所大学网络文化建设的主力军。从网站建设、栏目策划、技术合成以及日常的维护和管理,都由学生独立完成。通过参与网站建设、管理、维护等工作,达到了"自我教育、自我管理、自我服务"的目的。

第三,注重网络建设者的培训。学校要成立专门的校园网络文化建设骨干队伍,不断完善培训机制,每学期都对相关负责人进行集中培训。经过系统培训,学生具备了专业的网络知识和技能,为校园网络文化建设提供了人力保障。

第四,塑造特色网络文化品牌。要形成一系列体现学校特色、时代精神和校园特征的网络文化品牌。

第五,健全规章制度,使校园网络文化建设走上制度化、规范化的轨道。如,学校各行政单位可以建立属于各自特色的主页,学校教师可以建立个人学术特色鲜明的主页等,这些都可以引导师生积极参与到网络的交流与互动环节当中。

网络文化建设给我们的启示是多方面的:首先,要建设起一个比较完善的、规范大学生上网行为的相关条例;建立相应的网络管理机构,并出台制度化的规章和措施;其次,规范网络运行模式,加强监督管理网络信息;再次,加强网络舆论引导方向,保证网络满足国家规定的制度运营;最后,加强法治教育,提升大学生的网络法治意识,做遵纪守法的网络合法公民。总之,网络时代对创新人才的要求在不断提高,作为推动创新人才培养的高校校园文化建设,必须适应网络时代的要求,不断创新网络环境下的高校校园文化建设观念、内容、方法和载体,积极探索有效的实施途径。只有这样,才能更好地发挥大学校园文化在培养创新人才中的功能和作用。

五、社会主义核心价值观融入大学文化建设的协同教育机制

协同教育是一种育人方式,是把学校、家庭、社会及受教育者这四个要素进行科学的整合,使四个要素间相互联系与作用,产生各自的教育功能,达到共同育人的目的。要将社会主义核心价值观教育融入大学文化建设中,培养出高素质、全面发展的人才,离不开社会、学校、家庭和受教育者的协同教育。因此,应综合运用各种教育资源,建立协同育人的长效机制,以取得融入的实效。

(一)社会教育是主要途径

社会教育,举足轻重,是社会主义核心价值观教育的主要途径。

第一,完善社会主义核心价值观教育的法律法规和政策体系。任何社会要使其主流价值理念得到广泛认同并保持稳定性、持续性,都必须通过国家的法律法规和方针政策对核心价值的基本精神加以规范和体现。只有国家政策法规为其保驾护航,社会主义核心价值观建设才能顺利进行。要完善社会主义核心价值观教育的法律法规体系。要把社会主义核心价值观贯彻到依法治国、依法执政、依法行政中,落实到立法、执法、司法、普法和依法治理的各个方

面,用法律的权威维护社会公平正义,形成有利于培育和践行社会主义核心价值观的良好法治环境。要优化社会主义核心价值观教育的政策体系。政策的调控具有极大的权威性、引导性和广泛性。要充分发挥制度激励与约束的双重作用,通过优化制度体系有效支持社会主义核心价值观的建设。要在确立经济发展目标和发展规划、出台经济社会政策和重大改革措施的基础上,注重经济行为和价值导向的有机统一,经济建设和道德建设的良性互动,形成有利于弘扬社会主义核心价值观的良好政策导向、利益机制和社会环境。

第二,全党动员、全社会参与,推动社会主义核心价值观的教育深入千家万户。培育和践行社会主义核心价值观是全社会的共同责任,要形成齐抓共管、合力育人的工作格局。要全党动员,党员领导干部要充分发挥榜样示范作用,坚定“四个自信”、增强“四个意识”、做到“两个维护”,自觉成为社会主义核心价值观坚定的践行者、推动者。领导干部要按照习近平总书记的要求,努力以道德的力量去赢得人心,赢得事业成就,让自己德可为师、行可为范,以人格魅力和党性修养感召群众,以优良党风促政风带民风,身体力行引领社会风气根本好转,率先垂范践行社会主义核心价值观。要推动全社会参与,把培育和践行社会主义核心价值观同各领域的行政管理、行业管理和社会管理结合起来,使之融入基层党组织建设中、基层政权建设中,融入城乡居民自治中,融入文明家庭建设中,弘扬家庭美德、树立良好家教家风。

(二)学校教育是关键途径

学校教育是社会主义核心价值观教育的关键途径,要结合大学生的思想特点、成长规律、发展要求,通过教师自身的教学活动、教学内容以及教学环境,创新教育方法,使社会主义核心价值观落实到大学教育和管理工作的各个环节。

第一,把社会主义核心价值观教育贯彻到大学教育的全过程。要整体规划,系统设计,把社会主义核心价值观教育贯穿到大学教育的全过程。为此,必须坚持育人为本、德育为先,围绕立德树人的根本任务和教书育人的基本职责,把社会主义核心价值观纳入大学教育总体规划,贯穿于各领域。要根据不同年级的大学生成长特点和规律以及认知发展水平,采用知识传授、道德体验、思想引导等教育方法,实施从易到难、从简单到复杂、从具体到抽象的有差别的价值观教育。推动社会主义核心价值观进教材、进课堂、进学生头脑,使大学思想政治教育真正成为培育践行社会主义核心价值观的主阵地和主渠道。

第二,加强大学德育课程建设。文化是教育之根,教育以育人为本。因此,学校教育必须坚持以人为中心、德育为先。对道德知识的认识是德育的起点,亦是品德形成的基础,准确把握社会主义核心价值观的科学内涵和先进性,学校德育课程的教育是最直接、最基本的方法和手段。当前,我国的大学教育都开设有相关的德育课程,具有比较成熟的课程体系和教学体系。把培育和践行社会主义核心价值观融入高校思想政治教育课程,是最接地气的基础性工程。为此,要充分发挥课堂教学的主渠道作用,完善大中小学有机衔接、循序渐进的德育课程体系和教材体系,积极推动社会主义核心价值观进教材、进课堂、进大学生头脑。我们要按照学生思想品德形成和发展的规律,将社会主义核心价值观融入大学生的知情意信行等品德形成的各个环节之中。

第三,加强高校师德师风建设。欲树人,先立德;立德先立师,育人先正己。教师是履行教育教学职责的专业人员,承担着立德树人、教书育人,培养社会主义事业建设者和接班人、提高民族素质的光荣使命。教师的道德情操、处世方式、行为准则、治学态度等,对学校教育至关重要,对大学生成长成才具有潜移默化的重要影响。因此,师德是教师素质的基石,社会主义核心价值观又是社会主义教师队伍师德的集中体现。师德建设过程本质上也是培育和践行教师社会主义核心价值观的过程。在大学教师队伍中大力倡导社会主义核心价值观,用社会主义核心价值观指导高校教师职业道德建设,构筑高校教师职业道德的核心基石,必定能够更深层次培养和造就一支师德高尚、业务精湛的高素质大学教师队伍,发挥其在培育和践行社会主义核心价值观过程中的重要作用。为此,要坚持不懈地用社会主义核心价值体系武装高校教师头脑,把社会主义核心价值观教育融入高校师德师风建设全过程,要把社会主义核心价值观的教育纳入高校教师教育课程体系,融入教师职前培养和准入、职后培训和管理的全过程。完善高校教师职业道德规范,健全教师任职资格准入制度,将师德作为教师聘任、考核和评价的首要标准,完善考核监督与奖惩相结合的师德师风建设的长效机制。引导高校广大教师自觉增强立德树人和教书育人的责任感、荣誉感,真正做到学高为师、身正示范,在培育和践行社会主义核心价值观方面做学生的榜样和引路人。

第四,加强高校校园文化建设。校园文化对于引导大学师生的思想情感、规范学生的言行举止,培育学生的社会主义核心价值观具有“润物细无声”的作用。具体来说,把社会主义核心价值观教育融入大学的物质文化,就是要在教学楼、实验楼、图书馆、博物馆、体育馆、活动室、食堂、雕塑、电子屏、宣传栏等各种场所的物化环境中融入核心价值观教育内容。比如考场就要大力强调诚信教育。把社会主义核心价值观教育融入大学的制度文化,就是要在学校的校训、校纪、校规、班规、学生守则、考试规则、奖惩条例、升学录取等制度方面融入社会主义核心价值观教育,使核心价值观从自律转为他律。把社会主义核心价值观教育融入大学的精神文化,就是要在学校的校风、教风、学风、班风、开学、毕业典礼、升旗仪式、节庆活动、社团活动、志愿服务活动等丰富多彩的校园文化活动中融入社会主义核心价值观教育。总之,要让大学厚重的文化底蕴结合校园环境向学生表明社会主义核心价值观的思想内涵,在耳濡目染中自觉接受社会主义核心价值观的思想精髓和价值理念,增强师生对社会主义核心价值观的内心感悟,促进师生对社会主义核心价值观的认知、认同与自觉践行。

(三)家庭教育是基础途径

家庭是社会的细胞,是最基本的教育单元,也是人生的第一课堂。

第一,家庭教育在社会主义核心价值观教育中具有重要地位。家庭,既是学校宣传教育和社会宣传教育的基础,也能够对二者进行调整和补充,能够以润物无声的优势强化社会主义核心价值观宣传教育的效果。良好的家庭教育对家庭成员保持身心健康,形成优良的思想品格、道德修养至关重要。通过家庭内部的理想信念、道德品质交流,有利于把社会主义核心价值观的内涵与传统美德、家庭习俗相联系,强化社会主义核心价值观教育的效果。因此,家庭教育是一切教育的起点和基石,也是社会主义核心价值观教育的基础保障,必须高度重视家庭教育的基础作用。

第二,提高家长践行社会主义核心价值观的自觉性。作为孩子的第一任也是终生老师,家长在家庭教育的过程中始终发挥着主导作用。家庭教育首先是道德养成教育,父母潜移默化地对孩子在情感上以熏陶、引导,通过日常生活和自身的言传身教传导社会道德、价值追求,培养个体品质,并伴随孩子的成长随时随地进行,使孩子形成正确的世界观、人生观、价值观,这一作用是任何其他教育不能替代的。只有强化父母的责任意识,提高家长践行社会主义核心价值观的自觉性,社会主义核心价值观的教育实践也才能抓住基础、把握未来。

第三,弘扬良好家风和家庭美德,为践行社会主义核心价值观提供助推力。培育和践行社会主义核心价值观,是一项长期艰巨的系统工程,需要从具体问题抓起,创新和丰富载体。在家庭中要弘扬夫妻和睦、尊老爱幼、科学教子、勤俭持家、邻里互助等中华民族传统家庭美德,为培育和践行社会主义核心价值观提供强大的推动力。正是有了家庭、家风这样的微观载体,宏观抽象的社会主义核心价值观才会变得具体而鲜活,也就更容易实现从精神层面的“深入”,到具体行动上的“浅出”,使人们在日常生活的各个方面潜移默化地受到教育。

(四)自我教育是根本途径

“真正有效的教育仅靠教育本身是不够的,还必须通过自我教育。”[①]社会主义核心价值观教育的理想效果,就是大学师生自觉将核心价值观的内容内化为自己的内心道德准则和理想信念,并自觉将形成的准则和信念外化为自己的行为。自我教育是社会主义核心价值观教育的重要落点,教育的目的在于使受教育者能够接受教育者的教育引导。

第一,吸取中华优秀传统文化的养分。培育和弘扬社会主义核心价值观必须立足中华优秀传统文化。中华优秀传统文化蕴含着中华民族最深沉的精神追求,包含着中华民族最根本的精神基因,代表着中华民族独特的精神标识,是中华民族生生不息、发展壮大的丰厚滋养。在日常生活和社会实践中,大学师生要不断地从中华优秀传统文化中吸取养分,自觉成为社会主义核心价值观的践行者、推动者,特别是要从我国传统的修身、齐家、治国、平天下的优秀文化中得到启发和教育。

第二,坚持公民基本道德规范。党的十八大报告指出,倡导“爱国、敬业、诚信、友善”,实质是对公民基本道德规范的凝练。因此,培育和践行社会主义核心价值观,需要大学师生自觉坚持标准,自觉修正失误,自我完善提高,努力提高自身的道德修养能力和水平。在社会道德建设中,公民个人的道德修养是最基础和最重要的,因为人的道德品质是家庭美德、职业道德、社会公德建设的基础。

第三,借助社会主义核心价值观教育升华自我。人民群众是培育和践行社会主义核心价值观的主体,必须尊重人民首创精神,引导人民群众自我教育、自我表现、自我完善、自我提高。因此,要综合运用各种有效的教育手段,

---

① 麻艳香、蔡中宏:《自我教育是大学生心理健康教育的有效途径》,《西北民族大学学报(哲学社会科学版)》2005年第6期。

使社会主义核心价值观内化为大学师生的精神追求,外化为大学师生的自觉行动。通过自我教育,使内化于心、外化于行的过程与提升道德修养的过程相融合,要坚定理想信念与升华自我相统一,努力提升大学师生的思想境界和道德水平。

结　语　大学文化要在坚定文化自信中担当起价值观教育引导的使命

习近平总书记指出："坚持不忘初心、继续前进，就要坚持中国特色社会主义道路自信、理论自信、制度自信、文化自信"，"文化自信，是更基础、更广泛、更深厚的自信"。① 党的十九大报告指出："没有高度的文化自信，没有文化的繁荣兴盛，就没有中华民族伟大复兴。要坚持中国特色社会主义文化发展道路，激发全民族文化创新创造活力，建设社会主义文化强国。"②这一论断把文化自信问题提高到能不能实现中华民族伟大复兴的高度来认识，揭示了文化自信在实现中华民族伟大复兴中的独特作用。

文化的核心内涵是价值观，文化自信的核心是价值观自信。大学具有文化传承的功能，树立中国特色社会主义文化自信，培育社会主义核心价值观，是社会主义大学的重大使命和责任。大学要在坚定文化自信中担当起价值观教育的重大使命，就要回答什么是文化自信，大学文化在文化自信中要承担什么样的责任，大学如何在坚定文化自信中培育和践行社会主义核心价值观自信等基本问题。

---

① 《习近平谈治国理政》第二卷，外文出版社2017年版，第36页。

② 习近平：《决胜全面建成小康社会 夺取新时代中国特色社会主义伟大胜利——在中国共产党第十九次全国代表大会上的报告》，人民出版社2017年版，第41页。

立德树人是大学教育的根本任务。高校思想政治教育担负的一个重要职责，就是引导青年一代自觉涵养坚定而充沛的文化自信。大学要担负好坚定文化自信的教育使命，需要坚持中华优秀传统文化、革命文化、社会主义先进文化教育的统一，坚持道路自信、理论自信、制度自信与文化自信教育的统一，努力培育大学生的文化自信和文化自觉，自觉践行社会主义核心价值观。

一

文化自信是一个国家、民族、政党对自身所继承、拥有、追求的文化价值的肯定与自觉，它主要表现为对其文化强大生命力和远大发展前途的坚定信心和坚强信念。文化自信是一个国家、民族、政党生存和发展的内在基础，因为只有对其文化价值具有高度认同感和对文化发展具有强烈使命感的前提下，国家发展才具有奋发进取的智力基础，民族发展才具有生生不息的精神动力，政党发展才具有科学有效的思想基础。

文化自信是中华民族伟大复兴的精神支柱。中华民族具有5000多年的文明发展史，中华文明是世界诸多文明中唯一没有中断过的文明。在古代中国，勤劳勇敢的中国人民创造了丰富的物质文化和灿烂的精神文化，对人类文化发展作出了突出的贡献，因而中国人民具有强烈的文化自信，这种文化自信又作用于古代中国发展，使得古代中国一直走在世界前列。1840年鸦片战争以后，由于西方列强入侵和封建统治腐败，中国逐步成为半殖民地半封建社会、国家蒙辱、人民蒙难、文明蒙尘，中华民族遭受了前所未有的劫难。中国共产党成立后，党团结带领中国人民，以“为有牺牲多壮志，敢教日月换新天”的大无畏气概，书写了中华民族几千年历史上最恢宏的史诗。这一百年来开辟的伟大道路、创造的伟大事业、取得的伟大成就，必将载入中华民族发展史册、人类文明发展史册！中华民族伟大复兴迎来了光明的前景。民族复兴是整体性的复兴，包括经济、政治、科技等各方面的复兴，但最根本的是文化复兴、文明复兴。文化是民族存在的精神标识,是民族发展的精神动力,是民族走向世界的精神名片。我们的文化是坚持和完善中国特色社会主义的强大精神动力,文化自信是实现中华民族伟大复兴的强大精神力量。实现中华民族伟大复兴的中国梦,要求我们树立坚定的文化自信,用中华优秀传统文化涵养中国人的精神品质,用革命文化塑造中国人的理想信念,用社会主义先进文化激发中国人的精神力量,用上述三种文化资源整合形成的社会主义核心价值观来凝聚中国人的意志。社会主义核心价值观作为所有中华儿女思想世界的最大价值公约数,已经成为统摄和融合各族人民的共有的精神家园和精神追求。习近平总书记在党的十九大报告中指出:“文化是一个国家、一个民族的灵魂。文化兴国运兴,文化强民族强。”①这一论断把文化在一个国家、一个民族、一个政党生存发展中的地位和作用讲得非常清楚。党的十八大以来,习近平总书记在多个场合反复强调文化自信。我们要继承和弘扬中华民族优秀文化价值资源,树立我们民族的自豪感、自尊心和自信心,为实现中华民族伟大复兴的中国梦提供坚实的思想支柱。

中国特色社会主义文化自信是渗透到中国特色社会主义道路、理论和制度中的深层次的精神内核和价值理念,为道路自信、理论自信和制度自信提供了内在依据和价值取向,因此,它在“四个自信”中具有基础性地位。道路自信、理论自信、制度自信,都根源于文化自信,都是从5000多年的中华优秀传统文化、革命文化和社会主义先进文化中产生的。文化自信标志着当代中国共产党人对文化发展规律的高度自觉,也意味着当代中国共产党人对发展文化历史责任的积极担当。应该说,当下的文化自信主要来源于对中国特色社会主义道路经验的总结,来源于对中国特色社会主义理论实质的提炼,来源于对中国特色社会主义制度精神的概括,同时它又渗透在道路、理论和制度之中,对道路、理论和制度的发展具有特殊的支配作用。因此,我们要坚定中国

① 习近平:《决胜全面建成小康社会 夺取新时代中国特色社会主义伟大胜利——在中国共产党第十九次全国代表大会上的报告》,人民出版社2017年版,第40—41页。

特色社会主义道路自信、理论自信、制度自信,说到底是要坚定文化自信;我们所倡导的道路自信、理论自信、制度自信,在其本质上都是建立在文化自信基础上的。没有文化自信的保驾护航,中国道路难以行稳致远,中国理论难以开拓创新,中国制度难以凸显优势。可见,文化自信不是在道路自信、理论自信、制度自信之外,而是渗透在其中,是对其他三个自信的精神升华。从文化自信为道路自信、理论自信和制度自信培养主体意识和提供价值导向看,文化自信具有基础性地位。因此,只有坚定自觉地做到文化自信,才能更好地坚持和发展中国特色社会主义,从而更好地坚定道路自信、理论自信和制度自信。没有文化自信的民族,是不可能实现伟大复兴的民族;没有文化自信的国家,是不可能实现繁荣发展的国家;没有文化自信的政党,注定是没有前途和希望的政党。因此,只有坚定文化自信,才能更好地坚定国家自信、民族自信和政党自信,夺取新时代中国特色社会主义伟大胜利。

文化自信是高等教育事业发展的内在要求。在建设社会主义文化强国的进程中,高等教育具有不可替代的重要作用。大学承担着文化传承的重要使命,文化自信是推动我国高等教育事业发展的内在要求。我国的大学是社会主义性质的大学,是中国共产党领导下的大学,是服务于中国特色社会主义伟大事业的大学。推动高等教育事业发展,首先要解决“为谁培养人、培养什么样的人、如何培养人”的问题,这个问题的核心就是要树立文化自信和价值观自信。这里所说的文化自信就是以中华优秀传统文化、革命文化、社会主义先进文化在内的文化自信,就是对马克思主义理论的自信。坚持马克思主义的指导,这是我国大学和资本主义国家大学的本质区别。坚守马克思主义的崇高理想,这是大学文化自信的基本要求。这里所说的价值观自信就是社会主义核心价值观自信,说到底也是对马克思主义价值观的自信。高举马克思主义价值观的旗帜,坚决反对各种非马克思主义和反马克思主义的社会思潮,才能确保我们大学的社会主义性质和发展方向。文化自信是价值观自信的基石,价值观自信是文化自信的核心。价值观自信是当代中国发展的有效“黏合剂”。向着高等教育强国迈进的中国,必须坚守文化自信的精神家园,必须筑牢价值观自信的精神根基,才能在激烈的全球高等教育竞争中站稳脚跟,才能为全面建成社会主义现代化强国培养出合格的建设者和可靠的接班人。当前,全球高等教育发展竞争越来越激烈,对我国高等教育事业发展提出了更高的要求。中国特色社会主义进入了新时代,对我国高等教育事业发展提出了新任务。我们一定要树立文化自信,坚定社会主义价值观自信,为我国高等教育事业发展提供科学的指导思想和有效的精神动力,推动我国高等教育事业走上高质量发展道路,为全面建设现代化强国提供人才支持和精神动力。

二

高等教育具有人才培养、科学研究、社会服务、文化传承创新、国际交流合作的主要职能。对于大学来讲,文化传承创新是基础性职能,是进行人才培养、科学研究和服务社会的必要条件。从根本上来说,大学教育就是在文化传承创新中培养人。在我国建设社会主义文化强国的进程中,大学要积极承担文化传承创新的使命,明确文化自信的科学内涵,打牢价值观自信的思想根基。

坚持马克思主义指导思想是灵魂。马克思主义是社会主义先进文化的重要标志,是社会主义核心价值观的灵魂,以马克思主义为指导思想是社会主义文化与资本主义文化的本质区别。我们坚定文化自信,最为根本的就是坚持以马克思主义为指导;我们培养社会主义核心价值观,最为根本的就是高举马克思主义价值观的旗帜。中国共产党能够带领中国人民取得革命、建设和改革的伟大胜利,一个最为根本的经验就是始终高举马克思主义的伟大旗帜,在积极推进马克思主义中国化时代化的进程中,不断丰富和发展马克思主义。在这一进程中产生的马克思主义中国化时代化理论成果,为增进全党全国各族人民的团结提供了强大的思想理论基础,为夺取革命、建设和改革的胜利提供了科学的行动指南。习近平总书记指出:“马克思主义是我们立党立国的根本指导思想。背离或放弃马克思主义,我们党就会失去灵魂、迷失方向。在坚持马克思主义指导地位这一根本问题上,我们必须坚定不移,任何时候任何情况下都不能有丝毫动摇。”①高校是意识形态斗争的前沿阵地,这给我们增进文化自信和培育社会主义核心价值观提出了更高要求。因此,高校党委要牢牢掌握意识形态工作的领导权、主导权和话语权,坚定不移以马克思主义为指导,绝对不能把话语权让给其他社会思潮;高校思想政治教育工作要始终坚持马克思主义的指导地位,坚决反对西方文化价值观的渗透,始终坚守社会主义思想文化阵地;高校要在广大师生中坚持马克思主义理想信念教育,使广大师生自觉树立科学的世界观、人生观和价值观;高校哲学社会科学研究要自觉坚持以马克思主义为指导,积极构建具有中国特色、中国风格、中国气派的学科体系、学术体系、话语体系,为增进文化自信和价值观自信提供坚实的学科、学理和话语基础。

做好中华优秀传统文化“双创”是基础。中华优秀传统文化是中华民族赖以生存和发展的根基,也是中华民族生生不息走向繁荣的内在动力。中华优秀传统文化能够融入社会主义先进文化之中,在我国社会主义现代化进程中具有不可替代的作用。中华优秀传统文化中天人合一的宇宙观、自强不息的人生观、尚中贵和的价值观等资源,不仅成为我们增进文化自信的历史依据,而且成为培育社会主义核心价值观的丰富滋养。但是,中华优秀传统文化毕竟是建立在传统农业社会基础上,与现代工业社会的发展不完全适应,难以直接服务于现代市场经济、民主政治、法治社会的发展,需要进行创造性转化和创新性发展。大学文化是社会思想文化的风向标,大学要积极承担起中华优秀传统文化传承和创新的使命,为社会主义核心价值观培育践行奠定基础。这就要求我们要运用马克思主义对传统文化进行辩证分析,分清其中的精华

① 习近平:《在庆祝中国共产党成立95周年大会上的讲话》,人民出版社2016年版,第9页。

和糟粕,坚持古为今用和推陈出新的原则,深入挖掘其中精华的部分,使其渗透到今天的爱国主义、集体主义、社会主义教育中,引导人们树立正确的历史观、民族观、国家观、人生观、价值观,增强中国特色社会主义文化自信的底蕴。在这个过程中,我们既要反对各种形式的民族虚无主义,也要反对任何形式的复古主义,始终把"向前看"作为创造性转化和创新性发展的基本取向,真正把传统文化中的有益价值资源挖掘出来,并加以补充、拓展和完善,使之成为中国特色社会主义先进文化的有机组成部分,在社会主义核心价值观培育中发挥积极作用。

培育和践行社会主义核心价值观是核心。价值观是文化的内核,价值观自信是文化自信的核心。因此,我们要坚定中国特色社会主义文化自信,实质上就是坚定社会主义核心价值观自信。中国特色社会主义文化自信是培育社会主义核心价值观的前提条件,培育社会主义核心价值观是坚定中国特色社会主义文化自信的根本要求。习近平总书记指出:"核心价值观是文化软实力的灵魂、文化软实力建设的重点。这是决定文化性质和方向的最深层次要素。一个国家的文化软实力,从根本上说,取决于其核心价值观的生命力、凝聚力、感召力。"①社会主义核心价值观与资本主义价值观有着本质的区别,是人类历史上优秀、先进、科学、崇高的价值观。高校作为文化传承创新的重要机构,必然要坚定中国特色社会主义文化自信,积极培育社会主义核心价值观。这是因为社会主义核心价值观是中国特色社会主义文化自信的本质要求,是社会主义核心价值体系的高度概括,是我国社会主义国家、社会和公民的基本价值遵循,也是社会主义社会中价值评判的根本标准。我国高校是中国特色社会主义先进文化传播的坚强阵地,必须把增强文化自信作为自己的历史使命。为此,高校就要把培育价值观自信作为增强文化自信的核心,把大学文化作为建设社会主义核心价值观的新路径,积极引导广大师生在认识上

① 《习近平谈治国理政》第一卷,外文出版社 2018 年版,第 163 页。

准确把握社会主义核心价值观的科学内涵、在情感上产生内在认同、在意志上形成坚定信心、在实践中能够自觉践行。

三

把大学文化作为社会主义核心价值观建设的新路径，就是把价值观渗透到文化创新过程中，做到以文化人和以文育人。以文化人就是用文化的潜移默化作用促进人的健康成长，尤其是用文化的内核感染人、影响人和转化人，使高校师生自觉地接受社会主义核心价值观。以文育人，就是要用中华优秀传统文化、革命文化和社会主义先进文化教育高校师生，使他们自觉涵养良好的道德品质，树立崇高的理想信念，坚定“四个自信”，坚定国家自信、民族自信和社会自信，把文化自信、文化自觉和文化自强意识统一起来，为全面建成社会主义现代化强国和实现中华民族伟大复兴中国梦作出积极贡献。

在弘扬大学精神过程中进行价值教育。大学精神是大学在历史发展过程中形成的具有独特内涵和追求的精神品格，是大学繁荣发展的精神动力，是大学师生共有的精神家园。不同大学具有不同的大学精神，不同人对大学精神的理解也不同，但是，大学精神是大学的核心和灵魂，这一点是人们都认可的。大学精神是包括科学精神和人文精神，科学精神就是实事求是、求真务实、批判创新精神，人文精神就是重视人的价值、尊严、人格、自由。科学精神是人文精神的前提和基础，人文精神是科学精神的保证和内核，科学精神和人文精神的有机融合体现了大学精神求真与求善、科学与人文、知识与德行、个人与社会、传承与创新相统一的内在诉求。大学精神体现在大学的校训、校风、教风和学风等各个方面，归根结底要通过师生的道德精神和价值追求体现出来，就此而言，弘扬大学精神与培育社会主义核心价值观具有一致性。从理论层面讲，社会主义核心价值观为大学精神注入了时代特征和本质内涵，要求我们的大学精神要在继承中华优秀传统文化的基础上体现出当今时代发展的现实要求,同时要体现出中国特色社会主义先进文化发展的客观要求,以和其他民族和国家大学精神区别开来。大学是社会主义核心价值观教育的先行者、推动者和示范者,大学文化是净化社会风气、坚守道德理想、推动学术进步、培养合格人才的内在保证,因此,大学精神作为大学文化的内核,必然成为社会主义价值观教育的有效载体和助推力量。在弘扬大学精神过程中进行社会主义核心价值观教育,必须遵循现代大学精神发展规律、社会主义核心价值观传播规律和人的价值观形成规律,找到科学的教育思路和有效的教育路径。首先,我们要塑造具有超越性、独特性、自主性的大学精神,使大学精神本身成为社会主义核心价值观的具体体现,这是以大学精神弘扬社会主义核心价值观的先决条件。其次,塑造广大师生的独立人格和自由精神,使他们成为传播和践行社会主义核心价值观的价值主体。最后,要大力建设丰富多彩、积极向上的校园文化,为社会主义核心价值观教育提供文化土壤。大学精神是大学校园文化的内核,大学校园文化是大学精神的形式。我们要在大学精神的指引下,大力建设校园物质文化、精神文化、制度文化和行为文化,在各种文化形成的积极健康文化氛围中立德树人,塑造和培育德才兼备的当代大学生,使他们自觉成为践行社会主义核心价值观的先锋和标杆。

在传授文化知识教育中进行价值引导。任何文化自信都是建立在一定知识基础上的,任何价值观的形成和发展都来不开一定的文化知识。柏拉图认为知识就是美德,因为一个人有了知识后,就会对善恶形成科学认知,从而就能形成正确的价值观。传承和创新文化作为大学的基础性职能,能够为社会主义核心价值观培育和践行奠定必要的知识基础。因此,高校就要把文化知识的传授和智力的培养放在十分重要的地位,把对大学生的智力资源的开发作为教育的重大任务,通过对大学生的各种科学文化知识的系统传授和各种智力的综合开放,把大学生培养成为掌握现代科学文化知识的高素质人才,同时充分拓展他们的智力,为社会主义核心价值观培育和践行提供必要的知识基础。当然,社会主义核心价值观不在知识之外,它是渗透在知识之中的价值立场、价值观点和价值追求,对大学生追求知识和人生成长具有直接或间接的影响。因此,在高等教育事业发展中,必须把知识传承和价值引导结合起来,把智力开发与思想教育结合起来,在智育锻炼的过程中高度重视价值观培育,把价值观教育渗透到知识传播的全过程和各个方面,做到德智的协同发展。哲学社会科学是科学性和价值性相统一的科学,其课程教学中理应承担起价值观教育的任务,把知识传授和价值观教育结合起来,通过在知识传授中的价值提升,使大学生树立科学的世界观、人生观和价值观。2016 年,习近平总书记在哲学社会科学工作座谈会上的讲话中指出:“高校哲学社会科学有重要的育人功能,要面向全体学生,帮助学生形成正确的世界观、人生观、价值观,提高道德修养和精神境界,养成科学思维习惯,促进身心和人格健康发展。”① 自然科学虽然本身没有价值导向问题,但是,自然科学的应用却有价值导向问题,因此,自然科学课程的教学同样要进行价值观引导,使大学生用所学的知识服务社会、服务国家、服务人民。总之,在知识传授过程中进行价值引导,就是把社会主义核心价值观教育作为核心,引导大学生正确处理个人与国家、民族之间的关系,正确处理个人梦想和中国梦之间的关系,把自我实现和服务人民结合起来,把个人价值和社会价值结合起来,在奉献国家、社会、人民的伟大事业中实现自我价值。高等教育工作者要自觉地把教书和育人结合起来,在坚定中国特色社会主义文化自信的前提下,牢记社会主义核心价值观教育的使命,把价值观教育渗透到各种知识的传授中,渗透到各门课程的教学中,使知识教育和价值观教育紧密结合起来,把大学生培养成为德、智、体、美、劳诸方面全面发展的人才,这是我们义不容辞的责任。

在发展网络文化实践中进行价值引领。人类已经进入了信息文明的时代,网络文化的勃兴是人类文化发展的最新景观。当前,网络已经渗透到高校师生工作、生活和学习的方方面面,网络文化已经成为广大师生的“第一环

---

① 习近平:《在哲学社会科学工作座谈会上的讲话》,人民出版社 2016 年版,第 23 页。

境”,也是高校思想政治教育的“第一载体”。作为信息文明时代的高校思想政治工作,要充分利用网络文化的育人功能,才能提高文化自信和价值观教育的时效性和实效性。就此而言,加强网络文化建设必然是社会主义核心价值观教育的重要路径,用社会主义核心价值观引领网络文化发展是文化自信的必然要求和具体体现。应当看到,中国正在从网络大国迈向网络强国,在未来,网络对整个人类文明发展还会产生更为深刻的影响。习近平总书记指出,要“研究把握信息网络时代政治工作特点和规律,用好用活网络平台,占领网络舆论阵地,推动政治工作传统优势与信息技术高度融合,增强政治工作主动性和实效性”①。这个论断为高校思想政治工作创新指明了发展方向,也为社会主义核心价值观教育提出了新要求。我们必须努力建设好网络生态,发挥网络在引导社会舆论方面的积极作用,努力形成网络空间的正确价值导向,使网络成为维护我国意识形态安全的新兴阵地,使网络文化成为增强文化自信的有效载体,使网络文化活动成为社会主义核心价值观教育的重要途径。为此,我们就必须加强网络空间的系统治理,把依法治网和以德治网结合起来,用社会主义核心价值观引领网络文化,把网络文化打造成为高校师生的美好精神家园。网络空间天朗气清、生态良好,有利于社会主义核心价值观传播;网络空间乌烟瘴气、生态恶化,就成为社会主义核心价值观传播的障碍。我们要本着对党、国家、民族和人民负责的态度,加大网络空间的立法和执法工作,同时强调高校师生要自觉学习和遵守关于网络的法律法规,把依法治网真正落到实处。同时,我们要利用网络文化扩大社会主义核心价值观传播的覆盖面,唱响网络文化空间的主旋律,为高校师生营造一个风清气正的网络文化空间,为高校坚定文化自信提供一个良好的生态空间,为高校思想政治教育工作创新提供一个有效的发展平台,为社会主义核心价值观教育创设一个必要的培育平台。

---

① 《习近平关于网络强国论述摘编》,中央文献出版社 2021 年版,第 54 页。

总之,大学文化建设就是要把社会主义核心价值体系建设和社会主义核心价值观教育落实到立德树人的全过程,教育引导大学生树立正确的价值观,自觉践行社会主义核心价值观,坚定文化自信和价值观自信,筑牢中国特色社会主义共同理想,形成中华民族的价值共识,提振中华民族的精气神,凝聚实现中华民族伟大复兴中国梦的强大精神力量,为全面建成社会主义现代化强国和全面推进中华民族伟大复兴服务。

主要参考文献

一、著作类

（一）经典文献

1. 胡锦涛：《高举中国特色社会主义伟大旗帜 为夺取全面建设小康社会新胜利而奋斗——在中国共产党第十七次全国代表大会上的报告》，人民出版社 2007 年版。

2. 胡锦涛：《坚定不移沿着中国特色社会主义道路前进 为全面建成小康社会而奋斗——在中国共产党第十八次全国代表大会上的报告》，人民出版社 2012 年版。

3. 习近平：《决胜全面建成小康社会 夺取新时代中国特色社会主义伟大胜利——在中国共产党第十九次全国代表大会上的报告》，人民出版社 2017 年版。

4.《习近平谈治国理政》第一卷，外文出版社 2018 年版。

5. 习近平：《青年要自觉践行社会主义核心价值观——在北京大学师生座谈会上的讲话》，人民出版社 2014 年版。

6.《关于培育和践行社会主义核心价值观的意见》，人民出版社 2013 年版。

7. 中共中央宣传部：《习近平总书记系列重要讲话读本》，学习出版社、人民出版社 2014 年版。

（二）中文专著

1. 蔡中宏：《教育与社会发展研究——基于文化和人的视角》，中国社会科学出版社 2013 年版。

2. 陈来:《中华文明的核心价值:国学流变与传统价值观》,生活·读书·新知三联书店 2015 年版。

3. 陈平原:《大学何为》,北京大学出版社 2006 年版。

4. 陈志尚:《人的自由全面发展论》,中国人民大学出版社 2004 年版。

5.《陈先达文集》第四卷,中国人民大学出版社 2006 年版。

6. 刁培萼主编:《教育文化学》,江苏教育出版社 2000 年版。

7. 冯秀军:《教化·规约·生成:古代中华民族精神化育研究》,中国社会科学出版社 2009 年版。

8. 高地:《中国共产党社会主义核心价值观教育研究》,人民出版社 2013 年版。

9. 高清海主编:《马克思主义哲学基础》上下册,北京师范大学出版社 2012 年版。

10.《高清海哲学文存》第 2 卷,吉林人民出版社 1997 年版。

11. 顾明远:《中国教育的文化基础》,山西教育出版社 2008 年版。

12. 顾明远、薛理银:《比较教育导论——教育与国家发展》,人民教育出版社 1998 年版。

13. 郝文武:《教育哲学》,人民教育出版社 2006 年版。

14. 胡德海:《教育学原理》(第二版),甘肃教育出版社 2006 年版。

15. 胡维革:《中国文化论纲》,吉林人民出版社 2010 年版。

16. 扈中平:《教育目的论》,湖北教育出版社 2004 年版。

17. 胡显章主编:《先进文化建设中的大学文化研究》,高等教育出版社 2009 年版。

18. 黄济:《教育哲学通论》,山西教育出版社 2002 年版。

19. 郝立新等:《当代中国文化阐释——中国特色社会主义文化发展道路研究》,北京人民出版社 2020 年版。

20. 韩震:《生成的存在——关于人和社会的哲学思考》,北京师范大学出版社 1996 年版。

21. 侯外庐:《中国思想史纲》,上海书店出版社 2008 年版。

22. 金耀基:《大学之理念》,生活·读书·新知三联书店 2001 年版。

23. 李德顺:《价值论:一种主体性的研究》(第 3 版),中国人民大学出版社 2020 年版。

24. 李鹏程:《当代文化哲学沉思》(修订版),人民出版社 2008 年版。

25. 李文阁:《生活价值论》,云南人民出版社 2005 年版。

26. 刘先春:《大学生社会主义核心价值观学习读本(试用)》,兰州大学出版社 2014 年版。

27. 刘献君:《大学之思与大学之治》,华中科技大学出版社 2000 年版。

28. 刘献君:《文化素质教育论》,高等教育出版社 2009 年版。

29. 梁漱溟:《东西文化及其哲学》,载《中国现代学术经典 · 梁漱溟卷》,河北教育出版社 1996 年版。

30. 梁漱溟:《中国文化要义》,学林出版社 1987 年版。

31. 毛礼锐主编:《中国教育史简编》,教育科学出版社 1984 年版。

32. 庞朴:《文化的民族性与时代性》,中国和平出版社 1988 年版。

33. 瞿葆奎主编:《教育与社会发展》,人民教育出版社 1989 年版。

34. 钱穆:《中国文化史导论》,商务印书馆 1994 年版。

35. 钱穆:《文化与教育》,广西师范大学出版社 2004 年版。

36. 任继愈:《中国哲学史》(第一至四册),人民出版社 1985 年版。

37. 孙鹤:《科学发展观与当代中国文化发展方略》,时事出版社 2013 年版。

38. 孙迎光:《主体教育理论的哲学思考》,南京师范大学出版社 2003 年版。

39. 司马云杰:《文化价值论》,人民出版社 1988 年版。

40. 石中英:《教育哲学导论》,北京师范大学出版社 2004 年版。

41. 申仁洪:《论教育科学:基于文化哲学的批判与建构》,重庆大学出版社 2006 年版。

42. 沈壮海:《思想政治教育的文化视野》,人民出版社 2005 年版。

43. 沈壮海主编:《兴国之魂——社会主义核心价值体系释讲》,湖北教育出版社 2014 年版。

44. 田海舰:《社会主义核心价值体系培育纲要》,人民出版社 2012 年版。

45. 田海舰、邹卫:《社会主义核心价值观论纲》,人民出版社 2010 年版。

46. 王冀生:《大学文化哲学:大学文化既是一种存在更是一种信仰》,中山大学出版社 2012 年版。

47. 王冀生:《我的大学文化观》,天津大学出版社 2014 年版。

48. 王啸:《教育人学——当代教育学的人学路向》,江苏教育出版社 2003 年版。

49. 王玉樑:《从理论价值哲学到实践价值哲学》,人民出版社 2013 年版。

50. 夏甄陶:《人是什么》,商务印书馆 2000 年版。

51. 夏中义主编:《大学人文读本:人与自我》,广西师范大学出版社 2002 年版。

52. 谢宏忠:《大学生价值观导向——基于文化多样性视野的分析》,社会科学文献出版社 2010 年版。

53. 谢遐龄主编:《中国社会思想史》,高等教育出版社 2003 年版。

54. 项贤明:《泛教育论——广义教育学的初步探索》,山西教育出版社 2002 年版。

55. 阎光才:《识读大学——组织文化的视角》,教育科学出版社 2002 年版。

56. 杨明、张伟、郑奕:《社会主义核心价值体系论纲》,南京大学出版社 2013 年版。

57. 杨晓慧:《社会主义核心价值体系融入大学生思想政治教育全过程的基本问题研究》,人民出版社 2011 年版。

58. 杨业华:《当代中国大学生核心价值观研究》,人民出版社 2011 年版。

59. 叶澜:《教育概论》,人民教育出版社 1991 年版。

60. 赵汀阳:《论可能生活》,生活·读书·新知三联书店 1994 年版。

61. 张岱年、程宜山:《中国文化与文化论争》,中国人民大学出版社 1990 年版。

62. 张岱年、方克立:《中国文化概论》,北京师范大学出版社 2004 年版。

63. 张应强:《文化视野中的高等教育》,南京师范大学出版社 1999 年版。

64. 张应强:《大学的文化精神与使命》,安徽教育出版社 2008 年版。

65. 张立文:《新人学导论》,广东人民出版社 2000 年版。

66. 郑金洲、瞿葆奎:《中国教育学百年》,教育科学出版社 2002 年版。

67. 郑金洲:《教育通论》,华东师范大学出版社 2000 年版。

68. 郑永廷等:《人的现代化理论与实践》,人民出版社 2006 年版。

69. 郑永廷:《思想政治教育学原理》,高等教育出版社 2016 年版。

70. 周玉清、王少安:《社会主义核心价值体系引领大学文化建设论纲》,人民出版社 2011 年版。

71. 朱谦之:《文化哲学》,商务印书馆 1990 年版。

(三)中文译著

1. [美]露丝·本尼迪克特:《文化模式》,王炜等译,生活·读书·新知三联书店 1988 年版。

2. [奥]茨达齐尔:《教育人类学原理》,李其龙译,上海教育出版社 2001 年版。

3. [日]大河内一男等:《教育学的理论问题》,曲程等译,教育科学出版社 1984 年版。

4. [美]约翰·杜威:《民主主义与教育》,王承绪译,人民教育出版社 2001 年版。

5. [美]杜威:《哲学的改造》,许崇清译,商务印书馆 1958 年版。

6. [美]塞缪尔·亨廷顿、劳伦斯·哈里森主编:《文化的重要作用——价值观如何影响人类进步》,程克雄译,新华出版社 2010 年版。

7. [西班牙]奥尔特加·加塞特:《大学的使命》,徐小洲等译,浙江教育出版社

2001 年版。

8. [德]恩斯特 · 卡西尔:《人论》,甘阳译,上海译文出版社 1985 年版。

9. [法]卢梭:《社会契约论》,何兆武译,商务印书馆 2003 年版。

10. [美]乔治 · H.米德:《心灵、自我与社会》,赵月瑟译,上海译文出版社 1992 年版。

11. [德]雅斯贝尔斯:《什么是教育》,邹进译,生活 · 读书 · 新知三联书店 1991 年版。

12. 联合国教科文组织编:《教育——财富蕴藏其中》,联合国教科文组织总部中文科译,教育科学出版社 1996 年版。

13. 联合国教科文组织国际教育发展委员会编著:《学会生存——教育世界的今天和明天》,华东师范大学比较教育研究所译,教育科学出版社 1996 年版。

二、期刊论文类

1. 本刊记者:《坚持社会主义核心价值体系,建设社会主义文化强国——访清华大学马克思主义学院刘书林教授》,《马克思主义研究》2018 年第 1 期。

2. 蔡中宏:《新中国教育方针嬗变的考察与反思》,《兰州大学学报》2005 年第 5 期。

3. 蔡中宏、麻艳香:《培养人:教育发展的根本目的和使命——文化哲学视角下的教师专业化发展》,《甘肃社会科学》2012 年第 1 期。

4. 陈桂生:《关于"教育目的"问题的再认识》,《河北师范大学学报(教育科学版)》2005 年第 2 期。

5. 陈锡喜:《关于社会主义核心价值观教育贯穿高校思想政治理论课教学全过程的思考》,《思想理论教育》2015 年第 6 期。

6. 范国睿:《教育公平与和谐社会》,《教育研究》2005 年第 5 期。

7. 郭湛:《文化:人为的程序和为人的取向》,《中国人民大学学报》2005 年第 4 期。

8. 胡德海:《论教育、人和社会的关系》,《教育研究》1992 年第 10 期。

9. 胡德海:《论教育的功能问题》,《西北师大学报(社会科学版)》1999 年第 2 期。

10. 胡德海:《思考教育学》,《西北师大学报(社会科学版)》2004 年第 1 期。

11. 黄济:《对教育本质问题的再认识》,《北京师范大学学报(社会科学版)》1998 年第 3 期。

12. 金一鸣:《教育目的论》,《湖北大学学报(哲学社会科学版)》1996 年第 6 期。

13. 李敏:《论教育成层的功能及其实现途径》,《当代教育科学》2003 年第 13 期。

14. 李向成:《用“以文化人”推进大学生核心价值观宣传教育的实践路径探析》,《思想教育研究》2015 年第 11 期。

15. 刘云山:《着力培育和践行社会主义核心价值观》,《党建》2014 年第 2 期。

16. 刘长明、赵玉玲:《可持续发展与教育的使命》,《山东社会科学》2001 年第 3 期。

17. 蓝建:《教育是社会发展的基础——关于教育在现代社会大系统中的地位》,《河北师范大学学报(教育科学版)》2003 年第 5 期。

18. 麻艳香、蔡中宏:《在互动中发展的教育与文化——教育与文化的关系研究》,《科学・经济・社会》2010 年第 1 期。

19. 佘双好:《以文化人与社会主义核心价值观践行培育的方法研究》,《思想教育研究》2015 年第 12 期。

20. 田心铭:《简论思想政治教育的目的、培养目标和教育内容——兼评“德育非政治化”的观点》,《思想理论教育导刊》2011 年第 6 期。

21. 王伟光:《坚定文化自信 传承和弘扬中华优秀传统文化》,《求是》2016 年第 24 期。

22. 王啸:《教育人学内涵探析》,《华东师范大学学报(教育科学版)》2006 年第 1 期。

23. 王尧、蔡中宏:《论大学文化及其对大学生思想政治教育的影响》,《兰州交通大学学报》2012 年第 5 期。

24. 王飞霞:《深化高校社会主义核心价值观教育》,《红旗文稿》2016 年第 1 期。

25. 王冀生:《大学文化的科学内涵》,《高等教育研究》2005 年第 10 期。

26. 项贤明:《教育与人的发展新论》,《教育研究》2005 年第 5 期。

27. 叶澜:《21 世纪社会发展与中国基础教育改革》,《中国教育学刊》2005 年第 1 期。

28. 张楚廷:《新世纪:教育与人》,《高等教育研究》2001 年第 1 期。

29. 张建新、董云川:《大学文化研究述评及探究思路》,《中国大学教学》2005 年第 3 期。

30. 周琪:《社会主义核心价值观融入高校思想政治理论课的三个转向及实现》,《思想教育研究》2015 年第 12 期。

三、报纸类

1. 黄蓉生:《积极引导青年学生树立社会主义核心价值观》,《光明日报》2014 年 7 月 30 日。

2. 张帆:《培育和践行社会主义核心价值观的文化路径》,《光明日报》2015 年 2 月 12 日。

3. 刘伟:《文化是大学的灵魂》,《光明日报》2016 年 8 月 9 日。

4. 沈壮海:《文化强国建设的中国逻辑》,《人民日报》2016 年 9 月 21 日。

5. 王金海:《高校践行社会主义核心价值观十个路径》,《光明日报》2016 年 9 月 13 日。

6. 戚万学:《大学是一种文化的存在》,《光明日报》2016 年 12 月 19 日。

后　记

21世纪以来,党中央高度重视社会主义核心价值体系、社会主义核心价值观、中国特色社会主义文化强国建设。党的十六届六中全会首次提出“社会主义核心价值体系”的概念。党的十七大报告指出,社会主义核心价值体系是社会主义意识形态的本质体现。党的十七届六中全会强调,社会主义核心价值体系是兴国之魂,是社会主义先进文化的精髓,决定着中国特色社会主义发展方向。

中国特色社会主义进入新时代以来,党的十八大报告首次提出“社会主义核心价值观”的概念,强调要加强社会主义核心价值体系建设,积极培育和践行社会主义核心价值观。党的十九大报告重申,要坚持社会主义核心价值体系,培育和践行社会主义核心价值观。党的十九届六中全会强调,要坚持以社会主义核心价值观引领文化建设,坚持社会主义核心价值体系;文化自信是更基础、更广泛、更深厚的自信,是一个国家、一个民族发展中最基本、最深沉、最持久的力量。

显然,社会主义核心价值体系和核心价值观,已成为我国的主导价值观念。大学生社会主义核心价值体系教育,就是思想政治教育的核心内容,也是哲学社会科学研究的使命任务。因此,如何坚持以社会主义核心价值观引领文化建设,坚定文化自信,让社会主义核心价值观内化于心、外化于行,从而凝聚起实现中华民族伟大复兴的强大精神力量,就是一个值得探究的重大课题。

正是基于上述背景,经过10年努力,才有了《大学文化建设:社会主义核心价值体系教育的新路径》这部著作的面世,可谓十年磨一剑。本书是在我主持完成的2012年度国家社科基金项目"大学文化建设:社会主义核心价值体系教育的新路径研究"研究报告基础上形成的。课题组成员麻艳香教授、刘雄旺副教授、王永斌教授、苏醒鸿教授四位同事,以及我曾指导的硕士郭秀丽(现为甘肃政法大学副教授、博士)参与了研究。在历时6年的研究中,根据高校立德树人的根本任务,结合大学文化建设和大学生思想政治教育的实际,突出以文化人、以文育人,着力探寻大学文化滋养和涵育大学生核心价值观的新路径。2018年初完成研究报告并提交结项申请,2019年初通过了全国社科规划办的评审结项。

本书在"文化——人——价值观——教育"的关系框架内,探究了大学生社会主义核心价值体系教育问题,重点聚焦于如何以大学文化滋养和涵育大学生的核心价值观,认为:文化即人化,文化即化人。文化是教育之根,教育以育人为本。教育是人类文化传承创新的实践活动,其实质是在文化与人的双向互动中培养人。文化是国家和民族之魂,价值是文化之内核和灵魂,价值观则是人生的"总开关"。引导大学生树立正确的价值观,大学文化滋养和涵育是有效路径。大学文化是社会主义核心价值体系教育的新路径。要培养担当民族复兴重任的时代新人,必须坚持用社会主义核心价值观引领大学文化建设,用大学文化教育引导大学生全面发展,坚定文化自信和价值观自信,这是新时代大学文化建设的使命。

本书可供高校思想政治工作者、思想政治教育研究者、思想政治理论课专兼职教师,以及马克思主义理论学科相关专业本科生和研究生等参考使用。

本书的付梓出版,我由衷感谢教育部长江学者、中国人民大学郝立新教授。他在百忙之中抽出时间欣然为本书作序,给予巨大鼓励支持,也给本书增色添彩。我衷心感谢人民出版社王淼编辑,她的敬业精神和专业水平保证了本书的质量。我还要感谢课题组成员的支持帮助，尤其是麻艳香教授在书稿修订中付出的辛勤劳动。

由于能力水平有限，本书不足之处在所难免，敬请读者批评指正。

蔡中宏

2022 年 9 月 1 日

于兰州交通大学笃行楼 916 室